新编公共行政与公共管理学系列教材

社会治理概论

An Introduction for Social Governance

雷晓康 马子博 等/编著

图书在版编目(CIP)数据

社会治理概论/雷晓康等编著.—北京:北京大学出版社,2021.11
新编公共行政与公共管理学系列教材
ISBN 978-7-301-32628-2

Ⅰ.①社… Ⅱ.①雷… Ⅲ.①社会管理—中国—高等学校—教材 Ⅳ.①D63

中国版本图书馆 CIP 数据核字(2021)第 207835 号

书　　　名	社会治理概论 SHEHUI ZHILI GAILUN
著作责任者	雷晓康　等 编著
责任编辑	梁　路
标准书号	ISBN 978-7-301-32628-2
出版发行	北京大学出版社
地　　　址	北京市海淀区成府路 205 号　100871
网　　　址	http://www.pup.cn
新浪微博	@北京大学出版社　　@未名社科-北大图书
微信公众号	北京大学出版社　北大出版社社科图书
电子邮箱	编辑部 ss@pup.cn　　总编室 zpup@pup.cn
电　　　话	邮购部 010-62752015　　发行部 010-62750672 编辑部 010-62765016
印　刷　者	河北滦县鑫华书刊印刷厂
经　销　者	新华书店
	730 毫米×980 毫米　16 开本　19.5 印张　302 千字 2021 年 11 月第 1 版　2024 年 1 月第 5 次印刷
定　　　价	59.00 元

未经许可,不得以任何方式复制或抄袭本书之部分或全部内容。
版权所有,侵权必究
举报电话:010-62752024　电子邮箱:fd@pup.cn
图书如有印装质量问题,请与出版部联系,电话:010-62756370

前 言

"治理"是一个涉及范围十分广泛的学术和实践概念。从治理的对象来看，小到公司治理，中至政府治理，大到国家治理都在治理话语体系当中；从治理的理论流派来看，从网络治理到整体性治理，从自主治理到多中心治理，从协同治理到全球治理，从善治到元治理，相互竞争的治理理论在不断的理论建构和现实叙事中各持己见。进入 21 世纪，治理愈加喧嚣尘上，时髦的治理貌似成为一种理论空洞。那么，面对庞杂的治理理论和实践，我们是否可以清晰地描绘出治理的界域，明确治理的概念，明晰治理的特征，并界定治理的内容和手段呢？——这正是本书所要回答和解决的问题。

本书聚焦"社会治理"，将治理理论以及治理的主体、客体与介体要素放置于"社会"场域中加以审视。具体而言，别除政府内部管理、企业治理之后的政府、社会、市场交叉互动管理行为便是本书所言社会治理之界域。由此看出，本书所谓之社会治理的对象并非广义的无所不包的"大社会"，也非别除掉政府和市场的"狭义社会"。本书认为，社会治理呈现出以下特征：

- 社会治理聚焦政府、社会与市场互动行为与互动关系的研究；
- 社会治理源于多元主体构成的社会交互网络；
- 政府在社会治理过程中发挥着元治理作用；
- 社会治理是社会网络内各主体资源顺利交换以达成共同体目标的过程；
- 网络内资源的交换需要以正式制度和非正式制度为基础。

沿循着"理论构建—实践叙事—理论解释"的逻辑路径，本书分为三编共十三章。第一编为理论基础，包括第一、二、三章，主要介绍了社会治理的概念特征、边界要素、理论渊源以及中国特色社会主义治理体系的发展历程与主体特征。第二编是社会治理内容，包括第四到九章，系统阐释了社会治理的内容与客体，分别是公共安全治理、社区治理、贫困治理、社会组织治理、社会规制以及虚拟社会治理。第三编是治理过程，包括第十到十三章，全面概括了社会治理的手段与工具，分别是作为社会治理机制的公共参与和协商合作、作为社会治理手段的正式制度与非正式制度、作为治理行动的资源依赖与交换、作为新型治理工具的互联网与大数据。审视全书逻辑，我们发现社会治理正是在相互竞争与相互补充的多源流理论指导下，运用多元化工具，实现社会整体之良治。

本书对社会治理的界定是基于中国的历史传承与时代背景。党的十八届三中全会明确指出："全面深化改革的总目标是完善和发展中国特色社会主义制度、推进国家治理体系与治理能力现代化。"由此看出，中国治理的理论与实践叙事与西方的治理存在着很大程度上的差别。中国的治理并非西方原始意义上的市场化的治理、新自由主义的治理、多元化的治理以及无政府的治理，而是强调政府制定规则、执行规则以及提供公共服务的能力。基于此，全书对社会治理的阐释植根于中国情境与中国政策叙事，但也不拒斥西方治理的主流理论，而是意图在中国社会治理之"道"中融入西方社会治理之"术"。

本书的特色与创新表现为以下几点：一是社会治理的理论对话与实践叙事深度融合，最大程度避免了理论与现实"两张皮"现象，进而做到一眼看课本，一眼盯实践。二是以中国的社会治理实践来检验西方舶来的治理理论的适用性和局限性，并意图构建具有中国特色的社会治理理论体系。三是紧扣时代发展与特色，运用最新的价值意涵、工具方法，并以国际化视角和本土化思维全面审视我国社会治理现状，同时发现问题，给出可能的解决路径与策略。

本书虽力求系统全面、严谨客观地描绘社会治理之完整形态，然则囿于作者智识和经验，书中难免存有错讹之处，敬请广大读者批评指正！

雷晓康、马子博
2021 年 4 月

目 录

第一编 理论基础

第一章 社会治理的内涵与要素 / 3
【内容提要】/ 3
第一节 社会治理的历史沿革 / 3
第二节 社会治理的内涵与特征 / 13
第三节 社会治理的要素 / 17
章节习题 / 28
案例材料 / 28

第二章 社会治理的理论基础 / 30
【内容提要】/ 30
第一节 新制度经济学理论 / 30
第二节 新公共管理理论 / 33
第三节 社会资本理论 / 37
第四节 公共治理理论 / 41
章节习题 / 44
案例材料 / 44

第三章　中国特色社会治理体系　/ 47

【内容提要】/ 47

第一节　中国特色社会治理体系的主体　/ 47

第二节　中国特色社会治理体系的内容　/ 52

第三节　中国特色社会治理体系的工具与方法　/ 61

第四节　中国特色社会治理体系的发展脉络　/ 65

章节习题　/ 68

案例材料　/ 68

第二编　社会治理内容

第四章　公共安全治理　/ 75

【内容提要】/ 75

第一节　公共安全治理的概念与理论　/ 75

第二节　公共安全治理的主体与客体　/ 81

第三节　公共安全治理机制　/ 85

章节习题　/ 90

案例材料　/ 90

第五章　社区治理　/ 93

【内容提要】/ 93

第一节　社区与社区建设　/ 93

第二节　社区治理　/ 102

第三节　社区治理的模式　/ 108

章节习题　/ 112

案例材料　/ 113

第六章　贫困治理　/ 115

【内容提要】/ 115

第一节　贫困与贫困治理　／115

第二节　我国贫困治理与社会治理的关系　／121

第三节　贫困治理的政策与模式　／125

第四节　中国贫困治理的历史演进与发展趋势　／132

章节习题　／140

案例材料　／141

第七章　社会组织治理　／143

【内容提要】　／143

第一节　社会组织的内涵与特征　／143

第二节　社会组织形成过程　／153

第三节　中国社会组织参与社会治理的探索　／156

章节习题　／167

案例材料　／168

第八章　社会规制　／170

【内容提要】　／170

第一节　社会规制概述　／170

第二节　市场规制　／174

第三节　社会领域的规制　／179

第四节　政府自身的规制　／184

章节习题　／188

案例材料　／189

第九章　虚拟社会治理　／192

【内容提要】　／192

第一节　虚拟社会治理的内涵与外延　／192

第二节　虚拟社会治理与社会治理　／195

第三节 我国虚拟社会治理体系构建 / 198

章节习题 / 211

案例材料 / 211

第三编 治理过程

第十章 公共参与和协商合作 / 215

【内容提要】/ 215

第一节 公共参与 / 215

第二节 协商合作 / 220

第三节 社会治理公共参与和协商合作的发展 / 226

章节习题 / 235

案例材料 / 235

第十一章 正式制度与非正式制度 / 237

【内容提要】/ 237

第一节 制度经济学基础内容 / 238

第二节 正式制度 / 241

第三节 非正式制度 / 248

章节习题 / 253

案例材料 / 253

第十二章 资源依赖与交换 / 255

【内容提要】/ 255

第一节 资源依赖与交换的内涵 / 255

第二节 资源依赖与交换关系模式 / 259

第三节 新时代资源依赖与交换关系的治理路径 / 263

章节习题 / 273

案例材料 / 273

第十三章　互联网与大数据背景下的社会治理　/275

【内容提要】／275

第一节　互联网与社会治理创新　／275

第二节　大数据与社会治理创新　／282

章节习题　／298

案例材料　／299

后　记　/301

第一编

理 论 基 础

第一章　社会治理的内涵与要素

【内容提要】

本章围绕社会治理的内涵与要素展开论述。社会治理的历史沿革部分,讨论了社会治理在西方国家与中国的发展历程。在东西方不同语境下,对社会治理的内涵与要义进行分析,从社会治理的主体要素、客体要素与工具要素三个层面展开,以加深对社会治理这一概念的内涵的理解和掌握。

第一节　社会治理的历史沿革

党的二十大报告指出:"中国共产党领导人民打江山、守江山,守的是人民的心。治国有常,利民为本。为民造福是立党为公、执政为民的本质要求。"这就为中国特色的社会治理指明了价值旨皈。中国社会治理的发展亦是沿循着不断增进人民福祉、实现人民根本利益这一进路不断向前。

一、社会治理的西方叙事

社会治理是西方国家为解决当今时代所面临的严重的政府危机而兴起的一种公共行政改革思潮。它探寻建立和发展新的公共责任机制,由政府与市场、市民社会协同管理公共事务,以调节各种利益矛盾,化解社会危机,提高社会管理的效率与质量。纵观西方国家对于治理的实践探索,社会治理包括国家管制、公司治理、新自由主义治理、善治、全球化治理以及网络治理。

（一）国家管治

1929—1933年经济危机爆发后,西方经济一片萧条,资本主义世界强烈震动,之前被各国奉为圭臬的马歇尔经济学逐渐丧失其主流地位,凯恩斯主义在这样的时代背景下应运而生,开始登上西方经济学的舞台。凯恩斯主义以有效需求为核心,以政府干预经济运行为前提,主张通过经济政策刺激投资,增加有效需求,实现充分就业,缓解经济危机。在该理论思想的指导下,国家管治的治理模式逐渐兴起。

所谓"作为管治的治理",是指一种"国家中心观"或"中心权力观"下的秩序观念和实践,在一定意义上是统治的延续和新形式。① 国家管制实质上是以政府为中心的治理,政府控制着权力资源、经济资源和社会资源的分配。在这种模式下,治理的主体只能是单一的政府,而其他组织仅是在辅助和参与的意义上通过公共权力和政府发生关系。"治理的规则完全由政府单方面制定,而且政府的治权几乎是不受约束或无所不能的。"② 在国家管治的治理模式下,权力是确定秩序的唯一重要力量,而只有政府才能是这种唯一力量的合法拥有者,因此管治治理的重点是国家建设。其方式包括"政权下乡"式的国家一体化建设、"引入参与机制"式的国家能力建设等。

（二）公司治理

公司治理研究缘起于股份公司的普及与危机。古典企业实行所有权与经营权合一,以出资人为中心形成集权型的企业治理关系,同利润最大化目标在逻辑上保持一致。然而,随着现代公司在人类经济生活中扮演着越来越重要的角色,两权分离衍生出的企业治理危机从可能逐渐变为现实。在股权高度分散化的公司中,管理者的地位和影响力首屈一指,资本家将失去对公司的实际控制权。在20世纪近一个世纪的发展实践中,公司治理危机若隐若现,公司治理

---

① 刘辉.管治、无政府与合作:治理理论的三种图式[J].上海行政学院学报,2012(3):52-58.
② 吴理财.乡镇改革与后税费时代乡村治理体制的构建[J].中共福建省委党校学报,2017(1):30-34.

失败案例层出不穷。在这一背景下,人们不得不开始考虑在公司中如何控制"控制者"这一核心问题,于是以"权力分立、相互制衡"为基本理念的制度设计——公司治理应运而生。1976年,迈克尔·詹森(Michael C. Jensen)和威廉·麦克林(William H. Meckling)在《企业理论:管理行为、代理成本与所有权结构》("Theory of the Firm: Managerial Behavior, Agency Cost and Ownership Structure")一文中,正式将企业代理成本问题抽象至理论高度,在逻辑上为公司治理的诞生铺平了道路。此后,公司治理先是围绕处理股东与经理人之间的关系展开理论探讨,后来又扩展至大股东与小股东的利益冲突问题,最终经企业利益相关者平等协商,形成了相互制衡的权利结构与机制,实现共同利益最大化的分析架构。[①]

(三)新自由主义的治理

20世纪70年代初期爆发的两次石油危机造成了英美等主要国家的经济衰退,导致整个世界陷入了"滞胀"的困境。经济领域的危机也逐渐蔓延至政治领域,战后西方出现的福利国家面临一系列的管理危机,包括官僚机构的臃肿和低效、税收负担沉重、政府赤字激增等。凯恩斯主义受到质疑,人们由此认识到政府机制也不完美。

在这样的背景下,新自由主义者对福利国家和政府干预提出了尖锐的批评,其内容可以分为以下三个方面:首先,有效的政府干预依赖有关社会问题因果关系的确切知识。对于导致社会问题的原因以及某项干预政策可能产生的结果,政府都难以掌握准确的因果关系。其次,政策的出台和实际执行之间存在差距。政策的执行需要多个行为体的互动协作,在执行过程中,每个行为体都有自己的利益考量,这可能使政策执行的结果与初衷大相径庭。最后,现代化过程使得社会分化成许多专业的、高度自治的亚体系,而各个亚体系之间彼此关联、相互依赖。这种关联网络非常复杂,对人类的认知能力提出了巨大的挑战,任何一项政策干预都可能牵一发而动全身,其直接和间接的效应都是难以预料的。国家干预和福利制度面临的这些危机,使得西方国家开始探寻新的社会治理模式。新自由主义的治理理论认为:和传统的社会管理相比,治理模

---

① 杨松武.西方治理理论的"中国困境"解读[J].地方财政研究,2016(10):19-24.

式应更加强调"私有化"与"自由市场",并让"国家缩水"。政府对企业和社会组织的管理更侧重间接指导、多层级治理、市场在公共服务中所起的作用以及创建政策网络。①

(四) 善治

20 世纪 90 年代,西方学术界出现了善治理论,并逐渐引起众多学者的关注。"善治"即好的治理、有效的治理,又叫"健全的治理""有效的治理"。② 关于"善治"的内涵,国际行动援助组织在《善治:以民众为中心的治理》一书中进行了相对全面的总结:第一,善治本质上是民主的,它关注执政合法性、公信力以及人权目标;第二,因为善治强调效用和效率,所以它更加关注政府的治理能力而不是政府的形式;第三,作为一种协调,善治认为秩序是合法政府、公司和市民社会的行为及其互动的结果。③ 善治往往被认为是社会治理的目标,被看作治理要达成的一种理想化模式,即通过善治为公民提供稳定的生活环境、优质的公共服务、公正的司法体系和自由的表达空间。

在众多治理理论学者的研究中,善治具有以下特征:参与性与协商性、合法性、责任性、透明性、法治性、回应性、有效性、公正性。由于善治的这些主张体现出一种在社会管理过程中的公共利益最大化原则,倡导国家的权力向社会回归,实现政府与公民之间的良好合作,因此它在受到西方各国政府高度重视的同时,也受到社会各界的关注和积极评价。

(五) 全球化治理

随着全球化、信息化和现代化席卷世界,资本在全球各个角落自由流动,社会转型速度不断加快,国际政治体系进入自第二次世界大战以来最不稳定的时期,世界金融危机、全球环境问题、恐怖主义等重大国际问题考验着国际社会、各个区域性跨国组织和民族国家。为应对上述挑战,全球化治理开始兴起。

---

① 曾庆捷."治理"概念的兴起及其在中国公共管理中的应用[J].复旦学报(社会科学版),2017(3):164-171.
② 严存生.社会治理与法治[J].法学论坛,2004(6):22-30.
③ 哈斯·曼德,穆罕默德·阿斯夫.善治:以民众为中心的治理[M].国际行动援助中国办公室,编译.北京:知识产权出版社,2007:16-19.

在概念界定层面,目前学术界尚未形成统一认知,但一般认为,全球化治理是指多样化、多层次的治理主体为了实现共同利益目标,在遵循具有约束力的国际规则的前提下,通过参与、谈判和协商的方式共同解决全球性冲突、处理全球性事务的过程。全球化治理的关键要素构成包括全球治理的价值、全球治理的规制、全球治理的主体或基本单元、全球治理的对象或客体以及全球治理的结果五个方面。[1] 在国际治理失灵的背景下,全球化治理旨在以共同价值追求为动力引导,促进包括民族国家、政府间组织、非政府组织、私人部门、区域性组织等多种行为主体之间的合作和广泛参与,以主体多元化、管理民主化、规则机制化和层次多样化的治理方式[2],避免跨国政策问题治理的碎片化、低效率,维持稳定的国际政治经济秩序。

(六) 网络治理

网络治理缘起于20世纪90年代,是西方政府为适应网络化社会发展而做出的变革。一方面,信息时代的到来使现代社会的生产、生活方式均以网络化形式组织起来,各利益相关的行动者作为网络结构中地位平等的"节点"依靠共同的目标和兴趣而聚集,以平等、开放、分权为特征的网络社会(虚拟社会)由此崛起。另一方面,政府失灵也促使政府开始反思传统的依靠命令与控制程序、自上而下单向传递运行的官僚制度已无法适应日益复杂化的社会问题,加之以消费者为中心的服务理念和公民意识的觉醒正逐渐改变着政府和公民的角色定位,促使多元主体协同互动的治理格局逐渐成为政府改革的必然趋势,网络治理因而形成。

具体而言,网络治理是指治理对象之间通过合作性协调进而实现组织目标的过程[3],其特征包括以下几个方面。

治理主体由单中心转向多中心。社会交往和社会联系的日益密切使得社会问题呈现出跨边界、跨领域的特点,传统依靠政府单一主体的统治模式已无

---

[1] 俞可平.全球治理引论[J].马克思主义与现实,2002(1):20-32.
[2] 范逢春.全球治理、国家治理与地方治理:三重视野的互动、耦合与前瞻[J].上海行政学院学报,2014(4):55-63.
[3] 李维安,周建.网络治理:内涵、结构、机制与价值创造[J].天津社会科学,2005(5):59-63.

法应对现有的社会问题,需将公共部门、准公共部门、市场和社会均纳入网络治理主体范畴。

主体关系由等级关系转向平等关系。 伴随着治理主体的多元化,以往的中心—边缘结构逐渐被实力均衡的主体所替代,在面对涉及自身利益的公共事务时,作为网络社会中不同"节点"的多元中心,都有传输资源、表达意见、贡献力量的义务以及共享信息、实现共同目标、接受互助等权力。①

互动机制由单向依赖转向相互依赖。 在科层结构转向网络结构的过程中,各组织成员之间既相互独立又相互依存,以信任为基础进行资源交换,并通过整合和协调弥补组织中个体所不具备的优势。

二、社会治理的中国叙事

中华民族在漫长而多彩的历史中,基于实践积累了丰富的治国理政经验,并逐渐形成了具有中国特色的社会治理智慧。概括来看,中国的社会治理形态变革经历了从"社会统治"到"社会控制"到"社会管理",最后迈向"治理体系和治理能力现代化"的伟大变革历程。

(一)社会统治

"治理"一词,我国古已有之。"治"即有效的管理、治理,与国家政治社会事务的管理、整治密切相关;"理"本义为玉石内部的纹路,后随着先秦政治家、思想家的阐述引申为遵循规则、规律、道理、秩序行事之义。② 中国古代历史中虽未明确提出"社会治理"这一概念,发展出西方意义上的"治理理论",但各朝各代的君主帝王、思想家、政治家等基于当时的统治背景,都提出了对于社会治理的设想,形成了比较独特的管理思想和管理模式。

从夏朝至民国4000年多的发展历程中,社会治理形态具体体现为社会统治,其表现模式可划分为三个阶段:一是从夏朝至秦朝以前以宗法制度为核心的诸侯分封模式,二是从秦朝至清朝中期以君权为核心的中央集权管理模式,

---

① 宋迎法,张群.网络治理探究:溯源与展望[J].云南行政学院学报,2018(1):163-171.
② 卜宪群.中国古代"治理"探义[J].政治学研究,2018(3):81-86.

三是从清朝中期至近代传统中央集权管理模式和受西方文明影响的转型探索模式的融合模式。①

在奴隶制和封建制的社会形态下,社会统治表现出以下几个方面的特征。

在目的层面, 古代中国倾向于通过政治上、经济上以及文化思想上的强制性手段维护统治者的权威,以实现对于等级秩序这一核心价值的追求。无论是儒家所强调的"君君、臣臣、父父、子子"的政治等级,还是法家提倡的以"法"作为维持等级秩序的一种手段,均是对秩序价值要求的印证。

在主体层面, 社会统治呈现出封建王朝的各级国家政权机构与乡绅的二元主体特征,即在县级以上的政权单位,代表皇权的各级政权机构及其官僚是社会统治主体,而在广大农村地区则由乡绅行使社会管理的权力。②

在客体层面, 社会统治指向的对象主要是相对于统治阶级而言的广大农民群众。

在方法层面, 除个别朝代之外,中国古代的绝大多数朝代都采用"礼法合治""德主刑辅"的管理方法③,一方面依托政权机构采取暴力机器维系专制统治,另一方面则利用各种社会教化和宗族伦理规范约束人们的思想与行为。

(二) 社会控制

社会控制是社会秩序的维护者运用强制性手段对社会进行控制、支配和管理,以维护社会的稳定和发展。随着1949年新中国的成立,我国社会主义政治、经济制度不断建立和完善,社会建设事业也逐步推进,社会治理的模式也由社会统治转变为社会控制。1949—1992年间,社会治理经历了社会控制的形成巩固阶段(1949—1978)和松动与解体阶段(1978—1992)。

1. 社会控制的形成巩固阶段(1949—1978)

从1949年新中国成立至1978年改革开放之前,为集中力量加快推进国家建设,我国实行了高度集中的政治体制和计划经济体制,以高度有序的单一化

---

① 贺永顺.社会管理探讨:均衡利益与制衡权力[M].南京:南京大学出版社,2013:110.
② 白祖纲,刘思阳.中国社会管理的历史、现实与未来[J].河北师范大学学报(哲学社会科学版),2013(6):122-126.
③ 刘艳秋.中国古代社会的社会治理:价值与方法[J].法制博览,2019(10):11-13.

社会控制模式进行社会事务的管理。

在城市,新中国管理可以分为对两类人的管理:单位人和非单位人(社会人),并在此基础上大体形成了"街居制—单位制"的社会治理模式。一方面,以"单位制"整合各类党政、企事业单位的管理体制,将国家与社会资源集中到具有高度行政化色彩的城市单位进行统一分配,使得个人的政治、经济与社会活动均需依靠单位才能得以开展;通过"企业办社会"的形式加强城市职工对单位的依附性,从而实现对城市居民的有效控制。另一方面,对于在数量上占多数的社会人,主要包括家庭妇女、摊贩、商人、自由职业者、无业人员以及失业人员等,通过组建"街居制",建立基层群众自治性组织——城市居民委员会进行社会控制和管理工作。[①]

在农村,国家主要通过"议行合一、政社合一"的人民公社体制实现对农村居民的有效控制。[②] 在这一时期,人民公社兼具生产组织、基层政权机关、农村文化生活单位三重属性,通过对生产、生活资料的掌握和控制以约束个人行为,限制社员的流动。此外,城乡分治户籍制度的提出和建立也是这一时期实现社会控制的有效途径,《关于进一步精减职工和减少城镇人口的决定》《关于处理户口迁移的规定》等一系列政策文件的出台,在制度设计层面严格控制了农村居民向城市的社会流动,进一步加强了国家对社会的控制。

2. 社会控制的松动与解体阶段(1978—1992)

从1978年至1992年,是社会控制的松动与解体阶段。改革开放后,国家的工作重心转移到社会主义经济建设上来,传统的计划经济体制开始松动,社会主义市场经济体制进入了探索期。在社会利好环境的助推下,社会活力得以激发,个体私营经济迅速兴起,并逐渐在社会资源与生产要素的流动与配置中发挥重要作用。

改革开放也导致城乡原有的组织管理体系发生变动。在城市,《城市居民委员会组织条例》《中华人民共和国城市居民委员会组织法》等法律文件的颁布,推动城镇社会管理体制由原来的"单位制为主,街居制为辅"逐步演变为"单

---

① 何元增,杨立华.社会治理的范式变迁轨迹[J].重庆社会科学,2015(6):18-26.
② 谢志岿.论人民公社体制的组织意义[J].学术界,1999(6):26-31.

位制+街居制"。其中,城市单位的功能和作用范围逐步缩小,成为定位明确的经济组织;街道办与居委会作为居民自治组织的积极性被进一步调动,基层自我教育、自我服务、自我管理的能力不断提升。在农村,人民公社体制被废止,农村开始探索实行村民自治制度,《中华人民共和国村民委员会组织法》的颁布为其提供了坚实法律保障;城乡分割的户籍制度开始松动,城乡之间人口流动速度加快,为加快城市建设提供了保障。

(三)社会管理

社会主义市场经济体制的确立为我国经济的迅速发展提供了制度空间,而经济基础的变化也必然带来政治领域和社会领域的变革。从1992年到2011年近二十年间,中国的治理进入了社会管理的新阶段。

1992年,随着邓小平南方谈话和党的十四大的召开,我国市场化导向的经济体制改革步伐明显加快,私营经济获得较快发展,社会活力得到进一步激发。在城市,单位体制解体,社区建设步伐加快,"单位人"开始向"社会人"转变。在农村,村民自治制度在实践中不断完善,逐步走向规范化的管理轨道。同时,政府对民间组织的态度也发生转变,1998年修订颁布的《社会团体登记管理条例》和《民办非企业单位登记管理暂行条例》,标志着对民间组织的管理从原来的"抑制、清理和禁止"转向"监督、审查和指导",这就在一定程度上加快了民间组织的发展进程,使得民间组织在社会发展中的作用得到加强。而所有这些变化,都意味着原有的政社不分的社会控制模式将不再适应社会的实际需求,政府必须把社会从政治与经济中分离出来,当作一个专门的领域进行管理。1998年,《关于国务院机构改革方案的说明》明确提出:"要把政府职能切实转变到宏观调控、社会管理和公共服务方面来",明确把社会管理作为政府的重要职能。自2002年以来,社会管理更是被置于提高党的执政能力和构建社会主义和谐社会的高度得到党和国家的重视,社会建设与经济建设、政治建设齐头并进。2004年,党的十六届四中全会明确提出了构建社会主义和谐社会的目标,并提出建立健全"党委领导、政府负责、社会协同、公众参与"的社会管理格局。2010年,党的十七届五中全会通过的《中共中央关于制定国民经济和社会发展第十二个五年规划的建议》进一步提出要加强社会管理能力建设,创新社会管理体制,为此阶段社会管理的实践指明了方向。

总的来看,这一阶段的社会管理存在一个突出特征,即非常注重维护社会安定,强调对社会安全的关注,社会治理改革的主要任务是应对和消解经济市场化带来的各种消极、负面后果,包括各类群体性事件、群体(越级)上访等,其目标在于对多样化社会行为的整合,并强调强制性手段的运用。

(四)治理体系和治理能力现代化

国家治理体系和治理能力是中国特色社会主义制度及其执行能力的集中体现。推进国家治理体系和治理能力现代化作为全面深化改革的总目标,对于建设社会主义现代化国家、实现中华民族伟大复兴的中国梦具有重大而深远的意义。社会治理是国家治理的重要构成部分,其治理体系和治理能力的现代化也日益受到重视。

不同于计划管理模式和社会管理模式,社会治理体系和治理能力现代化的核心是以人为本,维护最广大人民的根本利益,强调政府、社会与公民组织等多元治理主体的平等对话与合作以及市民社会的自我组织与自我管理,其发展与演进是一个随着时代不断演变而呈现螺旋式上升的治理运动过程。在中国特色社会治理的背景下,社会治理现代化是指用中国的话语来解释中国的社会问题,实现与当今中国社会的发展现状和目标要求相适应、为国家改革发展与治理能力现代化提供支撑的社会治理现代化,其最终目的在于为党和国家事业发展、人民幸福安康、社会和谐稳定、国家长治久安提供一套更完备、更稳定、更管用的制度体系。

具体来看,社会治理现代化包括两个方面的内容:一是社会治理体系的现代化,即要着力推动包括民生保障体系、科学决策体系、利益冲突防范体系、诚信建设体系、社会心理服务体系、矛盾化解体系、服务管理体系、安全防控体系、网络监管体系、应急处置体系等在内的社会治理体系框架建设和完善,实现社会治理的民主化、法治化、科学化、规范化、高效化和普惠化。二是社会治理能力的现代化,即根据中国特色社会主义社会治理体系的要求,建设一支忠诚于党和人民、热爱社会治理事业、具有专业知识和技术的社会治理人才队伍;利用先进的数字信息技术建立一个现代化的社会治理网络平台;提高社会治理体系的运行效率,包括预判能力、反应能力、协调能力、动员能力等方面的建设①,从而保障社会治理制度的高效运行,助力社会治理水平的提高和社会治理目标的实现。

第二节 社会治理的内涵与特征

在"社会治理"成为重要的政治命题之前,"治理"以及"社会治理"作为社会科学术语,自 20 世纪 80 年代以来就被作为观察社会转型与秩序构建的概念。"治理"理论及"社会治理"的兴起有其特殊的时代背景和社会背景,因此,在东西方不同语境下的社会治理,其内涵和要义也有所区别。

一、社会治理的西方意涵

1989 年,世界银行在《撒哈拉以南的非洲:从危机到可持续增长》("Sub-Sahara Africa: From Crisis to Sustainable Growth")②报告中首次使用了"治理危机"一词,用以解释非洲发展问题的实质。此后,"治理"这一概念便被广泛地应用于政治及行政研究当中。全球治理委员会在《我们的全球伙伴关系》研究报告中对"治理"做出的权威定义是"各种公共的、私人的机构和个人管理其共同事务的诸多方式的总和",即通过多方面的参与和沟通,实现管理效率和质量的提升。在西方语境下,治理包含多中心、网络治理以及谈判、协商与合作等要素,在社会管理上体现为减少政府直接监管、多层级治理、由社会组织或私营企业承担公共服务、创建不同利益相关者的政策网络等特征。③ 在学者的广泛关注下,治理理论于 20 世纪 90 年代正式形成,并随着研究的深入被逐渐引入经济学、社会学、国际关系学等各个学科。随后"社会治理""地方治理""全球治理"等一系列术语也相继出现。

---

① 吴帆.社会治理现代化与社会治理共同体建设[J].社会治理,2019(11):19-21.
② The Commission on Global Governance. Our Global Neighbourhood[C]. Oxford: Oxford University Press, 1995: 4.
③ 张来明.中国社会治理体制历史沿革与发展展望[J].社会治理,2018(9):5-17.

在长期的社会治理实践中,西方发达国家形成了民主化、法治化、多中心、合作式、智能化等多种治理模式和方法,构建了一套较为成熟的社会治理体系,积累了丰富的可供借鉴的经验。[①] 一是多元参与、合作协同的治理理念。在理论和实践层面,这一理念突破了政府单一主体格局,突出参与式治理,强调协作式治理,主张政府、市场、社会之间不是相互对立的关系,而是平等的伙伴关系。二是注重民生、标本兼治的治理原则。西方发达国家注重民生建设,不断提高民生保障水平,增加社会成员的福利待遇,使社会整体福利水平显著提升,逐步向普惠型模式转变。三是依法治理、刚柔并济的治理手段。强调依法进行社会治理,加强法律体系和法律监督机制建设,强调培养公民的法律意识,树立法律思维;同时也注重宗教、道德等软性约束力量的作用,塑造国民的共同价值观念。四是预防为先、动态治理的治理机制。注重重大社会风险的事先评估,特别是对一些重大决策可能带来的风险进行系统、深入的评估,以便最大限度地规避可能的风险;注重运用信息化手段,建立健全社会监测体系,构建危机预警系统,开展基础信息采集工作,进行适时动态跟踪、舆情监控,为社会治理提供信息支撑。

虽然中国有丰富的社会治理经验,但"社会治理"一词在西方话语中并没有完全对应的概念,其社会治理的实践主要是基于对治理理论的运用。因此,本书将重点考察在中国政治话语体系和语境下"社会治理"的内涵。

二、社会治理的中国意涵

20世纪90年代,治理理论逐渐被引入中国。当时正值国内经济和政治体制改革,社会矛盾凸显,国内学者多寄希望于将治理理论与当时的社会现实相结合来解决当时的社会问题。我国的社会治理研究是在吸收西方国家先进思想的基础上进行的,但是我国现在的社会治理实践既区别于西方国家的社会治理,也与传统的社会管理不同,是在我国独特的政治、经济及文化背景下发展起来的,与我国的社会体制改革紧密联系在一起,是对不同阶段我国社会各个领

---

① 奚百汇.新时代中国社会治理面临的挑战与对策研究[D].上海:上海师范大学,2018:10.

域存在的问题的积极回应。

郑杭生认为社会治理是"在社会领域不断建立和完善各种能够合理配置社会资源和社会机会的社会机构和社会机制,并相应地形成各种良性调节社会关系的社会组织和社会力量"[①]。陆学艺指出社会治理包括社会安全阀构建、社会动员机制、利益协调机制以及民众参与机制。[②] 这种社会治理的界定强调社会制度在社会治理中的本体地位,指出社会治理的实质在于相关制度的构建、实施与运行。制度导向的社会治理在工具理性层面揭示了社会治理的内部驱动力,赋予了社会治理一定的正式权威主导性。此外,制度导向的社会治理认为制度的作用客体是社会资源和社会机会,建立合理的社会资源配置机制和公平的社会机会供给机制是社会治理的基本任务。同时,制度导向的社会治理认为形成良好的社会关系网络是社会治理的本质目标,而这种关系的建立有赖于广泛的社会力量的支持。

实体导向的社会治理凸显出公共服务供给和民生改善的社会治理本体地位,认为社会治理的内容包含以教育、文化、就业、公共设施、社会治安为主的社会公共服务事业,以社会保险、社会救助、社会福利、慈善事业为主的社会保障体系,以社区、社会团体、民办非企业单位、基金会为主的社会组织。实体导向的社会治理在结果层面揭示了社会治理的目标与任务,概括了社会治理的实践内容。此外,实体导向的社会治理以改善民生、提高人民生活水平为终极目标,体现了一种"促进人全面发展"的人文关怀,具有较强的现实操作性,亦符合我国的现实国情。

通过对已有研究的梳理可以看出,在社会治理这一概念上,我国学者虽尚未形成统一的认识,但大都认为其具备以下内涵要点:第一,社会治理强调主体多元,即在面对公共事务时,需要社会组织、企业、公民等发挥自身作用,形成良好的社会运转体系;第二,社会治理注重协同合作,即多元主体合作的社会治理体制需要依赖各主体相互之间持续的顺畅沟通和协商,这种方式能够有效促进多元主体的稳定;第三,社会治理打造双向互动机制,即变传统社会管理中的单

---

① 郑杭生.社会建设和社会管理研究与中国社会学使命[J].社会学研究,2011(4):12-21.
② 陆学艺.关于社会建设的理论和实践[J].北京工业大学学报(社会科学版),2009(1):1-9.

向输出为双向互动,将自上而下的引导和监管与自下而上的反馈紧密结合,从而完善社会治理现代化体系。

社会治理在不同的时期被赋予了不同的时代使命,社会治理有广义与狭义之分,有制度导向和实体导向之别,亦有功能指向和手段指向之异。本书聚焦于社会治理与治理的探讨,所谓之"社会治理"集中于狭义层面,并综合了制度导向的工具理性和实体导向的结果理性,即**社会治理是指植根于特殊的社会结构和文化土壤,实行政府主导、社会协同参与,构建、实施、运行的一套合理的社会资源配置制度**。在这套制度的规范和指导下,多元主体整合社会行为,协调社会关系,促进社会共识,发展社会公共服务事业,完善社会保障体系,维护社会安全稳定,激发社会组织活力,从而保障社会的长治久安和繁荣昌盛。

三、社会治理的特征

对社会治理的特征的理解需植根于特殊的社会土壤。总体而言,社会治理的特征主要体现在以下几个方面。

(一)社会治理的区域主义导向

社会治理的区域主义导向是指社会治理实践立足于解决区域问题,并与当地的经济发展、文化土壤以及区域优势相适配,主要体现出以下特征:一是社会治理价值立意的交叉性。社会治理必须将正式的权威社会治理价值与本土非正式治理价值相融合。二是社会治理制度的互为促进性。社会治理的制度规范须与当地的公序良俗相一致,两者相互促进,共同发挥整合社会秩序的功能。同时,社会治理要为少数群众自治权利的行使提供良好的制度环境。三是社会网络节点的复杂性。

(二)社会治理主体的多元化

社会治理是由政府主导、社会协同参与的治理方式。具体而言,社会治理的主体包括政府(指广义层面的政府,包含党团机构、权力机构、行政机关以及司法部门)、企业、社会组织、宗教组织以及公民个体。不同的社会治理主体基于信任、协商和合作的行为建立起一个立体式的社会治理网络。处于特定网络节点的社会治理主体基于信任、协商与合作的理念,建立起社会治理制度体系,共同致力于社会治理目标的实现。

（三）制度导向的工具理性和实体导向的结果理性

社会治理的手段是制度的构建与实施,目标是促进民生改善与社会的繁荣稳定。资源配置须在制度框架内进行,制度安排为资源配置提供了既定的运行轨迹,这体现了社会治理的工具理性;社会治理的成效要以公共服务的供给效率、社会保障体系的完备、社会治安的稳定以及社会组织的活力为判断依据,这体现了社会治理的结果理性。社会治理目标的实现有赖于社会制度的完善,两者相辅相成,互为促进,互为制约。需要指出的是,社会治理的制度供给不仅包括来自政府的权威化制度规范,也包括来自社会组织的非正式制度规范。

（四）社会资源合理配置的本体地位

事实上,社会治理的过程就是物质资源、人力资源、权力资源、制度资源以及时空资源的分配过程,资源配置处于社会治理的本体地位。因此,社会治理的本质在于构建和实施公平合理的社会资源配置制度。首先,社会资源配置制度并不是一种自上而下的强权化分配制度,它应是不同的利益主体协商合作、互动博弈的产物。其次,社会资源的配置对象包括社会物质资源、社会人际资源以及社会权力资源。这三者并不是相互割裂的,而是统一于社会个体的社会活动当中。最后,社会资源合理配置的目的是实现人的全面发展。社会资源的合理配置将满足社会个体不同层次的社会需求,从而实现化解社会矛盾、防范社会危机、促进人的全面发展的社会治理本质目标。

第三节　社会治理的要素

厘清社会治理的要素是构建社会治理体系、健全社会治理机制、形成完善的社会治理格局的基本要求。本书将社会治理的要素划分为主体要素、客体要素与工具要素三个层面。

一、主体要素

社会治理的主体要素回答了"由谁来治理"的问题。现代社会治理所涉及的内容极其宽泛，一切与公共事务相关的政治活动、管理活动、公共服务与公共物品供给，都可以纳入其中，这就决定了传统的由政府进行管理的模式已无法适应现代管理的需求。现代社会治理的主体应具有多元性的特征。

(一) 政府：掌舵者、服务者与对话促进者

政府处于社会治理网络的核心位置。这里所说的政府是广义层面的政府，包括党团机构、权力机关、行政部门以及司法部门。全球化、市场化与信息化时代的到来给政府提出了新的要求，传统政府一极独大的社会治理已经不再适应时代的发展。当下，政府简政放权、职能转变已成为社会发展的必然趋势。在新的时代背景下，政府应扮演好以下角色：一是掌舵者。政府应把握好社会前进的方向，明确社会治理的总方略、总布局、总任务，为社会治理战略目标的实现提供制度保障。二是服务者。政府应积极回应社会公众的需求，不断优化工作机制，提升公共服务供给效率，为公众提供足量、优质的公共服务。三是对话促进者。政府应加强与公众、社会组织以及企业的协商对话，并且为其他社会主体间的协商互动创造良好的制度环境，通过沟通、协商、对话的方式配置社会资源、平衡社会利益、解决社会矛盾。

(二) 社会组织：公共服务供给者、政策制定参与者与社会资本培育者

社会组织具备的非营利性、志愿性、自主性的特质使其在社会治理中有着与生俱来的优势。我国《社会团体登记管理条例》将社会组织划分为社会团体、民办非企业单位和基金会，这三种类型的社会组织均是社会治理的重要参与者。在社会治理的进程中，社会组织应承担起以下三项职能：一是公共服务的供给者。社会组织可通过签约外包、服务购买等方式在公共服务供给领域和政府展开合作，或自主地进行公共服务供给，从而减轻政府压力，满足社会成员的多元化公共服务需求。二是政策制定的参与者。社会组织可被视为特定群体的利益聚合体，它可以借助集团的力量，向政府表达利益诉求，施加压力，影响政府的政策制定。三是社会资本的培育者。社会组织将具有共同利益或兴趣爱好的社会个体聚集起来,形成了特定的交互网络。在这个网络中,人们遵循集体规则,建立起合作信任关系,从而提升了整个社会的组织化和熟识化程度。

（三）企业：社会物质资本的转化者和社会责任的承担者

在"国家—市场—社会"的三元格局下,企业也成为社会治理的重要主体。随着社会主义市场经济的逐渐完善,企业、行业间的竞争愈发激烈。因此,注重品牌建设、文化建设和社会责任建设将是企业在激烈的竞争中谋求生存和发展的战略性举措。具体而言,企业在社会治理中应担任如下角色：一是社会物质资本的转化者。企业应将各种生产要素聚合起来,积累资本,不断扩大再生产,为社会创造价值,为公众提供赖以生存的物质基础。二是社会责任的承担者。一方面,企业应该为自身的生产经营行为负责,努力将生产经营给社会带来的负外部效应降到最低。另一方面,企业也应以合乎道德的行动回报社会,以增进社会福利,推进企业社会责任步入制度化、标准化的新阶段。

（四）社会公众：诉求表达者、自我管理者与社会监督者

人的全面发展是社会治理的出发点和落脚点,社会公众既是社会治理的主体,亦是社会治理的客体。随着公民主体意识的觉醒,社会公众在社会治理中扮演着越来越重要的角色。一是诉求表达者。公民应强化表达自我利益诉求的内生合法性,通过行政、司法、传媒等途径理性有序地表达自身的利益诉求。二是自我管理者。自治制度和基层自治制度为公民自治提供了试验场。在自治制度的保障下,群众深入挖掘开发区域优势资源,发展和传承优良文化,不断提升自我管理、自我服务、自我教育、自我组织能力。三是社会监督者。政务公开和现代互联网技术的迅猛发展为公民监督政府、企业以及社会组织提供了途径。社会公众要积极行使社会监督权,通过舆论表达、行政和司法途径来揭发损害公共利益、违背社会道德的公共行为。当然,被监督方也要乐于接受公众的监督,降低公众获取信息的机会成本,积极回应公众的质疑。

二、客体要素

社会治理的客体要素系统地回答了"治理什么"的问题。社会治理客体不

同必然导致社会治理目标、手段的不同,也必然导致社会治理效果的不同。总的来说,社会治理客体就是因社会发展而产生的各种社会问题。具体而言,包括以下内容。

（一）公共安全治理

公共安全是社会发展与文明进步的前提条件。公共安全的实质是关涉公民生命、公民权利、公共财产和公共秩序等问题的安全范畴,它关注的是与公众相关的公共领域的安全问题。[①] 在当今时代背景下,快速的社会变革与社会变迁及其引发的各种危机事件将人类社会带入了一个真正的"风险社会",其不确定性的本质特征,使人们所处的生产、生活环境越来越缺乏安全性,社会公共安全问题日益凸显。为了有效满足社会对安全稳定发展环境的要求,政府的一项重要责任就是把公共安全作为一种公共物品向社会公众提供。由此,在社会治理的新阶段,公共安全治理也就成为社会治理的重要客体之一。

公共安全治理是指政府、非政府组织、企业和公民个人发挥各自优势共同预防和处置不同类型的风险事件,以创造生产或生活所必需的稳定安全环境和良好秩序的过程,包括生产安全治理、公共危机治理、社会治安治理等内容要素。巩固包括食品安全、工程安全、交通安全和社会治安等在内的维护社会公众安全生产、生活的公共安全体系,健全包括社会矛盾化解调处机制、网络舆情和社会心态监测系统在内的社会风险预警和应对体系是公共安全治理的关键所在。

（二）社区治理

社区治理是社会整体治理的微观表达。在社会不断转型以及全面深化改革时期,社区作为一种直接、高效、便捷、低成本的社会调控单元,是社会治理的基础环节。通过社区治理,构建基层社会多元协同、精确高效、常态持久、共创共享的治理格局,已成为提升社会治理效能、有力推进社会治理精细化的现实路径。

---

① 王莹,王义保.社会公共安全治理中公众参与的模式与策略[J].城市发展研究,2015(2):101-106.

在概念界定层面,社区治理是指社区范围内的多个政府、非政府组织机构,依据正式的法律、法规以及非正式社区规范、公约、约定等,通过协商谈判、协调互动、协同行动等方式对涉及社区共同利益的公共事务进行有效管理,从而增强社区凝聚力,增进社区成员社会福利,推动社区发展进步的过程。社区治理旨在通过明确的政策定位推动社会治理重心下移,立足社会居民内部需求,将社会治理的关键资源嵌入地方性的社会系统与文化网络,利用社区治理的治理单元规模和范围相对较小的优势进行整合与调控,充分发挥社区治理在实现社会治理现代化中的作用,助力社会治理的深入与发展。

（三）社会组织治理

社会组织是人们为了有效达到特定目标、有计划地建立起来的一种制度化的共同活动群体。它是在法律规定或政策许可的范围内,相对于政党、政府、企业等传统组织形态,以社会服务为主要职能的具有民间性、公益性、非营利性、自治性、志愿性等特征的组织。[①] 社会组织是国家治理体系和治理能力现代化建设的有机组成部分,在提供公共服务、反映利益诉求、扩大公众参与、增强社会活力、促进社会发展等方面发挥着积极作用,是社会治理的重要主体和依托[②],也是社会治理的主要客体之一。

在此意义上,社会组织治理是指通过既定规则和流程,对包括社会团体、基金会、民办非企业单位等在内的社会组织进行培育、管理和监督,以规范社会组织行为、促进社会组织发展的过程。社会组织治理由两部分内容构成:一是社会组织的外部治理,即对与社会组织发展相关的外部环境,包括法律体系、行政管理体制、经济环境等内容的治理;二是社会组织的内部治理,即对包括内部控制、监督评估机制、道德约束等在内的影响着社会组织功能发挥的内部环境进行规范和控制。

（四）社会管制与监督

社会管制与监督是社会治理的重要内容。垄断、信息不对称、外部性等导

---

① 马立,曹锦清.社会组织参与社会治理:自治困境与优化路径——来自上海的城市社区治理经验[J].哈尔滨工业大学学报(社会科学版),2017(2):1-7.
② 李立国.改革社会组织管理制度 激发和释放社会发展活力[J].求是,2014(10):48-50.

致的市场失灵催生了社会公众对于管制与监督的需求,要求政府部门通过各种正式或非正式程序,制定并实施规则,以维护社会秩序、促进社会稳定发展。在现代市场经济社会中,各权威主体对市场的干预和对社会的管制与监督无处不在。在行政或政治控制中,政府以管制型政府为主,而社会管制的本质就是公共权威机构通过行使公共强制力实现社会公共利益最大化的公共行动过程①,其目的在于提高资源配置效率,增进社会公众的福利。

在社会治理语境下讨论的社会管制与监督,则是指政府基于维持经济、政治、社会秩序而运用公共权力对我国社会中的个人、群体、组织以及广大公众进行的控制和干预,其类型包括对市场的监管、对市民社会的监督和培育以及对政府行为的监督。

(五) 价值分配与道德治理

社会治理的关键目标在于协调各方主体利益关系,化解社会矛盾和冲突,维护良性社会秩序。在实现这一目标的过程中,价值分配与道德治理作为一种非强制的柔性约束,始终渗透于社会治理实践,逐渐内化为社会治理体系中不可或缺的构成因素,并对社会治理产生着长久的影响。② 在社会道德领域中诚信缺失、见利忘义、损人利己、造假欺诈、以权谋私等问题频发的情况下,价值分配与道德治理已成为社会治理指向的客体要素之一。

价值分配与道德治理是指对以国家和社会所预期的价值形态和行为表征为代表的稀缺价值资源的凝结、分配和内化的过程。价值分配与道德治理立足于人的道德良知与行为自觉,依靠一定的价值判断和随之产生的强大内驱力和约束力,有效引导和规范人们的外在行为,使之自觉追求社会治理的实践目标。通过对价值分配与道德治理的关注,社会治理旨在构建社会运行规则,推动社会秩序形成,促进社会力量整合,并逐渐引导社会思想的统一。③

---

① 宋学增,蓝志勇.社会管制的全民共建共享机制:一个分析框架[J].经济社会体制比较,2016(2):133-142.
② 刘永青.略论社会治理中的道德支撑[J].理论导刊,2017(4)4:45-47.
③ 张溢木.道德治理:调节社会关系的三个视角[J].江西师范大学学报(哲学社会科学版),2016(4):46-49.

（六）虚拟社会治理

虚拟社会是指现实社会的主体（个人或组织）基于互联网技术平台，借助网络新媒体工具而形成的以信息传递、共享、交流为主要活动的网络虚拟空间[1]，它并非独立存在的新社会形态，而是人类社会发展到信息化时代的社会形式，是社会空间场域的进一步拓展。信息技术的快速发展，尤其是网络自媒体时代的到来促进了虚拟社会的繁荣，加深了虚拟社会与现实社会的联系，使得虚拟社会与现实社会中的政治安全、经济安全、社会安全、文化安全、心理安全等交织，形成诸多复杂矛盾，致使社会治理范围进一步扩大、社会治理难度进一步加大。如何应对虚拟社会安全问题，是目前各国普遍面临的难题，也是加强国家治理能力现代化建设的重要命题。

在社会治理的大背景下，虚拟社会治理主要是指在网络空间中按照现实社会的需求采取必要的措施，对网络技术、网络组织、网络行为以及网络社会的正负外部性进行培育、监督和纠偏的过程。虚拟社会所具有的极强的跨时空性、信息传播蔓延的极速性、各类文化与行为主体的多元化发展等特性决定了虚拟社会治理不同于现实社会的管理，尤其是虚拟社会的"去中心化""去权威化"的特征使得虚拟社会治理必须要跳出现实社会管理模式的窠臼，寻求构建多元主体合作共治的虚拟社会治理模式。[2]

三、工具要素

社会治理的工具要素主要回答了"凭借或依靠什么进行社会治理"的问题。作为社会治理赖以开展和推进的手段，社会治理工具建立了社会治理主体与客体之间的联系，也对社会治理效果的呈现具有重要作用。总的来说，社会治理工具要素包括以下内容。

（一）网络与自组织

网络与自组织是社会治理工具要素的重要组成部分。

---

[1] 冉连.虚拟社会治理创新：内涵、挑战与实现路径[J].情报杂志,2017(2):48-52.
[2] 冉连.虚拟社会治理创新：内涵、挑战与实现路径[J].情报杂志,2017(2):48-52.

社会问题的复杂性使得其解决之道可能涉及多个社会子系统,网络治理便由此而产生。一般而言,网络治理是指一种由独立的但自主的行为者构成的相对稳定的合作关系,它所涉及的各个行为者相对平等,在受规制和约束的框架内通过谈判和协商的方式进行自我规制性的互动。这里的"网络"囊括了社会中各个子系统的诸多行为者,例如政治子系统中的各级政府,社会子系统中的非营利组织、职业团体、公民以及经济子系统中的公司。这些行为者拥有不同的资源、信息、偏好,代表了不同子系统的运行准则,他们基于相互信任而贡献自己所拥有的资源、分享权力、共同承担相应的责任,以促进社会公共目标的实现。[①]

社会自组织是完善社会治理体制的重要工具。"自组织"是一种系统存在着的事物,与正式组织相对,它的形成和发展并未受到外部法律制度的强制形塑,而是基于群体共同的价值、目标和利益,依赖内部形成的拥有共识的非正式制度。在此基础上,社会自组织是基于社会系统内部因素间协同、协调功能而自发形成的组织化、秩序化的治理系统的过程。[②] 社会自组织要求公众自我组织且以组织化方式参与治理,通过其成员的实际参与以及同政府的互动与合作,更好地表达所属群体的利益诉求,有效解决公共问题,降低社会治理成本。

(二) 公共参与与协商合作

随着人类社会现代化进程的加快,社会越来越开放,社会利益主体日益分化,社会治理的难度与复杂性日益加剧。要想在多元化的利益格局中凝聚社会共识,公共参与和协商合作无疑是寻求共识最有效的实现路径。

社会治理中的公共参与,是指公民、社会组织等公共参与主体,通过各种有效途径,参与到与其自身利益密切相关的社会治理活动中,充分表达意见、形成合意,进而影响社会治理活动的过程。社会治理公共参与的内容要素包括以下几个方面。

公共参与的环境要素, 即对公共参与形成制约的各种条件的总和,包括政治环境、经济环境、社会环境和文化环境。

---

① 张继亮.协商式治理:网络治理与协商民主的深层整合[J].理论探索,2016(5):83-88.
② 徐永平.中国社会自组织功能构建与社会治理成本化解初探[J].云南行政学院学报,2013(5):83-85.

公共参与的主体要素,即除政府外能够引起和推动社会治理改变的部分,主要包括组织主体和个体主体两类。

公共参与的客体要素,即公共参与主体试图影响和推动的活动,主要包括社会治理的各类决策活动。

公共参与的方式要素,即公共参与主体对特定对象施加影响的方式方法,包含以信访、听证、政府调研、重大决策公示和专家咨询为主要构成的政府性参与方式和以公共舆论为主要构成的非政府性参与方式。

公共参与的实现也离不开协商合作。协商合作是指政府与社会通过在策略、技术、关系、模式、价值等方面的协调、配合与互补,最终实现可操作性社会治理的过程,其本质是社会治理参与主体之间形成的一种社会伙伴关系。协商合作的社会治理方式承认社会主体的多元化、社会利益的多元化、社会文化的多元化,要求在尊重各主体平等、自由的基础上开展对话和协商,确保社会主体能够表达自己的利益和主张并建立相应的制度平台,从而很好地整合民意、协调利益关系、缓解社会矛盾和冲突。

(三)正式制度与非正式制度

制度作为一种行为主体间的规则,在社会治理和社会发展中扮演着重要的角色。制度有正式制度与非正式制度之分。所谓正式制度,是人们为了特定的目的有意识地建立起来并被正式确认的各种约束的总称,它是以权力机构为后盾来实施的成文规范,包括法律、法规、政策、规章和契约等;而非正式制度则是人们在长期的共同生活或社会交往过程中形成的约定俗成的且被一致认同并共同遵守的行为准则,包括意识形态、价值信念、文化传统、风俗习惯和伦理道德。[①]

处于外层的正式制度与处于内层的非正式制度是一对相应的概念,共同对人们的行为起到规范与约束作用[②],并且深刻影响着社会治理的实效。正式制度下的社会治理,明确界定了各治理主体的职责权限,使得各个治理主体在履行治理职责时必须遵循法律规制,在社会治理活动的事前布防、事中处置、事后

---

① 章荣君.乡村治理中正式制度与非正式制度的关系解析[J].行政论坛,2015(3):21-24.
② 刘振,徐立娟.基层社会治理实践中制度选择的"恰适性"逻辑[J].深圳大学学报(人文社会科学版),2017(5):111-117.

处理的各阶段,都能保证主体行为的合法化与合理化,维护社会的公平正义;非正式制度下的社会治理,在社会核心价值观指导下,发挥其社会制约及整合的功能,使社会关系趋于和谐、社会行为趋向有序、社会问题得到解决、社会矛盾得以缓和、社会公正逐渐实现、社会风险得到有效控制、社会稳定持续保持,社会治理最终实现"善治"。①

(四)资源依赖与交换

资源的稀缺性是人类社会生活的基本特征。其中,资源的绝对稀缺性是人类社会解决自身难题所面临的主要约束,而资源的相对稀缺性则意指各种不同的资源总是不平等地分散在各个行动者手中。资源的相对稀缺性决定了在人类公共事务的治理过程中,没有哪个机构、组织和个人拥有充足的资源和知识可以独自解决所有的问题,包括政府、市场、社会组织等在内的公共行动者往往处于一种相互依存的关系中,必须通过合作、资源的依赖与交换,实现资源的合理配置,以充分利用资源,达成对公共事务的治理。

从这个层面来说,治理就是指为了实现与增进公共利益,政府部门、私营部门、第三部门甚至公民个人等众多公共行动主体依据自身所掌握的资源,彼此合作,共同管理公共事务的过程。② 而这里所涉及的资源通常包括合法性权威、资金、专项技能、知识、信息、人才等。

(五)社会教化与培育

作为一种提升公众素质、形塑公众价值观的方式和渠道,社会教化与培育在社会治理中发挥着不可替代的作用。社会教化与培育融入社会治理,最终反映在社会建设的基层行动中,作用于基层社会治理主体结构体系、治理制度体系、治理方法体系和治理运行体系,通过孵化社会组织、涵化公共规则、构筑互动平台、培育社会资本,来促进基层社会治理体系的建构和完善,并最终实现社会秩序的维护与社会和谐发展。

社会教化与培育的作用主要体现在以下方面。

---

① 范逢春.地方政府社会治理:正式制度与非正式制度[J].甘肃社会科学,2015(3):178-181.
② 蒋永甫.网络化治理:一种资源依赖的视角[J].学习论坛,2012(8):51-56.

第一,社会教化与培育有利于社会行为整合与知识(技能)的习得,其作为社会公共服务体系的有机组成部分,能够有效提升社会治理各方参与主体的组织化、专业化、规范化程度,提高多元主体参与社会治理的效率。

第二,社会教化与培育可以促进公共规则的内化,影响社会成员的理念、态度和价值观,促使人们统一思想,通过构建公众的社会认同来夯实社会治理基础。

第三,具有公共品德的多元主体参与共建是社会治理的基本要求,对参与主体的社会教化与培育能够促进社会治理多元主体间互动,帮助搭建沟通协作的平台,进而营造协同联动、互利共赢的良好社会氛围。

(六)互联网与大数据

互联网信息技术与大数据的高速发展,正在大范围、强有力地影响着人们的思维与行为方式,冲击、解构着现有的社会结构与状态,并试图重构社会秩序,对社会治理产生重大影响。在互联网与大数据时代,社会治理主体利用数据来观察社会、刻画社会,进而降低社会治理成本以及其表现出的数据信息剧增、总量极大、传递速度极快,数据处理技术成熟等特性和优势完全契合社会治理创新的要求,以海量数据的快速抓取与挖掘、及时研判与共享为核心的大数据已成为支持社会治理的有力手段和工具。

社会治理中互联网与大数据的应用特征主要体现在以下方面。

一是推动社会治理由单一中心转变为多中心治理,即大数据的应用,极大地削弱了政府对于信息的垄断,为政府及其职能部门、社会组织、社会公众共享信息资源提供了技术支持及参与平台。

二是推动社会治理从以有限个案经验为基础转变为"用数据说话",即互联网与大数据也使得管理者、决策者的思维方式由传统经验思维向基于准确度高、实效性强的信息的专业思维转化,进而推动社会治理决策的科学化和过程的精细化。

三是实现由传统被动响应型管理到现代主动预见型治理的转变,即互联网与大数据技术可将散布于政府、企事业单位、社会组织、网络世界中的海量数据进行汇总、分析和处理,以密切把握社会秩序与状态受到的潜在冲击,实现治理端口的前移,有效预防和化解社会风险。①

四是推动政府从进行顶层设计的"精英式"政府走向"全面响应型"政府,即互联网与大数据的发展为社会大众参与社会治理、反映社会问题、表达真实利益诉求等提供了极大的便利,促使政府变革传统管理模式下侧重顶层设计的工作内容,转向对社会公众关注的热点话题的全面回应。

章节习题

1. 简述社会治理在西方国家和中国的历史演进。
2. 简述社会治理的概念。
3. 简述社会治理主体要素包含的内容及各主体之间的关系。
4. 简述社会治理客体要素包含的内容。
5. 简述社会治理工具要素包含的内容。

案例材料

铜陵市:推进基层参与式治理 创新城市社区居民自治路径

近年来,安徽省铜陵市大力推进基层参与式治理,不断探索社区居民自治路径,着力解决社区自治和服务功能不强、基层群众自治活动的内容和载体相对单一、社区治理参与机制不健全等瓶颈问题,以期形成自我管理、自我教育、自我服务、自我监督的社区自治体系和工作机制。

在深化社区治理体制改革的过程中,铜陵市主要做法如下。

(一)明晰职责权利,强化社区自治职能。一是理顺关系:明确政府职能部门与社区居委会的关系是指导与协助、服务和帮助。二是明确职权:明确社区自治组织依法拥有自主权、协管权和监督权。三是减轻社区居委会工作负担:

---

① 戴香智,马俊达.大数据时代下的社会治理创新:概念、关系与路径[J].中国科技论坛,2016(10):39-44,52.

政府从微观的直接管理中解脱出来,实现政府行政管理与社区居民自治的有效衔接和良性互动。

(二)构建社区居民自治组织架构,保证社区自治有效实现。铜陵改革后的社区治理组织架构包括四个层次:社区党组织、居民委员会、社区公共服务中心、依托社区居民委员会在社区成立的各类社会组织。其中,坚持把强化居民自治、构建社区居民自治组织体系作为社区组织架构改革的重中之重。社区居民自治组织体系由社区居民代表大会、议事协商委员会和社区评议委员会、民主监事会、居民委员会、居民议事小组构成。

(三)完善社区居民自治制度,保障社区自治有序进行。一是建立健全社区党组织工作制度:把坚持党的领导、充分发扬民主、严格依法按规办事有机统一于社区居民自治的实践之中。二是进一步创新社区民主选举制度:铜陵市进一步规范了社区民主选举程序,稳步扩大了居民直接选举和户代表直接选举的覆盖面。三是完善社区民主管理制度:铜陵市探索并建立了社区居民自治组织体系,结合换届选举成立了居民代表大会、居民议事协商制度,建立了议事、决策、执行、监督的民主管理体系。

(四)培育和发展社区社会组织,激发社区居民自治内在活力。一是放宽准入条件,实行登记和备案相结合:对社会组织实行分类登记管理,降低登记门槛,缩短登记时限,为社会组织创造有利的发展环境。二是建立社会组织孵化机制:探索打造社会组织孵化基地,成立社会组织培育中心,对有发展潜力的社会组织进行专业化、多层次培育。三是建立政府购买服务机制:推进政府购买服务常态化,对公益性、慈善性等符合经济社会发展需要的社会组织,通过政府购买服务的方式予以重点扶持,细化服务购买流程,强化项目评估。

铜陵以社区体制改革为突破口推进社区参与式居民自治建设体现出了当代城市社区居民自治建设在理论上和实践操作上的价值,在不断完善治理架构、积极构建居民有序有效参与社区自治和全力打造"升级版"的"全国社区治理和服务创新试验区"方面取得了积极成效。

案例来源:陈欣.铜陵市社区治理体制改革探索[D].南京:南京师范大学,2016.

思考:上述案例体现了社会治理的哪些构成要素?

第二章 社会治理的理论基础

【内容提要】

"社会治理"是一个涉及范围十分广泛的概念。本章重点介绍构成社会治理理论基础的新制度经济学理论、新公共管理理论、社会资本理论以及公共治理理论。

党的二十大报告强调:"拥有马克思主义科学理论指导是我们党坚定信仰信念、把握历史主动的根本所在。"中国社会治理应以马克思主义科学理论为内核,同时在不断扬弃西方治理理论的基础上,构建具有中国特色社会治理的本土化理论体系。理论来源于实践,实践又需要理论的指导。社会治理的实践需在与其社会结构、文化土壤相适应的理论指导下进行。理论为社会治理实践提供了理念和原则,指明了路径,提供了手段与方法,并建立起评价框架。

第一节 新制度经济学理论

虽然治理理论有着诸多理论流派,但究其本质,由多元主体构成的治理网络、网络中的资源交换以及规范网络交互行为的正式制度和非正式制度是治理理论的核心要素。新制度经济学理论产生于经济学领域,聚焦制度变迁的特征和规律。从新制度经济学理论产生的制度变迁理论为社会治理研究提供了基本架构。

一、新制度经济学的概念和主要观点

20世纪70年代以来,人们给予了"制度"新的审视和高度的关注,认为制度是推动社会进步的核心动力源泉。为了区别于早期的制度研究,学者将这种以新视角、新方法研究制度的理论体系称为"新制度主义"。新制度主义最早发端于新制度经济学,新制度经济学是新制度主义理论成果中体系最为完整、影响力最为突出的。新制度经济学的主要代表人物有科斯、阿尔钦、舒尔茨、诺思等。科斯于1937年发表的《企业性质》一文将交易成本引入经济分析,成为新制度经济学诞生的标志,并引发了一场制度研究的新革命。

新制度经济学认为制度具有以下特征。第一,理性人追求效用最大化的行为必须在制度框架内进行。诺思认为:"制度是一系列被制定出的规则、秩序、行为道德、伦理规范,它旨在约束主体福利或效用最大化利益的个人行为。"[1]第二,制度是一种公共产品,是在既定集团力量对比下的公共选择。制度的公共产品属性决定了它是稀缺的、有限的。第三,制度可能是自上而下的国家权威性规范,也可能是社会约定俗成的非正式规范。第四,良好的制度可以降低交易成本,促进合作,提供激励机制,实现外部性的内部化。此外,制度还能抑制人们通过分配性努力去实现利益最大化的行为倾向,从而激励人们通过生产性努力来增加收益。

新制度经济学的制度变迁理论由制度变迁的诱因、制度变迁的类型、制度变迁的过程以及制度变迁的路径依赖这四个要件构成。

一是制度变迁的诱因。诺思认为制度是一种公共产品,也是一种稀缺资源。随着公共管理的复杂性、系统性、风险性的加剧,社会对制度的需求也越来越大。制度变迁的根本原因就是制度需求与供给的均衡被打破。即当制度供给与需求平衡时,制度稳定运行;当制度供给不能有效满足社会的需求时,制度

---

[1] 道格拉斯·C.诺思.经济史中的结构与变迁[M].陈郁,罗华平,等,译.上海:上海三联书店,上海人民出版社,1994:226.

则发生变迁。利益集团的互动博弈打破了制度供给与需求的均衡点,促使了制度变迁。制度变迁的实现需满足两个条件:制度变迁的预期收益大于实际成本,以及有效地组织实施。

二是制度变迁的类型。制度变迁的类型分为两种:一是利益诱致性制度变迁,它是个体或群体在面临获利机会时自发倡导、组织和实行的,具有营利性、自发性和渐进性的特征;二是强制性制度变迁,它是由政府自上而下的权威主导,通过法律、行政命令等手段,强制性地在利益集团之间进行资源再分配的过程。

三是制度变迁的过程。制度变迁经历五个步骤:第一,形成制度变迁的主导集团,可称之为"第一行动集团"。它通过预测制度变迁的潜在收益而支配着制度创新过程中的决策。第二,主导集团提出制度创新方案。第三,主导集团依据收益最大化的原则在诸多方案中甄别出最优方案。第四,形成制度变迁辅助集团。它是指为主导集团提供信息与经验支持,并辅助实施的决策单位。第五,主导集团和辅助集团互动协作,努力促成制度变迁的实现。

四是制度变迁的路径依赖。所谓制度变迁的路径依赖是指制度的实施和运行会带来大量的沉淀成本而使得制度体系自我强化。故此,一旦制度被社会采纳,便会沿着一定的路径演进,也即被"惯性锁定"。

二、新制度经济学对社会治理的现实借鉴作用

新制度经济学理论从制度约束力、制度渐进式变革、制度供需均衡三个方面为社会治理理论的形成提供了素材。

(一)统筹正式制度和非正式制度,强化制度的行为规约效力

新制度经济学指出,制度建构或来自政府自上而下的权威主导,或来自社会群体约定俗成的行为规范,相应地也存在着两种形式的制度规范:一种是政府命令、法规政策,另一种则是共同体规范与公序良俗,例如家族权威。这两者对整合社会秩序、调节利益关系都发挥着重要的作用。正式制度的实施有赖于国家强制性力量,而非正式制度的实施更多依靠的是共同体的共识、社会价值体系以及领导人的超凡魅力和权威等。在社会治理中要最大化地发挥本土治理方式的优势,将本土治理的精华与现代治理理论相结合,做到正式制度与非正式制度的统筹,从而强化制度的社会共识,提高制度的普遍约束力。

（二）削弱与克服制度惯性，推进制度的渐进式变革

在社会转型期，传统性权威与法理性权威同时对社会治理发生作用，计划经济的手段和市场经济的手段亦同时存在于社会治理过程当中。因此，要实现社会治理体系与治理能力的现代化是一项复杂的系统工程。在推进制度变迁和创新的过程中，应该审慎分析各种利益对比关系，沿着制度认知—融合—解构—嬗变的渐进路径进行。这种渐进的制度变革方式有利于平衡各方利益，降低交易成本，减少制度实施中的阻力。正如诺思所言："渐进式制度变迁，本质上是交易双方从交易中获取某些潜在收益的再签约，它是一种连续性的变迁，即一个渐进的过程。"[①]

（三）完善制度变迁诱因机制，实现制度的供需均衡

新制度经济学认为，制度均衡被打破意味着制度非均衡格局的出现，而制度非均衡引发制度创新，制度创新又推动新的制度均衡格局的形成。[②] 一方面，政府要掌握社会发展状况，统筹规划，甄别社会需求，为社会治理设置良好的愿景。在此基础上，政府需要制定一系列的政策法规，为社会治理奠定良好的制度基础。另一方面，利益集团在制度变革的进程中也发挥着关键作用。政府要强化自身的开放性与回应性，鼓励利益集团参与政策法规的制定，从而在利益集团的互动博弈中实现制度的创新与变革。此外，产生于特定组织或群体中的非正式规范也在一定程度上填补了正式制度的空白，促进了制度的供需均衡。

第二节 新公共管理理论

新公共管理理论试图取代传统公共行政学的管理理论，所以引入了私营部门的管理理念，强调顾客导向和市场机制，要求在政府职能转变中提高政府行政效率，成为公共行政学领域的主流基础理论。

[①] 道格拉斯·C.诺思.经济史中的结构与变迁[M].陈郁，罗华平，等，译.上海：上海三联书店，上海人民出版社，1994：197.

[②] 道格拉斯·C.诺思.经济史中的结构与变迁[M].陈郁，罗华平，等，译.上海：上海三联书店，上海人民出版社，1994：205.

一、新公共管理的概念和主要观点

20世纪70年代中后期,西方国家相继出现了财务危机和信任危机,经济领域的"滞胀"甚至让政府出现了合法性危机。凯恩斯主义的政府干预理论受到了社会的广泛质疑。与此同时,一场追求经济与效率的新公共管理运动席卷全球,它为消除政府危机、化解社会矛盾开出了一剂良方。

新公共管理的改革实践首先在英国拉开序幕。1979年撒切尔夫人执政,英国保守党政府开始推行以缩小政府规模和进行财政管理创新为中心的新公共管理改革。撒切尔政府之后,梅杰政府推行的"公民宪章运动"和布莱尔政府实施的"第三条道路",都是对新公共管理改革的不断深化与推进。继英国之后,新西兰于1989年开始了以"政府部门法案"为蓝本的全面政府改革。加拿大在1989年成立了"管理发展中心",并于次年发表题为"加拿大公共服务2000"的政府改革指导性纲领。美国于1993年成立了"国家绩效评估委员会",后更名为"重塑政府国家伙伴委员会"。纵观这些国家公共管理的改革实践,它们的共同特征在于:缩小政府规模,转变政府职能;发挥市场机制在公共部门的调节作用和在公共服务领域的资源配置作用;效仿私营部门的管理技术和手段,提升公共服务的供给效率;改变官僚主义作风,建立顾客导向的政府运作模式。

新公共管理理论是在新公共管理运动实践的基础上总结和发展起来的。新公共管理运动以公共选择理论和新制度经济学为理论基础,以自利理性的"经济人"假设为逻辑起点,认为公共部门和私人部门的管理在本质上是相通的。正如盖·皮德斯所言:"管理就是管理……用于组织和激励雇员的机制,在公共部门和私营部门都同样适用。"[1]新公共管理理论的核心观点包括以下几方面。

第一,压缩政府规模,转变政府职能。新公共管理理论主张政府简政放权,输出职能、削减财政支出,实现从"划桨者"向"掌舵者"的转变。政府职能转变要求打破政府对公共资源的垄断,在公共服务的供给领域与市场、社会组织建

---

[1] 盖·皮德斯.欧洲的行政现代化:一种北美视角的分析[M]//西方国家行政改革述评.国家行政学院国际合作交流部,编译.北京:国家行政学院出版社,1998:76.

立合作伙伴关系,共同提供公共服务,从而达到简政放权、培育社会组织、提高公共管理效率的目标。

第二,将市场工具嵌入公共部门,提升公共部门效率。新公共管理理论认为,在公共部门中引入价格机制以及竞争机制,可以打破政府对于公共服务的垄断性供给,强化政府行为的成本意识。一方面,要在政府外部引入市场竞争机制,让更多的私营部门参与公共服务的供给;另一方面,要在政府内部的各机构间展开竞争,以此来降低公共服务的供给成本,提高公共服务的质量。

第三,引入私营部门的管理理念,效仿私营部门的管理方法和手段。新公共管理认为政府和私营部门的运作规律没有本质上的区别,因此一些在私营部门行之有效的管理方法、技术和流程同样适用于公共部门。首先,政府应破除过度的层级节制、繁文缛节以及非人格化的体制流弊,授予政府行政人员更多的自由裁量权,建立一个富有弹性、具有回应力、充满生机活力的企业家政府。其次,广泛采用企业管理的技术手段,如岗位绩效管理、授权管理、绩效工资、流程重组、组织激励、财务控制等。

第四,树立"顾客导向"的公共服务理念。顾客需求是推动市场运转的基础力量。新公共管理理论主张政府应将公民视为顾客,考察公民的现实需求,提供具有针对性的优质公共服务,并且为公民提供"用脚投票"的自主选择公共服务的机会。此外,政府还应将公民的满意度作为绩效评估的主体指标,以此来改进服务质量,不断满足公民的需求。

二、新公共管理理论对社会治理理论的贡献

作为社会治理重要的理论来源之一,新公共管理所主张的重新界定政府与市场关系、提高政府服务效率、强调政府回应性与责任性等理论主张被治理理论吸收。

(一)合理界定政府角色,建立适度规模政府

新公共管理理论指出,政府应该担当"掌舵者"的角色,而非"划桨者"的角色。政府在社会治理过程中应扮演好掌舵者、服务者、对话促进者的角色。一方面,政府应简政放权、输出职能、培育社会力量,致力于社会治理多中心权力

格局的构建,防止越位、缺位、错位等问题的出现;另一方面,政府要履行好社会治理战略规划、宏观调控、社会监督等职能,为实现善治提供制度保障。此外,政府应树立成本意识,压缩财政规模,减少公共支出,设定合理的税基规模和税率水平,夯实社会物质资本,促进企业的扩大再生产。总之,社会治理的推进要求一个精简高效的政府,处理好政府与市场、政府与社会之间的关系,履行好愿景确立、战略规划、宏观调控、服务供给、社会监管以及利益协调的职能。

(二)优化政府治理工具,提升政府服务效率

新公共管理主张政府师法企业管理,引进私营部门的管理理念、方法、技术和流程设计,建立企业家政府。诚然,企业管理方法在提高管理效率方面具有与生俱来的优势,但是在处于社会转型期、不同权威交叉存在的中国,传统的行政、法律等强制性社会管理手段仍然是必不可少的。因此,在社会治理过程中,要实行硬性手段和柔性手段的有机结合,官僚行政方法和企业管理方法的相机抉择。首先,对于政府内部管理来说,应该弱化官僚组织层级节制、繁文缛节、非人格化的特征,强化政府架构的弹性和组织的回应性,引入职责绩效管理、目标管理、财务管理、成本—收益分析等一系列企业化的技术手段,从而降低行政成本,提升政府运行效率。其次,对于外部社会治理来说,政府要敢于打破自身对于公共资源的垄断,要和私营部门、社会组织进行价值交换、权力共享和责任共担,并与社会组织建立合作伙伴关系,在公共服务供给领域广泛采用政府购买服务、签约外包、公私合营等方式,以提升公共服务供给效率,激发市场活力、培育社会组织。

(三)树立顾客导向的服务理念,强化政府对公民的回应性

委托—代理理论认为,政府作为公民委托人的代理方,其行为应当合乎代理规则,符合委托人的预期,回应委托人的要求。新公共管理的顾客导向实践很好地契合了这一理论。虽然顾客隐喻存在着模糊政府责任之嫌,毕竟公民和顾客的差异不仅表现在身份上,而且表现在交易机理、责任归属等方面,但是,顾客导向所带来的政府回应度的提升以及社会需求溢出的减少仍是我国政府在社会治理中值得借鉴的地方。因此,政府在社会治理中,应该放下高高在上

的官僚本位姿态,考察公众的现实需求,接受社会的广泛监督,采纳公众的合理建议,提供优质的公共服务,并且建立以公民满意度为内核的绩效管理指标体系,并将其作为优化政府行为、提高服务效率的动力源泉。

第三节　社会资本理论

社会资本理论衍生于社会学领域,它强大的现实解释力为社会治理提供了理论支撑。社会资本理论分为微观、中观和宏观三个理论层次,由社会信任、互惠规范与关系网络三个维度构成。社会资本从治理主体的网络构建和治理工具的选择方面提供了理论素材。

一、社会资本

当物质资本、人力资本和技术资本作为推动经济发展的引擎而被人们普遍接受时,新的问题又进入研究者的视野:为什么具有同等自然禀赋和物质资本的国家的经济增长率和人均收入水平会大相径庭？为什么规模、能力相仿的社团在管理公共资源、协调公共利益方面存在着诸多差异？[①] 于是,在20世纪80年代,西方学者试图构建一种以个体交往、集体行动和非正式制度为主要内容的新的理论范式即社会资本来解释这些问题。

对于社会资本的研究最早可追溯到布迪厄的早期著作。布迪厄对社会资本做出了如下界定:"社会资本是实际或潜在资源的结合体,它们与或多或少制度化了的持续关系网络联系在一起,通过集体拥有的资源支持提供给网络内的每一个成员。"[②]科尔曼吸收和继承了布迪厄的某些观点,综合了社会学和经济学的学科视角,开辟了社会资本理论与集体行动理论相结合的研究道路。科尔曼认为:"社会资本是根据其功能来定义的。它不是一个单一体,而是有许多种,并且都包括社会结构的某些方面。社会资本有利于处于某一结构中的行动者——无论是个人还是集体行动者的行动。与其他形式的资本一样,社会资本

---

① 程民选,龙游宇,李晓红.经济学视阈中的社会资本[J].社会科学研究,2006(4):62-67.
② 布迪厄.教育、社会和文化的再生产[M].北京:社会科学文献出版社,1998:121.

也是生产性的,它使某些目的的实现成为可能。与物质资本和人力资本一样,社会资本也不是某些活动的完全替代物,而只是与某些具体活动联系在一起。有些具体的社会资本形式在促进某些活动的同时可能无用甚至有害于其他活动。"[1]科尔曼之后,帕特南应用新制度主义的研究方法,进一步发展了社会资本理论体系。帕特南在《使民主运转起来:现代意大利的公民传统》一书中对社会资本做出了这样的定义:"社会资本指的是社会组织的某种特征,如信任、规范和网络,通过促进合作提高社会效率……信任是社会资本的一个重要因素,而互惠规范、公民参与网络能够促进社会信任,它们都是具有高度生产性的社会资本。"[2]帕特南认为,社会资本能够使遵守规范的公民共同体化解其集体行动的困境,并且在这一过程中,社会信任、互惠规范以及社会网络是相互强化的。表2-1列举了社会资本的代表性概念。

表2-1 社会资本的分类

类型	代表学者	主要内涵
微观的社会资本	布迪厄、福山	个体为获得稀缺资源而形成人际关系网络
中观的社会资本	科尔曼、奥斯特罗姆	具有公共产品属性,不仅可增进个人利益,也可解决集体行动的问题
宏观的社会资本	帕特南、纳比特	促进集体行动,扩大公民参与,提升政治民主,包括网络、规范、信任等元素

学术界对社会资本的界定主要存在两种观点。一种是以"结构"和"关系"为内容的双维度社会资本观点,主要以埃莉诺·奥斯特罗姆为代表。她在研究社会资本时指出,信任不是社会资本存在的具体形式,而是社会资本的形式与成功的集体行动相作用产生的结果。[3] 奥斯特罗姆认为信任是在参与网络、制度规则反复作用于集体行动的过程中而逐渐产生的。另一种是以"认知""结

---

[1] 詹姆斯·S.科尔曼.社会理论的基础[M].邓方,译.北京:社会科学文献出版社,2008:55.
[2] Robert D. Putnam. Making Democracy Work: Civic Traditional in Modern Italy[M]. Princeton University Press, 1993:63-64.
[3] 艾米·R.波蒂特,马可·A.詹森,埃莉诺·奥斯特罗姆.共同合作——集体行为、公共资源与实践中的多元方法[M].路蒙佳,译.北京:中国人民大学出版社,2011:102.

构""关系"为内容的三维度社会资本观点。持此观点的学者主张认知维度的信任、结构维度的网络以及关系维度的规范共同构成了社会资本的内容。同时，他们认为信任的产生和深化是一个过程，它不是直接产生于网络和规范相互作用的直接行为过程当中，而是与参与网络的拓展和规范制约对象的增加同步发展。另外，信任又可以扩大网络的交互半径，强化制度规则的规制功能。在这样一个循环往复的过程中，信任、网络和规范处于同一时空领域，它们之间是一种相互促进的关系。因此有理由将信任、网络和规范同时看作社会资本的存在形式。

二、社会资本与社会治理理论的关联

（一）构筑社会治理网络，促成社会治理主体的无缝连接

基于社会资本理论，社会治理网络通常以下形式存在：第一，资质或身份网络。即政府官员和其他社会治理主体之间，在组织层面上存在着一种特定的互动关系，这在一定程度上决定了政府和其他社会治理主体之间的资源依赖程度。例如在某些社会组织兼职的政府官员具有身份上的重叠性，这在一定程度上促成了以政府为中心的治理网络。第二，职能网络。政府的职能输出以及和其他社会治理主体的协同合作打破了政府对于公共服务供给的垄断格局。职能网络通过一系列分散的网络节点，将政府让渡给其他社会治理主体的权力和政府的保留职能平稳地连结起来。第三，信息网络。信息源、信息数据、信息媒介以及接收对象共同构成了信息网络。畅通开放的信息网络深化了社会治理主体之间的信任，降低了彼此间的交易成本。而信息的失真和闭塞必然会造成社会治理主体间的认知偏差，进而导致社会治理的低效率。

（二）建立互惠规范，强化社会治理主体合作互惠的"心智习惯"

互惠规范的建立需要统筹正式制度和非正式制度，实现两者在价值内核上的统一和行为预期上的协调。非正式制度在正式制度的框架内运行，并且起到强化正式制度行为制约力的作用。正式制度通常来源于法律法规以及行政规章，它是国家意志合法化后的表达。正式制度是所有社会组织必须遵守的，作为一种外部强制性力量整合社会主体的行为。非正式制度来源于社会组织的

内部章程或其成员约定俗成的行为规范,更多体现的是组织的价值目标、自治结构和运作机理。非正式制度仅仅作用于社会组织内部,它能强化正式制度对于组织成员的规约效应,但也可能会让组织成员对正式制度产生抵触。因此,要强化社会治理主体合作互惠的"心智习惯"就应建立有效的激励机制。对于违反制度、规则的行为需加以惩戒,而对于合乎制度规则的行为就要给予相应的奖励。当然,这种激励是双向的:政府针对其他社会治理主体符合制度、规则的行为给予资质上的合法性认同、财务上的补贴以及政策上的支持;而社会组织将会以更为优质、高效的社会服务和更合乎公共预期的行为对政府的激励措施加以反馈。

(三)夯实社会信任基础,弥合社会资本网络"结构洞"

由于社会治理主体价值目标和行为模式的差异,社会资本网络中可能分布着诸多"结构洞"。这些"结构洞"阻断了社会资本的连接与传导,同时也破坏了社会治理主体的职能互补机制。要弥合这些"结构洞"就要在社会治理主体间厚植信任,实现价值的相互认同和交流。当前,建立起政府和其他社会治理主体之间的信任关系最为迫切。政府和其他社会治理主体之间的信任关系主要从以下三方面加以衡量。

其一,社会治理主体参与公共服务供给的频率。如果政府确认了其他社会治理主体的合法性地位,并对其价值观念、运作机理以及服务效率表示认同,那么政府与其他社会治理主体开展合作的意愿就会更强烈。社会治理主体参与公共服务的供给不仅是其实现组织宗旨、实现组织价值的途径,也是其获得组织生存发展资源的重要途径。

其二,价值认同。政府对于社会治理主体价值的认同具体表现为组织合法性的确认、组织活动领域的核准、组织服务标的团体的认可、组织治理结构和运行机制的认同程度。社会治理主体对于政府的价值认同具体表现为:获得合法性身份的难易程度、内部治理和组织运行方式的官僚同化程度、获取稀缺资源符合组织预期的程度。

其三,授权层次。社会治理主体组织制度的约制半径、自由裁量权的大小、参与政府决策的频率和效力以及与政府的合作模式都体现了政府对其的信任程度。如果社会治理主体在非强制性的情境下存在让政府介入组织内部运行、培养业务技能、化解组织危机、进行价值教育的需求,则体现了其对政府的信任。

第四节 公共治理理论

事实上,治理理论更多的是指一个理论范畴和理论价值,而非某个具体的工具性理论。在对治理理论进行梳理后,可以发现治理研究有三大流派:公司治理、善治以及公共治理。

一、公共治理理论的概念和主要观点

从词源释义来看,治理(governance)一词源于拉丁语和古希腊语,原意是控制、引导和操纵,长期以来主要用于与国家公共事务相关的管理和政治活动。现代意义上的"治理"被赋予了崭新的含义,体现着西方国家社会发展的轨迹。在全球化和信息化的背景下,市场本身存在盲目性、外部性、垄断、信息不对称等流弊,同时,政府公共产品短缺、低效率、寻租、政策失灵等问题亦时时暴露出来,人们迫切需要开辟第三条道路来优化社会运行机制。在这种背景下,治理理论应运而生,它基于世界、国家、地方、社区、组织等秩序的新变化,阐释了当今国家与社会关系的新结构形态,提出了构建分权、公众参与和多中心的公共事务治理之道,被认为是传统政府和市场治理的替代模式。

公司治理关注的是为组织提供行动方向与责任分配的内部系统与过程。善治关注的是超国家组织所倡导的关于社会治理、政治治理和行政治理的规范模型。善治主张通过市场方法对公共资源进行分配和管理。此处我们将重点讨论公共治理。公共治理理论可划分为五个代表性理论观点。

(1) 社会—市场治理。社会—市场治理关注在社会系统内部占主导地位的各种制度之间的关系,认为必须要整体性地把握这些关系及其相互作用,以更好地理解公共政策的制定和实施。在这种类型的社会治理中,政府在公共政策领域不再具有主导优势,而是需要依赖其他社会行动主体,以实现其合法性

和对该领域的影响。

（2）公共政策治理。公共政策治理关注政策精英和网络是如何相互作用进而设计与管理公共政策过程的,进一步说就是探讨政策社群和政策网络的运作方式。其中最具有代表性的就是对"元治理工具"的探讨。公共政策治理理论认为,在包含着多元利益相关者的政策网络中,元治理工具有助于重新恢复政治的导向性功能。

（3）行政治理。行政治理关注公共行政的有效运行以及公共行政的重新定位,以囊括现代国家表现出来的全部复杂性。例如,萨拉蒙将行政治理作为公共政策实施及公共服务提供全部实践的一个替代性术语;而林恩也将其用作一个包罗万象的术语,以创造一个在"空心化国家"的条件下有关公共政策实施和公共服务提供的整体性理论。

（4）合同治理。合同治理关注新公共管理的内部运作,尤其关注公共服务提供中合同关系的治理。用凯特尔的话说,就是"在当代契约国家中,公共机构需要'对它们几乎不能控制的(公共服务提供)体系负责'"[①]。

（5）网络治理。网络治理关注自发形成的组织间网络是如何与政府一起或在没有政府的情况下提供公共服务的。与公共政策治理不同的是,网络治理主要聚焦于实施公共政策和提供公共服务的网络,以及网络主体间的互动关系。

二、公共治理理论对社会治理的现实借鉴作用

（一）打破政府公共资源垄断地位,构建"四位一体"社会治理网络

公共治理理论主张政府简政放权,与其他社会主体分享公共资源,共担社会责任,构建多中心、多层次、立体式的社会治理网络。在中国的社会治理进程中,法理性权威与社会非正式权威交织,计划经济遗留制度与现代市场经济制度并存。因此,社会治理要整合政府、社会组织、企业、公民个人的力量,构建"四位一体"的复合式社会治理网络。这个网络空间内形成了一种交互融合的

---

① L. David Brown. Participation, Social Capital, and Intersectional Problem Solving: African and Asian Cases[J]. World Development, 1996, 24(9): 1467-1479.

复合权威场域:基于法理的政府权威、基于集团利益的组织权威、基于股东效用最大化的企业权威以及基于公民主体意识的公众个体权威。治理网络中的社会治理主体通过达成共识来确立行为准则,协同合作以共同维护社会秩序、提供公共服务、整合社会行为、供给社会福利并进行心灵治理等。

(二)建立平等协商对话机制,有效化解社会矛盾

公共治理理论指出,解决社会问题的途径和方式不只局限于制度强制手段,还存在着民主协商、公民对话、参与决策等诸多有效的途径。现阶段,在社会治理主体的权威对比中,政府具有绝对性优势,使得这一治理网络仍然呈现出极大的不平衡性。基于此,政府要意识到,全能型政府从根本上是无法应对广泛性、复杂性、风险性日益凸显的现代公共事务的。政府应敢于打破自身的权力垄断地位,以平等的姿态与其他社会主体进行对话协商,协调好各社会主体间的利益关系。此外,政府还要做好公共资源在各主体间的配置:一是要发挥市场对资源配置的决定性作用;二是要通过协商和谈判的方式合理配置资源。总之,在社会治理网络中,各社会主体都具有相对独立和平等的地位,他们的行动相互协调,职能相互补充,权力相互制约,在社会治理的事业中各尽其能、各得其所。

(三)促进公民与政府的协同合作,发挥社会对公权力的制约作用

公共治理理论认为,公民可以凭借集团的力量防止公权力对私人领域的侵害,保障公民的个人自由。由公民组成的多元利益集团是公共利益聚合者和社会力量的凝聚者,可以通过协商谈判、说服博弈、舆论引导来向政府施加压力,迫使政府行为符合公众预期。同时,政府要善于借助社会组织的"亲民性"优势,来了解公众的心理动态、舆论导向和行为模式,从而及时甄别社会矛盾,防患于未然。此外,政府应和公民及社会组织建立伙伴关系并借助其优势提升社会治理水平,例如社会组织可吸收社会闲散资金,提供公共服务,加强社会慈善供给,进而提高社会总体福利水平。

(四)以公共利益为价值轴心,推动"善治"目标的实现

公共治理理论认为,治理的目标是善治。善治是公共利益最大化的社会治

理过程。保障公共利益、增进公共福祉一直是政府存在的合法性基础。公共利益需要在利益集团的互动博弈中不断明晰和实现,而这一过程有赖于社会民主协商机制的充分发展。在我国,社会民主协商机制还有待进一步完善,政府在管理活动中掌有较多的自由裁量权。在善治的实现过程中,政府要更加尊重公民的主体地位,培养公众的公民身份意识,考察公民的需求,畅通公民利益表达渠道,最大限度地满足公共需求。另外,政府要还权于民、还政于民,确立社会组织的合法性身份,为其开辟活动空间,授予合法权威,并实现全能政府向有限政府的转变、管制型政府向服务型政府的转变、集权型政府向授权型政府的转变。

章节习题

1. 请简述新制度经济学理论的主要内容及其与治理理论的关联。
2. 请简述新公共管理理论的主要内容及其与治理理论的关联。
3. 请简述社会资本理论的主要内容及其与治理理论的关联。
4. 请简述公共治理理论的内容及其主要特征。

案例材料

1992年,上级政府因建设经济开发区的需要,征用了下围村1277亩土地,占全村集体土地面积的一半左右,被征的每亩土地补偿1.5万元。对于下围村来说这是一笔巨大的收益,但是村民们至今没有见到、分到这笔补偿款,让他们感到愤怒的是当时的村支部书记肆意挥霍、腐败,并且村务大事都是村"两委"内部商量决定,村"两委"成员完全听从在位20多年的村支书的指挥。

征地之后,村"两委"拿出数百亩土地划分成面积等同的60份宅基地向村民们售卖。房子的出售价格都一样,村"两委"却把地段最好的宅基地抢先占去或者分给了自己的亲戚,彻底激怒了其他村民。村民们以与当时村干部关系的

第二章 社会治理的理论基础

远近亲疏、是否得到利益,自然划分成了立场对立、矛盾尖锐、力量均等的两派。一些村民为了讨回自己的利益开始走上了上访之路。虽然后来这位老支书以贪污等罪名入狱,但是下围村的两派斗争却愈演愈烈。1999年,广东省开始实施村民委员会直选。如何让自己派系的人成为村"两委"成员,进而控制集体的资产,成为下围村两派斗争的焦点。第一届村级直选时,上级政府不得不安排400名警力维护选举现场秩序。之后的每一届村级直选,无论哪一派当选,另外一派都想方设法作对;不论决策是否正确,另外一派都要抵制、阻挠。这一时期,下围村未能顺利召开过一次村民大会,村干部开会都需要偷偷摸摸在村外找地方来摆脱闹事者,由两派选举组成的村"两委"甚至为了一个公章还闹上了法庭。总之,上访、闹事成为下围村村民的主要活动。在这种情况下,加之经济开发区项目后来也没有发展起来,下围村在吵闹争斗中逐渐衰败:村集体经济项目被闲置,违章建筑丛生,环境遭到严重破坏。下围村逐渐成为远近闻名、令上级政府头疼的"上访村"。

在多年的"内乱"之后,2014年下围村按照上级政府的要求,进行新一届村"两委"换届。与以往村内两派为村"两委"人选争执甚至发生冲突的情形不同,这次全村出现了"内乱"以来的第一次一致——85%的选票都投给了一位名叫GQD的年轻人。

GQD,1978年出生,很早就离开下围村外出打工,在东莞生意做得颇有规模。事业有所成就的同时,GQD也在思考着家乡的未来:如果每个下围村人都认为村子的发展事不关己,下围村会更加衰败。所以,2014年下围村"两委"换届之前,GQD回到村中参与竞选,出乎他意料的是他成为下围村第六届村委会主任。回忆当时的竞选过程,GQD谈及原因时说:"我很早就和家人出去做生意了,我们都在东莞。我的家族在下围村也是个小家族,没有参与村里面的两派斗争。而且很多村民这许多年都斗厌了,也不想再斗了,所以就把票都投给了我。"

2014年村"两委"换届时,为了在下围村党支部和村委会之间首先形成和谐局面,经验丰富、熟悉下围村历史的原下围村支部书记GSM在镇党委的支持下获得连任。上任之后的GQD,做的第一件事情就是与GSM商议决定放权。

GSM也痛心于下围村的过去,但是身陷各种利益纠缠中,又让他之前无力去改变。所以继任党支部书记后,GSM倾力支持GQD,并给予他做事的空间。

在镇政府的指导下,下围村在村"两委"换届的同时,还按照5—15户一代表的原则,选出了69名村民代表。GQD和GSM通过镇政府帮助设计的村民代表议事制度来兑现自己的"放权"承诺。村里所有事关本村发展的大事,均由69名村民代表在村民代表会议上决策,村"两委"只有履行议题、组织和执行的权力。具体来说,村"两委"主要做好四项工作:第一,当有事关下围村发展的提议时,村"两委"联席会议审定形成议题,并邀请法律顾问审核,以确保议题不会有违法性质;第二,会前通过各种方式公布议题,让村民们都知晓要决定的事项并进行充分讨论,村民代表负责收集村民们的各种意见,形成自己所代表的村民的表决态度;第三,会议过程中村"两委"列席并主持会议,但不能影响村民代表们的决定,要同步向村民们实时转播会议过程及表决结果;第四,会后要坚持"不折不扣落实村民代表会议决定"的工作原则,保证议题的落实。对此,GQD说:"现在,村'两委'只是提出'点子',做还是不做、怎么做都由村民和村民代表来决定。这样,如果不来开会,就会影响自己或自己所代表的村民的利益。"村集体"三资"(资产、资源、资金)曾经是下围村管理中最神秘也是最触动村民神经的内容,GQD上任后对这块工作采取的措施是村务公开,公开每一笔收入和支出,并且还邀请四位村民代表进行财务监督。

2015年,下围村成为广州市第九批"文明示范村"。在访谈中,村民们谈及下围村的转变与"新貌"无不自豪,有村民说:"以前村里边乱七八糟的,现在没有一派一派了。我是卖化肥的,现在听不到(来买化肥的人)讲不满意了。我送化肥的时候,别的村都会讲'你们村很好'。"

案例来源:中国公共管理案例:第四辑[M].北京:清华大学出版社,2016:67—70.

思考:

1. 上述案例中下围村的治理实践体现了公共治理的哪些理论要素?

2. 请结合治理理论界定下围村从"乱治"走向"善治"的主要影响因素,并分析其作用机理。

第三章 中国特色社会治理体系

【内容提要】

经过几十年社会治理的实践探索和制度建设,中国特色社会治理体系基本形成。本章围绕中国特色社会治理体系展开论述,在共建共治共享社会治理格局中,对党委领导、政府负责、社会协同、公众参与的多元主体进行界定,并对其互动关系进行阐述;同时对中国特色社会治理体系的价值理念、战略布局、核心内容进行分析,并对治理的基础工具以及治理方法进行论述;最后梳理中国特色社会治理体系发展脉络。

党的二十大报告指出:中国式现代化是人口规模巨大的现代化,是全体人民共同富裕的现代化,是物质文明和精神文明相协调的现代化,是人与自然和谐共生的现代化,是走和平发展道路的现代化。中国国家治理体系与治理能力的现代化应以实现最广大人民的利益为旨皈,并在各领域协同发展的基础上,构建中国特色社会治理制度体系,同时提升政治系统的制度执行能力。

第一节 中国特色社会治理体系的主体

一、主体界定

在打造"共建共享共治"社会治理格局的过程中,如何构建党、政府、社会、公众等相关主体的权责关系与协调机制,是新时代中国特色社会治理实践的重要议题。

(一) 党委领导

中国共产党是中国特色社会主义事业的领导核心,也是社会治理的根本推动者。中国共产党的领导是中国特色社会主义最本质的特征,是中国特色社会主义制度的最大优势。新时代中国特色社会主义治理体系是以党为主导的多元治理结构,中国共产党从把握全局的高度对社会治理做出理念引导和顶层设计。在社会治理中,党委是权力核心,是最高权威所在。

在中国特色社会治理中,党的力量主要依托于坚强的组织建设与具有先进性的党员。通过将组织建设和先进党性充分贯彻融入社会治理的发展与创新,使党员成为社会治理的参与者、监督者和推动者,实现良性的社会动员与社会善治。当前,中国共产党已经拥有党员9500多万人,基层党组织达486万个。在社会领域,党组织通常担负着公共治理的责任,包括以党建引领社区为着力点,将党建和社区服务紧密结合,发挥基层党员的先锋模范作用,搭建党与群众日常互动的平台和机制,提高基层治理的服务能力。

(二) 政府负责

中国特色社会治理的特征之一,是政府在治理中占据责任主导的地位。政府作为国家意志的执行者,其责任包括对公共需求予以回应和满足。政府负责即国家机构及其工作人员在履行社会治理的职能和义务的过程中,要承担起行使政府权力对权力主体的义务性责任和消级行政行为及其后果的法律责任。[①]

在社会治理的过程中,政府负责制也会存在责任缺失或责任越位等问题,出现"政府失灵"的现象。为了清除某些政府无法实现公共物品有效供给的弊病,需要清楚界定政府职责的边界。面对社会治理中的缺位现象,政府需要通过灵活使用行政、法律手段予以补位。而面对出现越位与错位的领域,政府应更多充当"舵手"的角色,引领社会力量的生成与发展。同时,政府也需要在市场调节、社会治理中发挥自身的合法性和为人民服务的优势,建立健全社会保障制度和政府购买服务等协调机制。

---

① 杨淑萍.行政分权视野下的地方责任政府的构建[M].北京:人民出版社,2008:129.

（三）社会协同

社会协同主要是指在现有的社会治理条件下，党委领导、政府负责下的多元社会治理主体共同治理公共事务，形成政府与社会力量互联、互补、互动的社会治理运行网络的过程和活动。"社会协同"中的"社会"内涵非常丰富，包括人民团体、基层群众性自治组织、社会组织、企事业单位等。

党的十九大提出要发挥社会组织作用。以社会团体、基金会和社会服务机构为主体构成的社会组织，是我国社会建设重要的有机力量。我国的社会组织起步较晚，一定时期内被视为社会管理的障碍而予以管控，这使得我国社会组织在社会治理格局中的地位与实际需求不相称。改革开放以来，社会组织在中国特色社会主义的建设中健康有序发展。当前中国的社会组织形式多样、涉及领域广泛，开始成为社会治理中越来越重要的有机力量。一方面，要通过公益投资、政府购买服务等方式推动社会组织发展，增强社会组织的参与意识和动力。同时要与社会治理重心下移的治理导向相配合，加快社会组织孵化基地建设，重点发展以居民参与为基础的社区组织，发挥社会组织在文化体育、慈善救助、社区养老等方面的作用。另一方面，在政府与市场都无法做到有效提供公共产品与服务的领域，通过政府推动社会组织介入，实现社会组织在相应领域内的自主发展，使社会组织作为替代力量，在政府职能逐渐退出该领域时成为提供公共产品与服务的主体，政府则作为监管主体来促进其有序发展。

（四）公众参与

社会管理到社会治理的转变，强调的是治理过程中的共同参与、协商共治与共建共享。公众参与在我国有明确的法律根据。我国宪法第二条规定："中华人民共和国的一切权力属于人民。……人民依照法律规定，通过各种途径和形式，管理国家事务，管理经济和文化事业，管理社会事务。"宪法为公民参与国家各项事务管理做出了具体规定。这说明，公众参与是人民主权的重要实现形式和民主政治的重要标志，也是社会主义民主得以实现的重要机制。社会治理中的公众参与是宪法规定的人民主权原则的必然延伸，彰显了人民作为主权享有者的地位。

公众参与社会治理的方式主要有两种：一是提供公共服务；二是参与公共决策。而参与公共决策又有制度性和非制度性参与两种途径。制度性参与主要是指通过法律法规政策设定的途径参与公共决策，如参加听证会。非制度性参与主要指借助社会舆论、特殊社会关系等非制度性渠道影响、参与公共决策。目前的主要问题就在于，公众制度性参与社会治理的制度供给相对不足，导致公众很多时候只能选择非制度性渠道影响决策。这极易产生大量"灰色交易"和"寻租空间"，也使正规的制度安排形同虚设，最终造成公众对政府决策的信任丧失。公众要有效参与公共决策，必须有三大制度支撑：政府信息公开制度、公众参与程序制度以及公众意见反馈制度。

二、互动关系

由"政府管理"到"合作共治"是社会治理模式发展的必然趋势。中国特色社会治理体系由中国共产党领导，政府组织和主导，社会和公众等多方社会力量参与，以促进政府和社会各归其位、各担其责，对社会公共事务进行治理，努力实现社会善治。如图3-1所示，完善社会治理体系，应形成一元主导、多方参与的共建共治共享格局，打造社会治理人人有责、人人尽责的命运共同体。

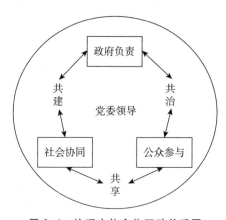

图3-1 治理主体合作互动关系图

（一）共建

共建即共同参与社会建设。共建包括三个方面：社会事业建设、社会法治建设以及社会力量建设。

社会事业建设方面。本着政府主导和政社合作的原则,通过社会政策的安排,要为包括社会组织在内的各种社会力量和各类市场主体,在教育、就业、医疗、卫生、社保等社会服务中发挥作用创造条件与空间。

社会法治建设方面。人们的幸福感、获得感、安全感离不开制度的保护。因此,在相关法律法规乃至政策的制定中,在权利制度、财政制度、分配制度、社保制度的建设中,党和政府在担当领导角色的同时,必须形成社会各界和广大人民群众的民主参与机制。

社会力量建设方面。社会组织自身要具有更强的主动性,以及在社会建设和社会治理方面的责任意识,政府应给予更多的信任、支持、助力,只有这样才能够使社会力量得到发展。在新时代的社会治理中,社会组织等社会力量是国家治理现代化中的重要角色,是市场经济进一步发展的增长点,是政府管理和公共服务的合作者,是社会和谐与秩序稳定的影响者,是社会公益慈善文化的引领者。应当确立公私权均衡关系的基本原则,合理控制公共部门规模,促进社会组织健康发展,提升和激发社会力量参与社会建设的能力和活力。

(二) 共治

共治即共同参与社会治理。参与权是宪法赋予公民的基本权利,也是人性需求的组成部分。在物质匮乏的阶段,人们参与公共事务的积极性尚不明显。但是面对今天新的社会主要矛盾,人民对于民主、法治、公平、正义和个人价值实现的愿望日益凸显。因此,党和政府要为人民参与创造条件。

第一是要改善多元治理,补齐结构短板,推进社会治理真正的社会化。进入治理的新时代之后,应更加善于发挥社会力量尤其是社会组织的力量,推动形成政府治理和社会调节以及居民自治之间的良性互动。自2002年党的十六大以来,我国已基本形成党委领导、政府负责、社会协同、公众参与、法治保障的多元治理格局。但是比较而言,这个治理的"木桶",目前公权板块过长而社会板块过短,这就需要平衡权责、取长补短,以形成多元共治的和谐治理格局。

第二是支持社会力量在供给侧发力。供给侧结构性改革应该在认识传统供给主体结构弱点的基础上,把握供给端主体结构再造的正确方向,将社会组织培育成为其中的重要一元,发挥社会组织和其他供给主体的协同作用。在公共事务、社会事业和社会服务当中,通过政府购买服务等灵活机制,形成稳定的政社合作关系,让社会组织有机会参与社会治理。

第三是在基层社会治理中发展基层自治能力。基层自治是社会主义民主的重要形式,是基层群众实现"自己的事情民主管、自己的事情协商办"的重要方式。要建设好基层群众自治制度,就必须落实好基层民主,实行民主选举、民主决策、民主管理、民主监督,这有利于保障公民的共治参与权利,有利于真正实现社会和谐稳定。

(三)共享

共享即共同享有治理成果。当前治理成果着重讲经济成果,在城乡之间、地域之间、群体之间仍然存在着很大的发展差距。而改革发展成功不成功,最终的判断标准应落脚到改革发展的成果是否由人民共享。共享治理成果表现在以下三方面。其一是党有决心,"只要还有一家一户乃至一个人没有解决基本生活问题,我们就不能安之若素;只要群众对幸福生活的憧憬还没有变成现实,我们就要毫不懈怠团结带领群众一起奋斗"。其二是政府有思路,按照"守住底线、突出重点"的原则,保障低收入群体和弱势群体的基本生活。其三是国家有共享的制度保障。唯有良好和可操作的制度是一切决心和理念的依靠。只有民主和法治基础上的制度,才能为全体人民提供安全预期,在幼有所育、学有所教、劳有所得、病有所医、老有所养、住有所居、弱有所扶上不断取得进展。治理的成果除了经济成果之外,还包括生态成果、文化成果、政治成果等,这些也是人民群众有权共享的必需消费品。治理成果的方方面面都需要在党领导下社会各方主体充分参与、共同努力才能实现共享。

第二节 中国特色社会治理体系的内容

一、中国特色社会治理体系的价值理念

完善中国特色社会治理体系不是简单照搬西方模式,也不是机械复制传统模式,而是按照国家治理体系和治理能力现代化的总体要求,遵循人民为主体

的基本价值立场,坚持五大发展理念,围绕加强和创新社会治理,贯彻落实中国特色社会治理体系建设的新要求、新部署。

(一)人民本位

用人民赋予的权力来为人民谋利益,这是马克思主义政党价值观的基本要求,也是为人民服务根本宗旨的鲜明体现。关切最广大人民的根本利益是治国理政的政治伦理。中国特色社会治理体系遵循人民主体的价值立场,明确治国理政的核心要义,即人民是治国理政之本、为人民治国理政、靠人民治国理政。厚植党的执政根基,夯实治国理政之本,关键要尊重人民的主体地位,坚持国家一切权力属于人民的理念,动员和组织人民依法通过各级人民代表大会行使国家权力,通过多种渠道和形式管理国家和社会事务,保障人民当家作主。

(二)五大发展理念

党的十八届五中全会通过的《中共中央关于制定国民经济和社会发展第十三个五年规划的建议》(以下简称《建议》)提出:"实现'十三五'时期发展目标,破解发展难题,厚植发展优势,必须牢固树立创新、协调、绿色、开放、共享的发展理念。"五大发展理念是在洞察国内外发展大势基础上形成的,集中反映了中国共产党对经济社会发展规律认识的深化。它对于推动中国经济社会发展的全局变革,对于实现更高质量、更有效率、更加公平、更可持续的发展将产生深远影响。

1. 创新

创新是社会进步的第一动力。当前,我国经济发展进入新常态,从表象上看是经济增长速度的换挡,但从本质上说是发展动力的转换。依据经济发展规律,在投资增速放缓和效率下降的情况下,必须更多依靠科技进步和创新推动经济发展,实现从"要素驱动""投资驱动"向"创新驱动"的转变,使经济增长获得新的动力源泉。为此,《建议》提出,必须把创新摆在国家发展全局的核心位置,不断推进理论创新、制度创新、科技创新、文化创新等各方面的创新,让创新贯穿党和国家的一切工作,引领发展新方向、培育发展新动力、拓展发展新空间。这不仅进一步提升了创新的地位,指明了创新的领域和方向,而且强化了创新的使命和责任,勾勒了创新的愿景和目标。

2. 协调

协调发展是形成平衡发展结构、提升发展整体效能的重要保障,强调区域协同、城乡一体、物质文明与精神文明并重,强调信息化、新型工业化、新型城镇化、农业现代化同步发展。我国发展不平衡问题由来已久,有其历史的、现实的、自然的、社会的、体制与机制的、政策与措施的等多方面原因,主要体现在城乡二元结构、区域发展失衡、社会文明程度和国民素质与经济社会发展水平不匹配等方面。这些问题不仅妨碍全面建成小康社会目标的实现,而且有悖于社会主义本质。在经济发展的起步阶段,某些领域、某些方面一段时间内的非均衡发展是难以避免的,但经过一定时期的发展后,就要注意调整关系、补齐短板,提升发展的整体性、协调性,否则,短板效应就会愈加显现,进而拖累经济社会发展的整体速度和水平。为此,《建议》提出必须把握中国特色社会主义事业整体布局,正确处理发展中的重大关系,重点促进城乡区域协调发展,促进经济社会协调发展,在增强国家硬实力的同时注重提升国家软实力。协调发展理念是全面建成小康社会的客观要求,也是我国经济社会发展的现实诉求。

3. 绿色

绿色发展是实现人与自然和谐永续发展的必由之路,强调绿色富国、绿色惠民,提倡绿色发展方式和生活方式,改善生态环境,进而为人民提供更多优质生态产品。改革开放以来,我国创造了经济高速增长的奇迹,但支撑这一奇迹的是粗放型增长方式。在消耗巨量资源的同时,这一增长方式引发了我国资源约束趋紧、环境污染严重、生态系统退化等问题,人与自然的关系引起了全社会的忧虑。随着环保意识的觉醒和生活水平的提高,人们对清新空气、干净饮水、安全食品、优美环境的要求日益强烈,生态环境恶化及其对人们健康的影响已成为突出的民生问题。综观国际社会,绿色循环低碳是当今科技革命和产业变革的基本方向,也是最有前途的发展领域。我国在这方面的发展潜力、发展空间相当大,可以形成许多新的经济增长点。为此,《建议》强调,必须坚持节约资源和保护环境的基本国策,坚持可持续发展,坚定走生产发展、生活富裕、生态良好的文明发展道路,加快建设资源节约型、环境友好型社会,形成人与自然和谐发展的现代化建设新格局,推进美丽中国建设,为全球生态安全做出新贡献。绿色发展是遵循自然规律的可持续发展,也是实现全面建成小康社会的必由之路。

4. 开放

开放发展是国家繁荣发展的必由之路。开放发展强调统筹国内国际两个大局,形成全方位开放新格局,拓展对外开放深度与广度,提高对外开放质量与水平。开放是一种发展理念,更是一种时代潮流,在全球化背景下,任何国家或民族想关起门来搞建设已不再可能。当前国际经济合作和竞争局面正在发生深刻变化,全球经济治理体系和规则正面临重大调整,"引进来、走出去"的程度加深、节奏加快,国家之间的经济文化交流日益频繁。如果说,我国过去的开放注重的是"引进来",是接受或融入世界政治经济秩序,在国际舞台上展示自己的形象,那么,随着综合国力的提升,现在我国对外开放应更多关注"走出去",主动参与构建世界政治经济新秩序,搭建国际合作与交流的平台,特别是要掌握制度性话语权,引领国际游戏规则的制定。为此,《建议》提出,必须顺应我国经济深度融入世界经济的趋势,奉行互利共赢的开放战略,发展更高层次的开放型经济,积极参与全球经济治理和公共产品供给,增强我国在全球经济治理中的制度性话语权,构建广泛的利益共同体。开放发展既是我国经济社会发展、国际地位提升、国际形象建构的需要,也是引领我国外向型经济发展、推动我国同世界各国实现合作共赢的需要。"一带一路"倡议的提出与亚洲基础设施投资银行的成立,意味着我国开始从世界政治经济秩序的融入者转变为世界政治经济秩序的塑造者,标志着我国开放发展进入了新阶段、新水平。

5. 共享

共享发展是中国特色社会主义的本质要求,强调共建与共享统一、人民共享发展成果,推动全体人民朝着共同富裕目标稳步前进。改革开放以来,经济社会发展关注效率较多,兼顾公平不够,由此导致不同行业、不同地区、不同群体收入悬殊,城乡基础设施、公共服务水平差距较大。在共享发展成果上,无论实际状况还是制度设计,都有不够完善的地方,这影响了公平正义的实现与社会主义制度优越性的彰显,也不利于发展力量的积聚和改革共识的达成,以及社会秩序的建构。为此,必须坚持发展为了人民、发展依靠人民、发展成果由人民共享的理念,从制度上做出更有效的安排,缩小收入差距、城乡差距,使全体人民在共建共治共享中有更多的获得感,增进对于中国特色社会主义的认同,增强对于中国特色社会主义的自信。

二、中国特色社会治理体系的战略布局

2014年12月,习近平在江苏调研时明确提出了"四个全面"战略布局,即"要主动把握和积极适应经济发展新常态,协调推进全面建成小康社会、全面深化改革、全面推进依法治国、全面从严治党,推动改革开放和社会主义现代化建设迈上新台阶"。"四个全面"战略布局是党中央治国理政方略的整体设计,抓住了各项工作的关键环节和重点领域,明晰了改革发展的战略目标和战略举措。

(一)全面建成小康社会

"小康"一词最早源于《诗经》:"民亦劳止,汔可小康。"在《礼记·礼运》中,"小康社会"和"大同社会"是儒家思想中的两种不同层次的社会形态。1979年12月,邓小平在会见日本首相大平正芳时借用儒家的概念,首次提出我国现代化的最低目标是到20世纪末达到小康社会。小康社会即介于温饱和富裕之间的社会发展状态。2012年11月,党的十八大提出了全面建成小康社会。小康社会是涵盖经济、政治、文化、社会、生态各领域的重大战略目标,在"四个全面"战略布局中居于引领地位,是第一个百年奋斗目标,也是实现中华民族伟大复兴的关键一步,引领着治党治国、改革发展的实践进程。

(二)全面深化改革

改革是同一种社会形态发展过程中的量变,是推动社会发展的重要动力,适用于解决现存社会体制中存在的问题,它能在一定程度上解决社会基本矛盾,促进生产力的发展,有效地推动社会进步。2013年11月,党的十八届三中全会审议并通过的《中共中央关于全面深化改革若干重大问题的决定》,成为新形势下全面深化改革的纲领性文件。2013年12月,中共中央政治局召开会议,决定成立中央全面深化改革领导小组,以加强对改革的总体设计、统筹协调、整体推进、督促落实。迄今为止,中央全面深化改革领导小组围绕经济体制、政治体制、文化体制、社会体制、生态文明体制和党的建设制度等方面的改革出台了一系列的政策文件,部署了一系列重大改革试点,充分发挥了对全局性改革的示范、突破、带动作用。

(三)全面推进依法治国

2014年10月,党的十八届四中全会通过了《中共中央关于全面推进依法治国若干重大问题的决定》,明确提出并阐述了"全面依法治国"这一治国方略。法律作为治理国家的工具,是国家稳定与社会和谐的现实需求。全面推进依法治国旨在形成完备的法律规范体系、高效的法治实施体系、严密的法治监督体系、有力的法治保障体系、完善的党内法规体系,通过坚持依法治国、依法执政、依法行政共同推进,坚持法治国家、法治政府、法治社会一体化建设,实现科学立法、严格执法、公正司法、全民守法,促进国家治理体系和治理能力现代化。全面依法治国是解决当前中国发展面临的紧迫问题以及保证国家稳定、社会正义得以实现的必然要求。同时,依法治国作为现代执政党执政能力的普遍构成,有助于加强和改善党的领导、推动由传统革命政党向现代执政党转型、获取新的合法性基础并巩固其执政地位,为实现党和国家长治久安提供法治保障。

(四)全面从严治党

"从严治党"是马克思主义建党学说的重要原则,也是中国共产党管党治党的基本经验。2014年10月8日,习近平在党的群众路线教育实践活动总结大会上的讲话中首次对"全面推进从严治党"进行了战略部署。以习近平同志为核心的党中央把"从严治党"由一种管党治党思想上升为管党治党理论体系。中国共产党作为我国的执政党,既面临着西方敌对势力"西化""分化"的思想文化渗透,还面临着全面深化改革攻坚、社会转型升级与矛盾凸显的复杂国情,以及受形式主义、官僚主义、享乐主义和奢靡之风等不良风气影响的严峻党情。对此,习近平总书记强调全面从严治党要从以下八个方向着手:落实从严治党责任,坚持思想建党和制度治党紧密结合,严肃党内政治生活,坚持从严管理干部,持续深入改进作风,严明党的纪律,发挥人民监督作用,深入把握从严治党规律,从而致力于保持党的纯洁性和先进性,为全面建成小康社会、全面深化改革、全面依法治国提供根本政治保证。

三、中国特色社会治理体系的核心内容

党的十八大对推进新时代"五位一体"总体布局做了全面部署,要求全面推进经济建设、政治建设、文化建设、社会建设、生态文明建设。同时,以习近平同志为核心的党中央对平安中国建设高度重视,要求坚持源头治理、系统治理、综合治理、依法治理,致力于实现建设平安中国。

(一) 经济建设

经济是指与一定生产力相适应的生产关系,包括物质资料的生产以及相应的交换、分配、消费,是政治和思想意识等上层建筑赖以建立的基础。经济建设是指经济方面的设置、创立、建设工作,是保证社会不断向前发展的物质条件。只有搞好经济建设,才能建立起强大的物质基础,才能最充分地满足劳动人民不断增长的物质与文化生活的需要,才能巩固社会主义制度和无产阶级专政。党提出要继续坚持社会主义市场经济改革方向,让市场在资源配置中起决定性作用,深化经济体制改革,坚持和完善社会主义初级阶段的基本经济制度和分配制度,加快完善现代市场体系、宏观调控体系、开放型经济体系,加快转变经济发展方式,加快建设创新型国家,推动经济更有效率、更加公平、更可持续发展;更好发挥政府作用,主动适应、把握、引领经济发展新常态,推进供给侧结构性改革,加快实施创新驱动发展战略,增强经济持续增长动力,提高经济发展的质量和效益。

(二) 政治建设

建设中国特色社会主义,必须大力推进社会主义民主政治建设,必须坚持走中国特色社会主义政治发展道路。政治建设为经济建设、文化建设、社会建设和生态建设提供坚实的政治保证,是人类政治生活全面进步成果的总和,它

包括进步的政治观念、政治行为和政治制度等。没有民主政治建设,就不可能充分调动人民群众的主动性、创造性,就没有一个以健全法制为保障的发展环境。中共十八大特别强调:"人民民主是我们党始终高扬的光辉旗帜……积极稳妥推进政治体制改革,发展更加广泛、更加充分、更加健全的人民民主……发展社会主义政治文明。"中共十八大以来,我国努力加强法治中国建设,坚持依法治国、依法执政、依法行政共同推进,坚持法治国家、法治政府、法治社会一体建设,不断提高党依法执政的水平和政府依法行政的水平,为社会主义民主政治的发展提供法治保障,更好地发挥中国特色社会主义政治制度的优越性,发展社会主义协商民主。

(三)文化建设

文化建设是人类在改造客观世界的同时改造主观世界的精神成果之总和,表现为思想道德和科学教育文化的发展。中共十八大指出:"要扎实推进社会主义文化强国建设……提高国家文化软实力,发挥文化引领风尚、教育人民、服务社会、推动发展的作用。坚持为人民服务、为社会主义服务的方向,坚持百花齐放、百家争鸣的方针,坚持贴近实际、贴近生活、贴近群众的原则……加强社会主义核心价值体系建设……树立高度的文化自觉和文化自信。"[1]而提高国家文化软实力则需要增强社会主义核心价值观的生命力、凝聚力、感召力。对此,中共十八大提出要培育和践行社会主义核心价值观,强调要倡导"富强、民主、文明、和谐,自由、平等、公正、法治,爱国、敬业、诚信、友善"二十四字方针,提出要始终坚持社会主义先进文化的前进方向,继续大力深化文化体制改革,弘扬中华优秀传统文化,并大力培育和践行社会主义核心价值观,提高国家文化软实力。

(四)社会建设

社会建设与人民幸福安康息息相关,是社会和谐稳定的重要保证。应该从维护最广大人民根本利益的高度,推动社会主义和谐社会建设。保障和改善民生是加强社会建设的重点,要解决好人民最关心最直接最现实的利益问题,努

---

[1] 中共中央文献研究室.十八大以来重要文献选编:上[M].北京:中央文献出版社,2014:40-42.

力让人民过上更好生活。要加快形成中国特色社会主义社会管理体制、基本公共服务体系、现代社会组织体制及社会管理机制,最大限度增加和谐因素,最大限度增强社会创造活力,确保社会既充满活力又和谐有序,确保人民安居乐业、社会安定有序、国家长治久安。通过切实改善和保障民生,解决好人民最关心也最直接最现实的利益问题,实现学有所教、劳有所得、病有所医、老有所养、住有所居。

(五) 生态建设

良好的生态环境是最公平的公共产品,是最普惠的民生福祉。建设生态文明,直接关乎老百姓的幸福感以及民族未来。中共十八大指出:"建设生态文明,是关系人民福祉、关乎民族未来的长远大计。面对资源约束趋紧、环境污染严重、生态系统退化的严峻形势,必须树立尊重自然、顺应自然、保护自然的生态文明理念,把生态文明建设放在突出地位,融入经济建设、政治建设、文化建设、社会建设各方面和全过程,努力建设美丽中国,实现中华民族永续发展。"[①]而推进生态文明建设,离不开深化生态文明体制改革和建立系统完整的生态文明制度体系,要实行最严格的源头保护制度、损害赔偿制度、责任追究制度,完善环境治理和生态修复制度,用制度保护生态环境,推动形成人与自然和谐发展现代化建设新格局。推进生态文明建设,牢固树立绿水青山就是金山银山的生态文明理念,不断完善生态文明制度和法律,建设美丽中国。

(六) 平安中国建设

建立国家安全委员会,完善国家安全体制,这是我国在总结平安中国建设实践经验基础上的重要理论创新,也为加强和创新社会治理提供了广泛的应用领域。要坚持总体国家安全观,构建中国特色社会主义国家安全体系,为国家治理现代化提供重要保障。当前我国国家安全形势纷繁复杂,迫切需要牢固树立安全发展观念,实施国家安全战略,完善国家安全法律制度体系,加快国家安全法治建设,构建集政治安全、经济安全、文化安全、社会安全、信息安全、生态安全、核安全等于一体的国家安全体系,走中国特色国家安全道路,全面推进平

---

① 中共中央文献研究室.十八大以来重要文献选编:上[M].北京:中央文献出版社,2014:31.

安中国建设。《中华人民共和国国民经济和社会发展第十四个五年规划和2035年远景目标纲要》要求从加强国家安全体系和能力建设、强化国家经济安全保障、全面提高公共安全保障能力、维护社会稳定和安全四个方面,推进统筹发展和安全,建设更高水平的平安中国。

第三节 中国特色社会治理体系的工具与方法

一、中国特色社会治理体系的基础工具

中国特色社会治理的目标在于提升人民的福祉,让人民享受美好生活。社会治理工具是实现治理目标的具体手段,涵盖政治、经济、文化、社会多个层面,包括法律规章、行政命令、经济杠杆、教化引导等社会治理工具。

（一）法律手段

法律手段是用法律的形式制定公民必须遵守的明确规则,并通过国家的强制力保证实施的一种社会治理方式,具体表现为法律、行政法规、部门规章、地方性法规等。法律规章与行政命令的最大区别在于稳定性、规范性和可预期性,可以将法律的规范作用与道德的教化作用结合起来,形成由软到硬的约束体系,即形成德治与法治相结合的社会治理系统。法律手段是社会治理中的外在约束因素,对行政执行的内外部关系均具有强制性、权威性和普遍性的规范作用。

（二）行政手段

行政手段是国家行政机关的常用工具,指依靠行政机关内部层级节制的机制,通过命令、指挥、控制、规定、指令等规范政策执行的方法。它主要依靠行政处罚和其他具有威胁性的强制力量来实施,具有权威性、强制性、垂直性、具体性、非经济利益性、封闭性的特点,能够依托行政体制内的各种行政资源,迅速有力推动政策的实施。但是,行政命令的工具也容易产生一些负面效应,如抑制社会活力和侵犯公民权利,特别是在行政命令被不当使用时,其消极后果会更加严重。

(三)经济手段

经济手段是指包括政府在内的所有国家机关在行使国家公权力的"组织管理、规划计划、调节调控、监督约束"的政务活动中采用的一种通过经济权益的损益程度来实现管理国家和处理政务的目标的手段。经济手段包括经济规划和经济政策。经济规划是由国家统一制定的国民经济和社会发展规划,是国家从宏观上引导和调控经济运行的基本依据。经济政策是指政府指导和影响经济活动所规定并付诸实施的一切准则和措施,包括财政政策、货币政策、产业政策、信贷政策、收入分配政策、价格政策、汇率政策、税收政策等。通过利率的升降、税收的增减和奖励罚款等,使各利益主体产生经济上的损益,进而引导和调控各企业、家庭等经济组织体的经济活动。

(四)教化引导

行政机关通过宣传、动员、感化、鼓舞等方式,将政策理念输入人们脑海,使之理解政策的内容和意义,自觉地为政策执行服务。其中最重要的一种方式就是道德规劝。道德规劝的前提是在政府的主导下形成一套明确的道德规范,一旦它得到绝大多数社会成员的认同就可以产生巨大的社会约束力。违反道德规范的人会受到人们的有力规劝,并在强大的社会舆论压力下主动矫正不良行为。道德规劝的具体形式是多种多样的,它也会随着社会发展而发展。社会治理主体应当根据社会发展的实际需要,不断创造出道德规劝的新形式。

二、中国特色社会治理体系的方法

中国特色社会治理体系立足全局,在把握社会治理工具的基础上,有效结合专项治理、依法治理、协商合作治理、源头治理、整合性治理等治理方法。将治理工具进行整合提炼后,纳入治理方案,这样就能解决影响社会和谐稳定的深层次问题,确保人民安居乐业、社会安定有序、国家长治久安。

(一)专项治理

专项治理是"自上而下的按照政治动员方式来制定和调整政策、动员资源、推广实施"的政策工具①,主要有"专项检查""专项行动""集中突击""清理整治"等常见形式。坚持行之有效的专项治理,对具有重大社会影响的恶性事件进行集中治理,在短时间内能够取得良好的社会治理效果。自1992年国务院提出"认真开展专项治理",一直到十七大依旧强调"深入开展专项治理",对于专项治理的使用频次和强调力度逐渐增加,专项治理的相关内容也从传统的"党的建设"范畴,走向作为政府政策实践和政策工具的范畴。②

(二) 依法治理

依法治理是治理主体依据法律或运用法律手段管理公共事务的实践活动,是法治的重要组成部分。依法治理的主体是多元化的,是一个立体互动的多层次网络体系,是指依照宪法和法律享有依法治理权利和履行依法治理义务的组织和个人,包括公民、党和国家机关、人民团体和社会组织。依法治理的客体主要是公共权力和公共事务。从横向来看,涉及立法、司法、执法、普法、法律服务、法治监督等各个环节;从纵向来看,包括地方、行业和基层的公共事务,并逐步延伸到多层次多领域。

(三) 协商合作治理

与协商合作治理相似的概念有协同治理、合作式治理、契约化治理、嵌入式治理和服务型治理等。党的十八大以来,协商合作治理成为中国社会治理理念发展的新方向,党的十八届三中全会提出要推进协商民主广泛多层制度化发展、发展基层民主,主张多元协商社会治理的提法越来越多。自20世纪90年代中期起,我国政府开始使用社会服务项目制——将社会治理的部分工作外包,从而可以从部分"划桨工作"中抽身,更好地担任"掌舵者"的角色。随着社会服务项目制的广泛推行,政府与社会组织之间的合作加深。这种政府与社会组织的紧密互动使得民主成为一种资源并嵌入社会治理,化解了民主和发展互为前提还是互为结果的困境,同时也为中国基层民主发展打通了一条新的道

---

① 周雪光.权威体制与有效治理:当代中国国家治理的制度逻辑[J].开放时代,2011(10):67-85.
② 臧雷振,徐湘林.理解"专项治理":中国特色公共政策实践工具[J].清华大学学报(哲学社会科学版),2014(6):161-170.

路。在大数据时代下孕育而生的"云治理""网络治理""智慧治理"等,实则也是通过网络媒介建立起的政府—社会组织—普通民众合作互动的治理模式。习近平总书记的网络社会治理思想还注重互联网国际合作,提出要打造一个网络命运共同体,进一步推动网络空间的合作治理。政治民主透明与传媒改革创新,以及普通民众的合作互动催生了"媒体化协同治理",即通过"信访类""问责类""调解类"等各种百姓喜闻乐见的电视节目进行社会治理。多元协商合作的治理模式得到了许多支持,但是当前多元协商合作治理对政治主体还有较大的依赖,政治主体和非政治主体之间的不对称性较强。主体越多,协商合作面临的困难就愈复杂——政府如何赋权,权责如何清晰界定,这些都是问题,因而多元协商合作治理要走得更好离不开技术和制度层面的有力支撑。

(四) 源头治理

与源头治理相似的概念有预防性治理、精准治理、发展性治理、可持续治理、预见性治理等。凡事预则立,不预则废,社会治理亦是如此。源头治理就是意在通过前期预防措施的完善来降低事后补救的成本。事前分析和预警系统的建立有赖于全面的个体信息和科学严谨的信息挖掘技术,这种手段也被称为"精准治理"。社会治理亟需从应急管理转变为风险治理,确保社会风险可控,这种治理模式亦被称为"源头治理"。发展性治理和可持续治理都是要以发展的眼光进行治理,推动社会问题产生根源性的积极变化,不以高昂的风险作为发展的代价。源头治理是"花少量钱预防而非花大量钱治理"的社会治理模式,是应对高风险社会的必然选择。

(五) 整合性治理

整合性治理强调政府职能的整合,突出社会治理的流动性。与其相似的主要概念有多中心治理、流动性治理、网格化治理等。面对组织结构独立分散所带来的治理困境,整合性治理可以对治理层级、功能、公私部门关系及信息系统等的碎片化进行有机协调和整合,打通城市各级政府及其部门的公共服务职责边界,为区域间合作共治的实现提供条件,使得城市治理不再是以部门和行政区为导向,而是以公共服务问题和资源为导向,为公民提供无缝衔接的整体性服务。多中心治理理论认为,虽然多个决策中心会产生"交叠管辖与权力分散"的情况,但它们之间的"竞争"和"协作"能够提高社会治理的效率。伴随着城镇化的进程,流动性给我们带来了强烈的冲击,在社会治理方面就表现为长期以来区域内治理的碎片化。流动性社会治理则可以让治理脱离地域限制,为不同主体在不同地域拓展更为包容和更加广阔的生活空间。在"互联网+"的背景下,流动整合型的治理得以进一步发展。网格化治理就是以信息化为手段,打破部门壁垒,进行资源共享,将城市管理和社会服务进行整合,从"破碎化管理"向"整体性治理"转变,从而促进大城市精细化治理。

第四节 中国特色社会治理体系的发展脉络

新中国成立后,在中国共产党的领导下,我国针对不同阶段的主要问题和实践主题,采取了不同的策略,形成了具有阶段特征、符合时代需求、前后相继的中国特色社会主义制度体系,制度体系建设重点从最初的"集中分配"到"经济建设为中心"到"加强社会建设"再到当前的"促进全面发展",都是党在社会治理领域所进行的探索和实践。

一、集中分配(1949—1978)

新中国成立伊始,各项事业千疮百孔,百废待兴。彼时,物价飞涨,商业萧条,人民失业,灾情肆虐,医疗卫生资源欠缺,文化教育落后,广大人民的基本生存面临巨大挑战。在生产力极度落后、经济几乎崩溃的形势下,如何保证广大人民群众的生存,成为我党面临的异常艰巨的任务。面对这种局面,中国共产党在社会建设中的重点任务就是保障人民群众的基本生存。我国通过社会主义改造进行了社会主义生产关系的整体性建构,从而依靠强大的统领能力、汲取能力、强制能力、再分配能力和濡化能力全力推动社会民生建设,有效抑制了物价,失业人员得到妥善安置和救济,除害灭病成效明显,医疗事业获得较大发展,医疗卫生资源布局更加合理,文化教育旧模式得以改造,扫盲活动成效显著,教育覆盖面极大扩展。可以说,通过这一阶段的社会建设,受益对象在范围上实现了较大覆盖,人人有学上,人人能看得上病,人人能吃上饭,较为有效地保障了人民基本的衣食住行。社会主义制度的公平性和全民性在这一阶段得到充分体现。同时,强制性、命令式的行政计划等也是这一阶段社会制度所呈现的重要特征。

二、经济建设为中心(1978—2002)

改革开放之初,包括社会事业在内的大部分领域都受到重创,亟待恢复。面对生产力水平低、物质基础薄弱,进行社会建设缺少物质支撑和财富积累这一局面,中国共产党提出要大力解放和发展生产力,将经济建设作为中心任务。只有大力发展生产力,才能为社会建设积聚起雄厚的物质基础,才能够源源不断地惠及广大人民群众,充分体现出社会主义制度在增进人民福祉和实现共同富裕方面的先天优势。因此,在这种背景下,面对社会领域的诸多难题,我国逐步确立了"以经济建设为中心,推动社会全面发展"的途径,明确了公平正义这一基本的社会价值取向,在经济体制改革中对传统的社会体制进行了局部改革。1992年,邓小平在南方谈话中明确了计划和市场的关系,阐述了社会主义的本质,消除了长期以来困扰大部分干部群众的"姓资""姓社"问题,为我国大力解放和发展生产力、推动社会主义市场经济体制的建立扫清了思想障碍。因此,在这一阶段,我国加快了建立社会主义市场经济体制的步伐,依靠市场,引入资本,鼓励竞争,重视效率,大幅提高了生产力水平,推动了经济高速增长。但与此同时,社会各成员、各阶层之间的利益分化和贫富差距也呈现出了日益扩大之势。

三、加强社会建设(2002—2012)

随着社会主义市场经济的发展,社会贫富差距持续扩大,公平正义问题日益凸显。所以,2002年党的十六大提出了"社会更加和谐"的目标,2003年十六届三中全会提出了坚持以人为本,树立全面、协调、可持续发展的发展观,到2004年党的十六届四中全会第一次提出"社会主义和谐社会"的概念,并明确指出"加强社会建设和管理,推进社会管理体制创新"。"社会建设"这个概念至此被单独提了出来。在此基础上,2005年我党明确指出"中国特色社会主义事业的总体布局,更加明确地由社会主义经济建设、政治建设、文化建设三位一体发展为社会主义经济建设、政治建设、文化建设、社会建设四位一体"。这是中国共产党第一次单独阐述社会建设,标志着我党开始将原来寓含在经济建设、政治建设、文化建设中的社会建设分离出来,并提高到与经济建设、政治建设、文化建设并列的位置。2007年党的十七大报告中对经济建设、政治建设、文化建设、社会建设的"四位一体"总布局做了正式确认,指出:"要按照中国特色社会主义事业总体布局,全面推进经济建设、政治建设、文化建设、社会建设。"

四、促进全面发展(2012年至今)

2012年党的十八大提出要把保障和改善民生放在更加突出的位置,以保障和改善民生为重点,加快推进社会体制改革。2015年党的十八届五中全会上首次提出了坚持以人民为中心的发展思想,并对"坚持共享发展,着力增进人民福祉"进行系统论述,在公共服务、脱贫攻坚、教育、就业创业、缩小收入差距、社会保障、健康、人口均衡发展等社会建设的八个方面做出制度安排,着重解决人民群众最关心最直接最现实的利益问题,注重机会公平、保障基本民生。2017年党的十九大进一步强调"必须始终把人民利益摆在至高无上的地位,让改革发展成果更多更公平惠及全体人民,朝着实现全体人民共同富裕不断迈进",并提出了具体要求,即优先发展教育事业、提高就业质量和人民收入水平、加强社会保障体系建设、坚决打赢脱贫攻坚战、实施健康中国战略、打造共建共治共享的社会治理格局、有效维护国家安全。同时,将民生领域的"五有"目标即"学有所教、劳有所得、病有所医、老有所养、住有所居"扩展为"七有"目标即"幼有所育、学有所教、劳有所得、病有所医、老有所养、住有所居、弱有所扶",更广泛地满足人民的美好生活需要。习近平总书记在党的十九大报告中提出了"提高保障和改善民生水平,加强和创新社会治理"的目标要求,进一步强调了坚持以人民为中心的发展思想,保持社会稳定、维护国家安全,解决人民最关心最直接最现实的利益问题,增强人民的获得感、幸福感、安全感,推进全体人民实现共同富裕。

章节习题

1. 简述中国特色社会治理体系的核心内容。
2. 简述中国特色社会治理体系各主体及其参与治理的方式。
3. 简述中国特色社会治理体系的工具与方法。
4. 简述中国特色社会治理体系的发展脉络。

案例材料

坚持党建引领　聚力"四个导向"　提升城乡社区发展治理现代化

四川省攀枝花东区作为攀枝花市的中心城区,其城市化率已经达到97%,2017年在全市率先全面建成小康社会。随着城市居民对幸福美好生活需求的日益增长,攀枝花东区在城乡社区发展治理方面存在的党组织作用弱化、社区专职人才队伍缺乏、社会组织发育水平不高、为民服务方式单一等问题影响了城乡社区发展治理向更高水平、更高层次迈进。面对痛点堵点,攀枝花东区选择把抓好城乡社区治理作为城市发展治理的根本,坚持目标导向、问题导向、专业化职业化导向和基层导向,聚焦制度创新、能力提升、队伍建设和基础保障,有效提升城乡社区发展治理现代化水平。

在提升城乡社区发展治理现代化水平的过程中,攀枝花东区主要做法如下。

(1) 坚持目标导向,抓好顶层设计。一是加强顶层设计。着力搭建加强城乡社区发展治理"2+2"制度体系,即"两个意见、两个办法":《关于构建城市社区"一核多元,共建共治共享"新型治理和服务体系的实施意见》《关于进一步加强农村基层党的建设加快推进农村依法治理机制改革的实施意见》和《攀枝花市东区社区专职工作者管理办法(试行)》《攀枝花市东区社区专职工作者年度绩效报酬考核办法(试行)》,从制度上精心谋划全区城乡社区发展治理路径和格局。二是完善工作机制。成立以区委、区政府主要领导为组长,分管领导为副组长,区委组织部、区民政局等32个相关部门为成员的社区治理工作领导小组,定期研究涉及全区社区发展治理重大问题。三是压实工作责任。明确区级各部门(单位)抓城乡社区发展治理的职责,将城乡社区发展治理纳入班子目标考核和街道(镇)、社区(村)党组织书记抓党建工作述职评议考核内容,层层压实各级党组织书记责任。

(2)坚持问题导向,抓牢治理能力提升。针对攀枝花东区城乡社区发展治理存在的问题,通过加强城乡社区党组织的组织能力建设、创新治理模式、改进服务方式等,补齐发展治理短板,提升治理服务能力。一是强化党组织领导核心作用。坚持党建引领,赋予城乡社区党组织规则制定权和议事提名权,因地制宜合理设置党组织。推进"支部建在小区、组织覆盖楼栋、党员联系家庭"和"服务三五家普通群众,带动十几人爱党报国"活动。截至2018年,共调整升格社区党组织21个,新设社区下属党组织38个,组建社区功能型党组织57个,成立网格楼栋党小组519个,建立小区党支部25个。全覆盖建立街道(镇)大工委、社区大党委,成功创建"两江两路两园"社区党建示范点23个。党组织政治功能和服务能力持续增强。二是改进城乡社区治理模式。持续推进小区治理"四会"模式,构建"四位一体"小区组织体系;持续推进农村社区基层依法治理体系改革,构建"三委一中心"新型农村社区依法治理体系。建立居民自我巡查、自我管理、自我服务、自我监督的联勤机制,社区矛盾纠纷下降30%,受理率达100%,调处成功率达99.6%以上。实现越级上访、信访积案、群体性事件"三下降"工作目标。三是完善社区治理服务方式。探索服务群众新方法,推行社区"三延"服务模式,即延长服务时间、延展服务触角、延伸服务方式,实现群众办事无时差。在全区建成"一门式"社区公共服务综合信息平台85个,129项民生事务纳入受理服务范围。针对居民反映强烈的生活需求,建成社区便民服务网点2000多个,社区"十分钟生活服务圈"初步形成。鼓励社区结合实际创新服务方式,总结提炼了"党员三带工作法""34866工作法""135工作法""逢四说事"等一大批具有东区特色、成熟可推广的社区治理和服务经验,为解决基层治理中存在的问题提供了有益借鉴。

(3) 坚持专业化职业化导向,抓强社区工作者队伍建设。将社区工作者队伍建设纳入攀枝花东区人才发展规划,强化社区工作者选育用管,初步建成一支结构合理、来源广泛、素质优良的专业化、职业化社区工作者队伍。一是规范管理。实施社区"两委"委员组织推荐人选资格考试,共遴选223名具有大专以上学历优秀人才进入社区工作。分两批面向农村社区"三委"成员及全社会选拔44名优秀人才充实农村社区公共服务中心。社区工作者实行合同制管理,完善了社区工作者退出机制。二是畅通渠道。注重把优秀社区(村)党组织书记选拔到街道(镇)领导岗位,鼓励党政机关、事业单位根据岗位需要,通过公开招聘、竞聘等方式,吸纳优秀社区专职工作者。每年拿出一定比例公务员和事业编制职位,面向社区工作者定向招考。截至2018年,44名社区工作者到社区书记或主任岗位任职,13名受到市级以上表彰表扬,32名考录到市区机关事业单位工作。三是强化激励。每年投入资金2000余万元用于社区工作者生活补贴及"五险一金"。推行"基本报酬+绩效报酬"薪酬制度,社区工作者年底考核奖励人均达到7500元。

(4) 坚持基层导向,抓实固本强基。通过建立健全财政资金保障机制,推动人、财、物向基层倾斜,推动城乡社区发展治理保障水平稳步提升。一是强化阵地保障。按照"双400"的建设目标要求,累计投入资金1000余万元,标准化改扩建社区办公服务用房,新建社区党群服务中心4个。积极争取大企业共驻共建,累计争取办公服务用房2万余平方米。二是强化经费保障。每年投入2500万元用于社区建设和治理服务,每百户常住居民配套的社区公共服务和社会管理专项资金达到2万元以上。三是强化活动保障。每年按照每人100元标准落实社区党员活动经费100万元,每人30元标准落实党员教育经费45万元,社区下属党组织书记和兼职委员补贴提高,基层组织活动得到有效保障。强化居民小区党组织经费保障,对每个新成立的居民小区党支部一次性给予1万元的启动经费,并从党费中按照1万—3万元的标准配套活动经费,保证小区党支部正常运转。

经过不断的探索和实践,攀枝花东区在党建引领提升城乡社区发展治理现代化的理念已深入人心,体制机制运转顺畅,社区工作者队伍素质全面提升,党组织作用发挥显著增强,社区治理取得明显效果。

案例来源:黄瑾,秦华.坚持党建引领　聚力"四个导向"——四川攀枝花市东区不断提升城乡社区发展治理现代化水平[N/OL].(2018-08-10)[2021-07-10].http://dangjian.people.com.cn/n1/2018/0810/c420318-30221770.html.

思考: 请结合案例说明四川省攀枝花东区的治理实践体现了中国特色社会治理体系的哪些特征。

第二编
社会治理内容

第四章　公共安全治理

【内容提要】

本章重点讲述了公共安全治理的含义,同时区分了公共安全、国家安全、社会安全、应急管理、危机管理等概念,解读了风险社会理论、危机管理理论等公共安全治理的相关理论,说明了公共安全治理的主体及其主要职责、客体,阐释了公共安全治理的预防与准备机制、预警机制、处置机制和善后机制等内容。

第一节　公共安全治理的概念与理论

党的二十大报告指出:"提高公共安全治理水平。坚持安全第一、预防为主,建立大安全大应急框架,完善公共安全体系,推动公共安全治理模式向事前预防转型。"如何通过公共安全治理模式的转型提高公共安全治理水平,创造良好的社会秩序是很长一段时间内各级政府都必须关注的重要任务。

一、公共安全治理的概念

公共安全是日常生活中一个常用的概念,但对于其具体内涵目前众说纷纭,而且在学术研究中,公共安全与国家安全、社会安全、应急管理、危机管理等概念有时也交替使用,在一定程度上,它们彼此之间也有着深刻的联系。为厘定公共安全治理的概念,应先区别以下概念。

(一)公共安全与国家安全、社会安全、应急管理、危机管理

公共安全一般是指诸如政府、非政府组织、企业、公民个人等社会或市场主体从事和进行正常的生产和生活所需要的稳定的外部环境和秩序。从上述定义可以看出,公共安全是一种状态,也可以说是各类组织生存与发展的一项基本需求。当然,对于政府而言,公共安全是其应当提供的基本公共产品。一方面,一般情况下,公共安全与私域安全相对,社会组织、企业内部或公民个体等的安全事件属于私域范畴,其预防与处置通常不需要公共权力、公共资源的介入。由于部分安全事件具有高度的关联性,比如某个公民感染"非典",虽是个体染病,但完全可能诱发公共卫生危机,所以,它也属于公共安全范畴。因此,私域安全与公共安全有时候很难有明确的界限。另一方面,安全可以分为传统安全和非传统安全。传统安全通常指狭义的国家安全,主要包括政治安全和军事安全;非传统安全通常指非政治、非军事、非外交等领域因素带来的安全问题,其很大程度上和突发事件造成的安全问题高度重合。这里所说的公共安全在一般意义上指非传统安全。

2015年7月1日修订的《中华人民共和国国家安全法》将国家安全定义为国家政权、主权、统一和领土完整、人民福祉、经济社会可持续发展和国家其他重大利益相对处于没有危险和不受内外威胁的状态,以及保障持续安全状态的能力。狭义的国家安全包括军事安全、主权安全和领土安全,广义的国家安全包括国民安全、领土安全、主权安全、政治安全、军事安全、经济安全、文化安全、科技安全、生态安全、生物安全、信息安全和核安全等方面。

社会安全是指各类主体生产或生活所需要的稳定的社会环境与秩序,主要包括社会治安(用每万人刑事犯罪率衡量)、交通安全(用每百万人交通事故死

亡率衡量)、生活安全(用每百万人火灾事故死亡率衡量)和生产安全(用每百万人工伤事故死亡率衡量)等方面。涉及社会安全的事件主要包括恐怖袭击事件、民族宗教事件、经济安全事件、涉外突发事件和群体性事件等,社会安全管理主要是指针对上述事件制定与采取的措施。

应急管理是针对突发事件采取的行动。根据《中华人民共和国突发事件应对法》,突发事件是指突然发生,造成或者可能造成严重社会危害,需要采取应急处置措施予以应对的自然灾害、事故灾难、公共卫生事件和社会安全事件。应急管理是指政府、社会组织、企业或公民个人在突发事件的预防、处置和善后恢复的过程中,通过建立必要的防救机制和措施,保障公众生命、健康和财产安全,促进社会和谐健康发展的有关活动。

危机管理是政府、企业或其他组织为应对严重、严峻的危险情境所进行的规划决策、应急处置的活动过程。相对于应急管理而言,危机是某类突发事件造成的更加生死攸关、情势危急的状态。因此,其处置的手段、措施、力度等都可能更加非同一般。无论突发事件还是危机事件,都是威胁公共安全的重要因素。

(二) 公共安全管理与公共安全治理

要区分公共安全管理和公共安全治理这两个概念,要首先区分"管理"与"治理"。"管理"(management)是指组织或其部门的控制主体通过计划、组织、协调、指挥、控制等手段,来引导、激励或者监督员工完成组织目标的活动。管理在多数情况下具有单向性,即管理是主体施加于客体的行动,决策权更多情况下被主体拥有,因此,在管理过程中,管理主体具有主导和支配地位。"治理"(governance)一词源自拉丁文和古希腊语,长期以来与"统治"(government)一词不加区分地交叉使用。1989年世界银行发表报告指出非洲国家深陷公共管理危机,同时要求突破现有的政治框架建立"良好治理"的制度,至此,"治理"一词才被赋予了不同于"统治"与"管理"的时代意义。治理理论的创始人之一詹姆斯·罗西瑙(James N. Rosenau)认为,"治理"与统治不同,是一种由共同目标支持的管理活动,这些管理活动的主体未必是政府,这些活动也无须依靠国家的强制力量来实现。① 因此,现代意义上的"治理"概念从20世纪90年代才开始出现,但治理概念与治理实践存在不同。20世纪90年代学者们开始对治理理论进行设计和完善,但治理的事实出现得更早:"相当一部分的公共服务事业乃至有关的决策由企业承包或采取公私合伙方式承办,在许多国家已经成为现实……权力依赖的另外一面是,治理体制已经出现。"② 格里·斯托克在《作为理论的治理:五个论点》中引用安德鲁·甘布尔(Andrew Gamble)在1990年提出的观点"治理是对英国政府的'威斯敏斯特模型'提出的挑战"③来揭示治理的多元主体特点。根据全球治理委员会的定义:治理是指公共部门、私人部门甚至公民个人共同管理社会公共事务的多种方式的总和。④ 罗伯特·罗茨(Robert Rhodes)分别从最小国家的管理活动、公司管理、新公共管理、善治、社会控制体系、自组织网络等6个角度列举了治理的不同含义。⑤ 在西方的语境中,治理意味着"合作共治""多元治理",强调"去国家化"和"去中心化","在'治理'的框架中,政府不过是多元政治构架中的一元,各个治理主体之间是平等的伙伴关系"⑥。因此,"去中心化""平等""伙伴关系"等是治理不同于管理的特点。

通过上述比较,可以得出公共安全管理和公共安全治理的定义。公共安全管理,是指国家机关为了维护社会的公共安全秩序,保障公民的合法权益,以及社会各项活动的正常运行而开展的各种活动的总和。公共安全治理则可以定义为政府、非政府组织、企业和公民个人发挥各自优势,共同预防和处置不同类型风险事件,从而创造维护生产或生活所必需的稳定安全环境和良好秩序的过

---

① 詹姆斯·N.罗西瑙.没有政府的治理[M].张胜军,刘小林,等,译.南昌:江西人民出版社,2001:5-6.
② 格里·斯托克.作为理论的治理:五个论点[J].华夏风,译.国际社会科学杂志(中文版),1999(1):19-30.
③ Andrew Gamble. Theories of British Politics[J]. Political Studies, 1999(30): 404-420.
④ Commission on Global Governance. Our Global Neighbourhood[C]. Oxford: Oxford University Press, 1995: 23.
⑤ 俞可平.治理与善治引论[J].马克思主义与现实,1999(5):37-41.
⑥ 胡伟.如何推进我国的国家治理现代化[J].探索与争鸣,2004(7):4-9.

程总和。一定意义上,公共安全治理和应急管理的主体和对象高度重合,两个概念具有同质性和可替换性。

二、公共安全治理的理论基础

公共安全治理的理论与应急管理、危机管理、风险治理等理论具有相通性,所以风险社会理论、危机管理理论等对公共安全治理的实践具有较强的指导意义。

(一)风险社会理论

风险社会理论由德国社会学家乌尔里希·贝克(Ulrich Beck)于1986年在《风险社会》一书中提出。贝克将近代以来的社会划分为两个阶段,工业社会阶段和风险社会阶段。工业社会阶段也被贝克称为第一次现代化,时间区间大概是从17世纪到19世纪的工业革命,在这一阶段,"国家和社会中明确的物质需要——短缺的专制还将统治着人们的思想和行动(就像今天在大部分所谓的第三世界国家中那样),社会生产的财富分配以及与之相关联的冲突就占据着历史的前台……"[1]"作为民族国家的工业社会在进步乐观主义盛行的情况下否认一切风险。在公众的认知里,占据主导地位的仍然是进步的观念、财富生产、工业生产、保障就业岗位,而其他的一切都遭到否认。"[2]换言之,在工业社会,物质财富的供求矛盾是社会的主导,自然灾害是主要风险,而民众对于由制度、科技等因素带来的风险缺乏必要认知。随着科学技术的飞速发展,约20世纪中后期,人类社会进入第二次现代化时期,贝克将其定义为自反性现代化[3],即进入了风险社会时期。

风险社会有两个基本的特点:一是人为的风险成为社会风险的主要形式,即风险的"人化"。二是"风险的制度化"和"制度化风险"。所谓风险的制度化

---

[1] 乌尔里希·贝克,约翰内斯·威尔姆斯.自由与资本主义——与著名社会学家乌尔里希·贝克对话[M].路国林,译.杭州:浙江人民出版社,2001:73.
[2] 乌尔里希·贝克,约翰内斯·威尔姆斯.自由与资本主义——与著名社会学家乌尔里希·贝克对话[M].路国林,译.杭州:浙江人民出版社,2001:124.
[3] 西方工业社会现代化的过程中制造的环境污染、生态危机、大众贫困甚至战争等意外后果,有可能摧毁现代化所创造的胜利果实,这种蕴藏着自我对抗性的现代化被称为自反性现代化。

是指现代的很多制度(如股票市场)一方面对人的冒险行为和心理起到了刺激或者激励的作用,使人们进入风险;另一方面又对人的安全提供保护。所谓制度化风险是指任何制度运转失灵都会带来风险,即便是提供安全保护的制度也不例外。贝克认为,风险社会的"风险"具有四个特点:风险全球扩散、风险超出现有监测与处置能力、风险无法计算、风险的衡量标准难以确定。因此,贝克认为,要应对风险社会的风险,必须通过以下路径"再造政治":一是破除行政机构和专家对风险应对专业知识的垄断;二是鼓励团体参与及风险管辖权的开放;三是开放现有的决策结构;四是展开多种风险关联能动者之间的公开对话;五是促进风险治理各方的自我约束与自我立法,以及对参与过程规范的一致认可。[1] 贝克的风险社会理论重新定义了现代社会的风险特征,并指明了治理当前社会风险的基本方向。

(二)危机管理理论

美国危机管理专家罗伯特·希斯(Robert Heath)于1998年在《危机管理》一书中提出了著名的危机管理"4R理论",即危机管理由缩减(Reduction)、预备(Readiness)、反应(Response)、恢复(Recovery)四个阶段组成。[2]

第一,缩减阶段。缩减是危机管理的核心内容,其目的是节约成本,节省时间,降低危机发生的概率,减轻冲击力。缩减危机的策略要从环境、结构、系统、人员四个方面着手。环境方面,要研判危机发生的环境,识别环境中有利于应对危机的元素,并预测环境变化的可能,制定一个动态的应对环境变化的危机管理计划;结构方面,设计或者采购应对危机的设备,并将其配备到合适的地方,同时保证其简便易操作;系统方面,强化应对危机不同部分之间关联的能力,对不同子系统的可靠性进行评估并且及时修正问题,同时保证不同子系统之间的良好沟通和协调;人员方面,保证合适的人使用合适的设备,并对他们进行必要的支持和保护。

第二,预备阶段。预备阶段要做的工作包括成立危机管理专家团队、制定

---

[1] 乌尔里希·贝克.风险社会[M].何博闻,译.南京:江苏人民出版社,2004:83.
[2] 罗伯特·希斯.危机管理[M].王成,宋炳辉,金瑛,译.北京:中信出版社,2001.

危机管理计划、开展日常危机管理工作、建立完整有效的危机预警系统、建设训练有素的危机管理队伍。

第三,反应阶段。反应阶段要做的工作包括危机确认、危机隔离、危机处置、危机沟通(媒体沟通、利益相关者沟通)等方面。

第四,恢复阶段。危机被控制或者处置后,管理者应当将人、财产、设备、系统等恢复到正常状态。

希斯的"4R"危机管理理论虽然是针对企业提出的,但后来也被很多国家的政府所采用,如美国联邦政府发布的《全国准备目标》(National Preparedness)将应急管理分为预防、保护、减缓、响应、恢复5个阶段,加拿大安大略省2003年制定的全面应急计划,将灾害治理分为预防与减灾、应对、恢复3个环节,我国的突发事件应对法将突发事件的应急管理分为预防与应急准备、监测与预警、应急处置与救援、事后恢复与重建4个部分。上述不同国家对于灾害管理的过程不论是3个阶段、4个阶段抑或5个阶段的划分,其核心内容都是对希斯的4个阶段的分解或合并,没有超出希斯的"4R"设计。可以说,"4R"模式已经成为企业、政府应急管理或危机管理的通行范本,为各国不同层级政府公共安全治理体系基本框架的设计提供了模板。

第二节　公共安全治理的主体与客体

公共安全治理的主体是指在预防和处置各类公共安全事件中责任的必须承担者或可能承担者,必须承担者的责任一般通过法律的形式予以规定,可能承担者一般基于参与者的意愿来确定。公共安全治理的客体一般指公共安全治理的对象或者内容。

一、公共安全治理的主体

盖伊·彼得斯(B. Guy Peters)指出:"不论是公共部门还是私人部门,没有一个个体行动者能够拥有解决综合、动态、多样化问题所需要的全部知识和信息;也没有一个个体行动者有足够的知识和能力去应用所有有效的工具。"① 因此,多主体的参与和协同对于公共安全治理必不可少。总体而言,公共安全治理的主体可以包括政府、非政府组织、企业和公民。

(一) 政府

作为公共产品和服务提供的首要责任者,政府是公共安全治理的首要主体。这里的政府包括各个层级的政府,即中央政府和各级地方政府。政府的优势在于掌握公共权力,在社会事务中具有其他组织不具备的权威,同时,政府又是大规模资源的控制者和信息中枢。在公共安全治理的过程中,政府承担的责任主要包括如下方面:制定并执行有关的法律法规,制订公共安全治理的中长期规划,预案的制定与演练,危险源的调查与分析,各种平台和基础设施的建设,体制机制建设,资源的筹集与调度,信息的公开与发布,主体救援行动的安排与实施,救济与救助,公共安全知识的教育与培训,公共安全队伍的建设与训练,公共安全预算的安排等。另外,在多中心治理体系中,政府要承担起"元治理"的角色,要引导和规范社会组织的成长与发展,激励社会组织、企业和公民个人积极参与公共安全事务的治理,让每个参与者"拥有体制化的基地,亦即在某个领域中发号施令的权威",将协同效应发挥到最大。

(二) 非政府组织

非政府组织一般指那些独立于政府体系、不以营利为目的的具有一定公共职能的社会组织。非政府组织不包括企业等营利性的社会组织,不包括家庭等亲缘性的社会组织,也不包括政党、教会等政治性、宗教性的社会组织。相对于企业、家庭、政党和教会等社会组织来说,非政府组织更具有公共性、民主性、开放性和社会价值导向。② 非政府组织在公共安全治理的过程中可以发挥的作用,主要包括如下方面:弥补政府资源的不足;利用自身的公益权威性动员民众;利用其独立性监督政府和其他组织;发挥中介桥梁作用,沟通信息;利用某

---

① B.盖伊·彼得斯.政府未来的治理模式[M].吴爱明,夏宏图,译.北京:中国人民大学出版社,2001:221.
② 王名.中国的非政府公共部门:上[J].中国行政管理,2001(5):32-36.

些方面的专业性展开救援与帮助;接受或组织捐赠;为某些弱势群体代言;等等。

(三)企业

公共安全是一种特殊的公共产品,即便是以营利为目的的企业,在公共安全治理的过程中也要承担一定的责任。一方面,很多企业尤其是工业生产类的企业,本身也是公共安全的责任主体之一。因为其生产的环节本身存在大量涉及公共安全的风险源,比如煤矿、油矿、建筑企业等都是安全事故高发的主体,所以,其本身必须对企业内部的安全风险进行管控,甚至对一定规模和级别的安全事故进行处置。另一方面,有关公共安全的法律规定,企业在某些特殊状态下必须为公共安全秩序的形成履行一定的义务。总体而言,企业在公共安全治理的过程中主要承担如下责任:企业危险源调查与风险评估、安全平台和基础设施的建设、应急管理队伍的训练、企业安全规划与应急预案的制定、企业员工的安全培训、一定级别的事故处置、灾害善后管理、为外部灾害提供资金与技术支持等。

(四)公民

在公共安全治理的过程中,公民是一股不容忽视的力量。在公共安全事件发生以后,公民的自救与互救行动能够在很大程度上减少灾害损失,控制事态发展,这是其他组织不具备的优势。在公共安全治理的过程中,除上述贡献外,公民还可以发挥如下作用:以志愿者身份参与救援行动,尤其是在善后环节;提供物资捐赠与资金支持;监督其他组织的安全治理行为;等等。

二、公共安全治理的客体

在不同的标准之下,公共安全治理的客体会有不同的分类。按照影响生产生活秩序的灾害或者突发事件的类别,公共安全治理的客体可以分为自然灾害、事故灾难、公共卫生事件、社会安全事件4类。如果将公共安全视作非传统安全,则公共安全治理的客体可以分为经济安全事件、文化安全事件、社会安全事件、科技安全事件、信息安全事件、生态安全事件、资源安全事件、核安全事件。第一种分类主要适用于国内安全范围,第二种分类上升到国家安全的高度,将国内与国际因素同时考虑。第一种分类更符合公共安全治理的本意,本书基于第一种分类进行介绍。

(一) 自然灾害

自然灾害通常指自然变异或人类活动导致的自然环境中对人类生命和财产安全构成危害的自然变异情形或极端事件。影响自然灾害灾情严重程度的因素包括孕灾环境、致灾因子和受灾体。自然灾害具有区域性、广泛性、频繁性、不确定性、危害性、可预防性、周期性等特点。

自然灾害大概可以分为如下类别:一是气象灾害,主要包括暴雨、雨涝、干旱、干热风、沙尘暴等;二是海洋灾害,主要包括风暴潮、灾害性海浪、海冰、海啸、赤潮、厄尔尼诺现象等;三是洪水灾害,主要包括暴雨洪水、山洪、融雪洪水、冰凌洪水、溃坝洪水、水泥流洪水等;四是地质灾害,主要包括泥石流、滑坡、崩塌、地面下沉、地震等;五是农作物生物灾害,主要包括农作物病害、农作物虫害、农作物草害、鼠害等;六是森林生物灾害,主要包括森林病害、森林虫害、森林鼠害等;七是天文灾害,主要包括高速太阳风、磁暴、电离层突然骚扰、小型天体坠落等;八是其他灾害,主要包括温室效应、土壤退化、臭氧层破坏等。

(二) 事故灾难

事故灾难通常指事故的行为人出于故意或过失的行为,违反治安管理法规和有关安全管理的规章制度,造成物质损失或者人员伤亡,并在一定程度上对社会、内部单位或居民社区的治安秩序和公共安全造成危害的事故。事故灾难具有人为性、因果性、条件性、可预防性、危害性等特点。

事故灾难可以分为如下类别:一是工矿商贸等企业的各类安全事故,主要包括机械伤害事故、触电事故、火灾事故、坍塌事故、爆炸事故、中毒和窒息事故等;二是交通运输事故,主要包括碰撞、坠车、爆炸、失火等;三是公共设施和设备事故,主要包括设备故障、设备或设施水灾或爆炸等;四是环境污染和生态破坏事故,主要包括水污染事故、大气污染事故等。

(三) 公共卫生事件

公共卫生事件是指突然发生,造成或者可能造成社会公众健康被严重损害的重大传染病疫情、群体性不明原因疾病、重大食物和职业中毒以及其他严重影响公众健康的事件。突发公共卫生事件具有成因多样、传播广泛、危害复杂、发生频繁、后果严重等特点。

(四)社会安全事件

社会安全事件通常是指人民内部矛盾引发,或因人民内部矛盾处理不当而积累、激发,由部分公众参与,有一定组织和目的,采取围堵党政机关、静坐请愿、阻塞交通、集会、聚众闹事、群体上访、绑架劫持、恐怖袭击等行为,并对政府管理和社会秩序造成影响甚至使社会在一定范围内陷入一定强度的对峙状态的事件。社会安全事件一般具有群体性、暴力威胁性、对峙性、随机性等特点。社会安全事件一般包括重大刑事案件、恐怖袭击事件、涉外突发事件、经济安全事件、规模较大的群体性事件、民族宗教突发群体事件、学校安全事件以及其他社会影响严重的突发性事件。

第三节 公共安全治理机制

公共安全治理机制是指协调公共安全治理各部分之间的相互关系,并使其发挥作用的方式,即公共安全事件"发生、发展和变化全过程中各种制度化、程序化的应急管理方法与措施"[①]。以公共安全治理的流程为标准,可将公共安全治理机制分为预防与准备机制、监测与预警机制、应急处置与救援机制、事后恢复与重建机制。[②]

一、公共安全预防与准备机制

东汉政论家荀悦在《申鉴·杂言》中说:"进忠有三术:一曰防,二曰救,三曰戒。先其未然谓之防,发而止之谓之救,行而责之谓之戒。防为上,救次之,戒为下。"在中国古代,人们就懂得预防是解决危机的上策,强调防患于未然。劳

---

① 钟开斌.回顾与前瞻:中国应急管理体系建设[J].政治学研究,2009(1):78-89.
② 李尧远,曹蓉,许振宇.国家应急管理现代化:意涵、标准与路径[J].中国地质大学学报(社会科学版),2017(3):147-155.

伦斯·巴顿在其著作《组织危机管理》中反复强调,组织危机管理预防工作最重要,预防可以将危机扼杀在摇篮之中,减少危机造成的损失。①

联合国开发计划署曾经在20世纪90年代创制出由脆弱性评估、计划、制度框架、信息系统、资源基础、警告系统、回应机制、公共教育与训练、演习等9个基本要素构成的危机预防与准备框架。张成福等人将这一框架简化为脆弱性分析、风险应对规划、资源与支持系统、信息与预警系统、教育与培训系统等5个基本要素。② 这对于公共安全预防与准备而言同样适用,参见图4-1。

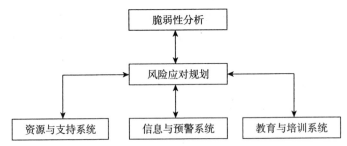

图4-1 公共安全预防与准备机制的基本框架

(一) 脆弱性分析

脆弱性分析就是指面对可能出现的公共安全风险,对可能承灾的组织、社区、个人等的抵御风险能力进行分析与评估,其目的是确定在风险状态下,个人、组织乃至整个社会为避免或减轻损失而可能调动的资源与采取的行动,最终评估其可能承受的损失程度。脆弱性分析主要包括两个方面的内容:一是评估个人、组织、社会的承灾能力从而判断其脆弱性;二是鉴别可能影响脆弱性的因素。

(二) 公共安全风险应对规划

风险应对规划是针对危险源的性质、发生的概率、脆弱性评估的结果等编制的风险疏缓、应对准备、响应、恢复等各个阶段的行动规划,可以理解为应急预案。应对规划的基本内容包括:工作体系及各部门职责,预警机制(包括信息

---

① 劳伦斯·巴顿.组织危机管理[M].符彩霞,译.北京:清华大学出版社,2002:305.
② 张成福,唐钧,谢一帆.公共危机管理:理论与实务[M].北京:中国人民大学出版社,2009.

监测与报告、预警预防行动、预警支持系统、预警级别及发布等），响应机制（包括响应程序、信息共享和处理、通信、指挥和协调、紧急处置、应急人员的安全防护、群众的安全防护、社会力量动员与参与、事故调查分析、监测与后果评估、新闻报道等），后期处置（包括善后处置、社会救助、保险、事故调查报告和经验教训总结及改进建议等），保障措施（包括通信与信息保障、应急支援与装备保障、技术储备与保障、培训和演习、监督检查等）。

（三）信息与预警系统

信息与预警系统有三个方面的功能：一是信息收集、整理与储存；二是信息传播与沟通；三是提前警告。提前警告是信息与预警系统最为关键的功能。

（四）资源与支持系统

资源与支持系统是整个风险应对准备体系的主体部分，它用制度性的框架整合政府、社会组织、企业和公民个人等各个方面的力量，采取联合行动去筹集、配置应对风险所需要的各类核心资源，以保证风险来临时不至于因为资源的不充分造成伤害或加大伤害。

（五）教育与培训系统

防灾减灾教育是灾害和风险应对的重要环节，不论是公民个人，还是政府、企业等各类组织，抑或是专业的应急救援队伍，都需要通过教育与培训才能掌握应对各类风险的能力。所以，教育与培训系统是提升整个公共安全治理体系风险治理能力的重要保证。

二、公共安全预警机制

公共安全预警是根据有关公共安全事件过去和现在的数据、情报与资料，运用逻辑推理和科学预测的方法、技术，对某些安全事件出现的约束性条件、未来发展趋势和演变规律等做出估计与推断，并发出确切的警示信号或信息，使社会公众提前了解公共安全事件可能的发展趋势，以便及时采取应对策略，防止或消除不利后果的一系列活动。预警机制的核心是建立畅通的信息收集和传递渠道、科学的分析和处理模型以及权威的决策机制[①],其原理是通过对信息的分析与判断,推算风险发生的概率,从而决定是否有发布警告的必要。(参见图4-2)

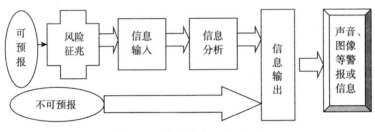

图4-2 公共安全预警原理

公共安全预警机制由信息收集加工子系统、预测子系统、决策子系统、警报子系统组成。信息收集加工子系统的功能是确定预警的对象和重点,针对可能的风险收集信息,并确定信息的真伪和价值,为分析判断奠定基础。预测子系统的功能是捕获风险转化的征兆并判断其发生概率和影响范围,判断利益相关者的可能反应并提出初步的应对策略。决策子系统的功能是根据临界指标决定是否发出警报和发出警报的级别,并向警报子系统发出指令。警报子系统的功能是根据风险评估的结果,依据决策子系统的指令,向指定的区域和对象发出相应的警报。预警可分为长期、短期和紧急预警,长期和短期预警可以为应对危机留有相应的准备时间,而紧急预警则是针对发生概率极高的事件的警报或对已造成危机的警报,它要求立即响应,并启动应急处置系统。

《中华人民共和国突发事件应对法》第四十二条强调,国家建立健全突发事件预警制度,将可以预警的自然灾害、事故灾难和公共卫生事件的预警级别,按照突发事件发生的紧急程度、发展势态和可能造成的危害程度分为一级、二级、三级和四级,分别用红色、橙色、黄色和蓝色标示,一级为最高级别。第四十三条规定,可以预警的自然灾害、事故灾难或者公共卫生事件即将发生或者发生

---

① 宋洁.大数据时代城市公共安全预警体系的构建[J].河南工程学院学报(社会科学版),2015(4):31-36.

的可能性增大时,县级以上地方各级人民政府应当根据有关法律、行政法规和国务院规定的权限和程序,发布相应级别的警报,决定并宣布有关地区进入预警期,同时向上一级人民政府报告,必要时可以越级上报,并向当地驻军和可能受到危害的毗邻或者相关地区的人民政府通报。借鉴突发事件这种非传统安全预警机制建构的方法,可以将其扩展到军事、外交等传统安全领域,从而构建适合所有安全领域的公共安全预警体系。

三、公共安全处置机制

当公共安全受到威胁之后,如何快速地采取有效措施处置危险或危机,最大程度地减少风险事件造成的损失,防止事态扩大和次生、衍生事件的发生至关重要。《中华人民共和国突发事件应对法》第四十八条规定,突发事件发生后,履行统一领导职责或者组织处置突发事件的人民政府应当针对其性质、特点和危害程度,立即组织有关部门,调动应急救援队伍和社会力量,依照本章的规定和有关法律、法规、规章的规定采取应急处置措施。

公共安全风险事件的处置或者响应包括如下内容:第一,风险识别与风险疏缓。首先识别风险,然后采取措施遏制风险发生或者将风险造成的损失和伤害降到最低。第二,初始响应。主要行动包括在采取疏缓措施后,启动预案、发布警告、控制危险源或事态、疏散撤离人员、抢修基础设施、供应物资、避难等。第三,受害者处置。主要包括搜救、紧急医疗救助、重大伤亡处置、心理干预、特殊群体照顾等。第四,参与者管理。包括志愿者管理、捐赠管理等。

四、公共安全善后机制

《中华人民共和国突发事件应对法》第五十九条规定,突发事件应急处置工作结束后,履行统一领导职责的人民政府应当立即组织对突发事件造成的损失进行评估,组织受影响地区尽快恢复生产、生活、工作和社会秩序,制定恢复重建计划,并向上一级人民政府报告。一般的公共安全善后机制包括恢复重建机制、救助补偿机制、心理抚慰机制、调查评估机制、责任追究机制。善后的具体事项包括:地方政府及时组织和协调公安、交通、铁路、民航、邮电、建设等有关部门恢复社会治安秩序,尽快修复被损坏的交通、通信、供水、排水、供电、供气、供热等公共设施;上级政府提供必要的资金、物资支持和技术指导,或组织其他地区提供资金、物资和人力支援;制定扶持受灾地区有关行业发展的优惠政策;受影响地区的人民政府应当根据本地区遭受损失的情况,制定救助、补偿、抚慰、抚恤、安置等善后工作计划并组织实施,妥善解决因处置突发事件而引发的矛盾和纠纷;奖励表现突出的公民和社会组织;对在应急救援工作中伤亡的人员依法给予抚恤;查明突发事件的发生经过和原因,总结突发事件应急处置工作的经验教训,制定改进措施。

章节习题

1. 请简述公共安全治理与公共安全管理的区别。
2. 请论述风险社会的特点。
3. 请简述罗伯特·希斯危机管理"4R"理论的主要内容。
4. 请论述非政府组织在公共安全治理中可以发挥的作用。
5. 请简述公共安全预防与准备机制的主要内容。

案例材料

广东深圳光明新区渣土受纳场"12·20"特别重大滑坡事故

2015年12月20日6时许,广东省深圳市光明新区红坳受纳场顶部作业平台出现裂缝,宽约40厘米,长几十米,第3级台阶与第4级台阶之间也出现鼓胀开裂变形。现场作业人员向顶部裂缝中充填干土。9时许,裂缝越来越大,遂停止填土。11时28分29秒渣土开始滑动,自第3级台阶和第4级台阶之间、"凹坑"北面坝形凸起基岩处(滑出口)滑出后,呈扇形状继续向前滑移,滑移700多米后停止并形成堆积。滑坡体停止滑动的时间约为11时41分。滑坡体推倒并掩埋了其途经的红坳村柳溪、德吉程工业园内33栋建筑物,造成重大人员伤亡。事故共造成73人死亡,4人下落不明,17人受伤(重伤3人、轻伤

14人)。事故还造成33栋建筑物(厂房24栋、宿舍楼3栋、私宅6栋)被损毁、掩埋,导致90家企业生产受影响,涉及员工4630人。事故调查组依据《企业职工伤亡事故经济损失统计标准》,核定事故造成直接经济损失88 112.23万元。其中,人身伤亡后支出的费用16 166.58万元,救援和善后处理费用20 802.83万元,财产损失价值51 142.82万元。

事故直接原因:红坳受纳场没有建设有效的导排水系统,受纳场内积水未能及时导出排泄,致使堆填的渣土含水过饱和,形成底部软弱滑动带;严重超量超高堆填加载,下滑推力逐渐增大、稳定性降低,导致渣土失稳滑出,体积庞大的高势能滑坡体形成了巨大的冲击力,加之事发前险情处置错误,造成重大人员伤亡和财产损失。

调查发现:深圳市、光明新区及有关部门对群众举报的事故隐患问题未认真核查、整改,错失消除事故隐患、避免事故发生的机会。虽然光明新区城市建设局查实并向负责牵头处理事故隐患的光明新区城市管理局函告了存在的事故隐患,但光明新区城市管理局弄虚作假答复举报人和上级机关,在红坳受纳场仅补办水土保持和环境影响评价手续、未补办建设审批等手续的情况下,再次为红坳受纳场核发《临时受纳场地证》,使群众举报的事故隐患持续存在并不断加重,最终酿成事故。

调查认定:深圳市绿威公司本为红坳受纳场运营服务项目的中标企业,但其违法将全部运营服务项目整体转包给深圳市益相龙公司。深圳市益相龙公司未经正规勘察和设计,违法违规组织红坳受纳场建设施工;其现场作业管理混乱,违法违规开展红坳受纳场运营;无视受纳场安全风险,对事故征兆和险情处置错误。与益相龙公司有债务关系的林敏武、王明斌等人通过债权换股权的形式实际参与红坳受纳场项目运营。两家公司和实际参与运营者都是事故责任主体。

调查认定:深圳市和光明新区党委、政府未认真贯彻执行党和国家有关安全生产政策方针和法律法规,违法违规推动渣土受纳场建设,对有关部门存在的问题失察失管;深圳市城市管理、建设、环保、水务、规划国土等部门单位违法违规审批许可,未按规定履行日常监管职责,未有效整治和排除群众反映的红坳受纳场存在的安全隐患;广东华玺建筑设计有限公司在未经任何设计、计算和校审的情况下出具红坳受纳场施工设计图纸并伪造出图时间,从中牟利。

案例来源:国家安全监管总局.广东深圳光明新区渣土受纳场"12·20"特别重大滑坡事故调查报告[R/OL].(2016-07-16)[2021-07-10].http://www.mkaq.org/html/2016/07/16/376292.shtml.

思考: 上述案例给你带来哪些有关公共安全治理的启示?

第五章 社区治理

【内容提要】

作为社会治理的基础单元,社区治理充分体现了社会治理理念在基层的运用与创新。党的二十大报告提出要"健全城乡社区治理体系,及时把矛盾纠纷化解在基层、化解在萌芽状态",加强社区治理是让基层更加和谐稳定,不断增强人民群众获得感、幸福感、安全感的必然要求,是实现国家治理体系和治理能力现代化的基础工程。面对新时代下社区建设与治理的新要求,必须坚持以习近平新时代中国特色社会主义思想为指导,加强党建引领工作,推进以党建引领基层治理,完善社区治理体系,提升社区治理效能,积极打造高水平社区治理共同体,进而建设"人人有责、人人尽责、人人享有"的社会治理共同体。本章主要介绍社区、社区建设、社区治理的内涵,并分析社区治理的发展历程和在基层社区中的主要发展模式。

第一节 社区与社区建设

一、社区

社区作为人类生活的重要场所,在社区概念形成之前就一直存在。作为社会治理的实践场域,社区在社会生活中起着管理整合、民主自治、教育服务、安全稳定等作用。

(一) 社区的历史演变

"社区"一词最初起源于拉丁语,意为共同的事物和亲密的伙伴关系,到1881年,德国社会学家滕尼斯率先从社会学领域提出"社区"一词,他认为社区是指一种共同体或社会团体,在社区中,人们不仅紧密联系,而且具有共同的习俗和价值观。① 美国社会学家罗伯特·E. 帕克(Robert E. Park)第一次对"社区"做出明确定义,他将社区定义为一种在一块明确限定的地域上的人群汇集,但是又不只是指人的汇集,还包括组织制度的汇集。② 从滕尼斯提出"社区"开始,关于社区的理解和定义就受到众多学者的关注和讨论。社区的概念发展至今,主要有两大类定义:一类着重关注精神层面,即认为社区是具有共同价值观的人群共同体;另一类则更强调地域共同体,即具有共同的居住地,人群在一个地区内共同生活。在中国,"社区"一词属于舶来品,费孝通先生在20世纪30年代翻译滕尼斯的著作《社区与社会》(Community and Society)时,将community翻译成社区,后来这一译法被学术界广泛使用并逐渐流传。

人类是具有社会属性的生物,喜欢合群而居,同时人类社会群体的活动离不开一定的地理区域,而社区就是人类群体聚居和活动、具有一定地域的场所。从该视角出发,社区被认为是农业发展的产物。远古游牧社会时期,居民没有固定的住所,常常逐水草而居,严格来说,那时的游牧氏族部落只是具有生活共同体性质的一种社会群体,不是今天所说的社区。随着农业的兴起,人们开始从事农业生产活动,需要定居在某个具体的地理区域,因此就出现了"村庄"。随着社会政治、经济、文化等的发展,在乡村社区的基础上又出现了城镇社区。自工业革命以来,人类社区进入了都市化的进程,不但城市社区的数量日益增多,而且城市社区的经济基础与结构功能都不同于以往的社区,其规模日益扩大,出现了许多大城市、大都会社区。③

随着社区类型和规模的发展,社区的结构和功能也发生了变化。以前不管

---

① 斐迪南·滕尼斯.共同体与社会:纯粹社会学的基本概念[M].林荣远,译.北京:商务印书馆,1999.
② 转引自江立华.社区工作[M].武汉:华中科技大学出版社,2009.
③ 鲍勇.社区卫生服务导论[M].南京:东南大学出版社,2009.

是村庄、小城镇,还是城市,在地域范围上都具有比较明确的边界。例如,一个完整的农村社区的地域范围通常是以其村民的聚居点为中心,并由这个中心辐射到附近的各种服务功能的射线极限点。而一个完全的城市社区的地域范围,通常是由其市区和包括若干小城镇及乡村的郊区构成的。① 每个社区都有一定的制度、机构和设施,为整个区域服务,以满足其成员的各种需要。随着现代社会生活的发展,社区之间的地域性差异越来越小,其在规范、价值观念及行为模式方面的差异显著减少。在同一个大社会里,不同社区居民之间的相似之处多过相异之处,社区地域范围的边界划分也不像之前那么分明。一个大城市往往包含着若干个原先相对独立的社区,而市政府的机构设置和行政区划也可能与原先各社区的地域分界不一致。社区的功能也发生了改变,原先社区居民一般在本社区内就地劳动谋生,并且能在社区中获得满足日常生活的资料,但现代社区很多居民却会到本社区以外的地方上班。因此,社区成员之间除了具有当地居民的共同利益,还具有各自从社区以外谋取生计的种种不同利益。这种情况就从社会纽带和社会交往的意义上削弱了社区地域边界的确定性。由于全国性的企事业组织和政治、文化团体的出现,地方社区里有不少工厂、商店、社会团体就是这些全国性组织系统的下属单位和分支机构,其决策主要是服从本系统的上级组织指挥而不是服务当地社区。因而,作为地方社会的社区,其自主性也有所削弱。②

(二) 社区的定义

近些年,我国很多学者开始对"社区"进行深入细致的研究,而且对"社区"的理解和认识各不相同。张晓峰、范国睿认为:"社区是城市的依托,一个城市是由众多社区系统化、整体化而构成的。"③魏娜认为:"社区是指聚居在一定地域范围内的社会共同体。"④田雨会指出:"社区是指有确定地理界限的社会团体,即人们在一个特定区域内共同生活的组织体系,普遍称为地域团体。"⑤刘视

---

① 吴育群.浅析社区建设在和谐社会建设中的地位和作用[J].中文信息,2014(3):344.
② 刘青松.让环保走进社区:江苏省绿色社区创建指南[M].北京:中国环境科学出版社,2005:23.
③ 张晓峰,范国睿.论学习型城市的构建[J].开放教育研究,2002(2):49-52.
④ 魏娜.城市社区建设与社区自治组织的发展[J].北京行政学院学报,2003(1):69-74.
⑤ 转引自孟凡帅.社区体育概念的社会学分析综述[J].知识经济,2011(10):60.

湘从社区心理学的角度将社区定义为"某一地域里个体和群体的集合,其成员在生活上、心理上、文化上有一定的相互关联和共同认识"①。综合看来,众多的社区定义可分为两大类:一类强调精神层面,如共同体中的成员必须具有共同的传统价值等;一类强调地域的共同体,即具有共同的居住地,或在一个地区内共同生活的人群。② 而在具体指称某一人群的时候,有时会侧重于"共同文化"和"共同地域"两个基本属性中的一个属性。例如我们平时所称的"坡子街社区""银盆岭社区""和平里社区""四方社区"就是基于共同地域,而媒体中常见的"华人社区""穆斯林社区""客家社区"等,则又是基于共同的文化传统或者宗教信仰。由此可见,社区大多强调成员内部的文化维系力和归属感。到了20世纪后期,我国开始重视具有地区特色的社区建设,比如台湾地区就出现了"社区理事会",大陆居民耳熟能详的"居民委员会"在很多地方也更名为"社区居民委员会"。③

由于研究角度的差异,社会学界对于社区这个概念尚无统一的定义。但许多学者认为,社区概念是以一定的地理区域为前提的。1955年美国学者希莱里(G.A. Hilary)对已有的94个关于社区定义的表述进行了比较研究。他发现,其中69个有关定义的表述都包括地域、共同的纽带以及社会交往三方面的含义,并认为这三者是构成社区必不可少的共同要素。④ 因此,人们至少可以从地理要素(区域)、经济要素(经济生活)、社会要素(社会交往)以及社会心理要素(共同纽带中的认同意识和相同价值观念)的结合上来把握社区这一概念,即把社区视为生活在同一地理区域内、具有共同意识和共同利益的社会群体,是社情民意、社会基层各种矛盾和问题反映比较集中的地方,是构成社会的基本"细胞"。

(三) 社区的类型

社区是多种多样的。一个社区至少具有以下特征:有一定的地理区域;有一定数量的人口;居民之间有共同的意识和利益,并有着较密切的社会交往。一个村落、一条街道、一个县、一个市,都是规模不等的社区。在日常生活中,人

---

① 刘视湘.社区心理学[M].北京:开明出版社,2013:35.
② 李志明.社区面面观[J].青年记者,2013(28):9-10.
③ 汪波,李丽,朱江梅.地方特色社区服务模式探讨[J].中国经贸导刊,2015(29):37-38.
④ 转引自诸葛鹏.农村社区变迁与新型农村社区建设研究[D].山东:山东农业大学,2011.

们常提及的社区往往是与个人的生活关系最密切的、有直接关系的较小型的社区,如村或乡以及城市的住宅小区。人们的生活和工作都是集中在社区里进行的。社区里的人们通过共同生活、共同劳动而相互熟悉,形成共同的社区意识。社区意识就是人们对所在社区的认同感、归属感和参与感。在小型居住社区里,人们还会形成相互帮助、相互照应的亲密情感联系。[①]

社区可以划分成不同的类型。根据社区的生产力水平高低,可以划分为发达社区、不发达社区;根据社区所发挥的主要社会功能,可以划分为居住社区、商业社区、工业社区、政治社区等;根据社区的地理环境,又可以划分为平原社区、山区社区、岛屿社区等类型。[②]

尽管社区分类多样,但最基本的划分方法,就是把社区分为乡村社区和城市社区。乡村社区中,人们从事的经济活动主要是农业生产。随着社会的发展,许多乡村社区也开展了工业生产和商业活动,成为新型的"城市化"的乡村社区。和乡村社区相比,城市社区经济、政治活动集中,以工业、商业、服务业为主;人们的居住和工作场所非常集中,人口密度往往比乡村社区大得多。较大的城市社区通常有着明显的功能特征,社会结构非常复杂,往往有不同的功能分区,比如居住区、商业区、旅游区、港口区、自然保护区、科技园区等。在我国农村,基层社区管理组织是村民委员会;在城市,基层社区管理组织是居民委员会。

(四)社区的功能

一个成熟的社区具有政治、经济、文化、教育、服务等多方面的功能,能够满足社区成员的多种需求。根据我国社会发展状况,社区功能有以下四种。

1. 管理整合功能

社区是区域型社会,是社会构成的基本单位,家庭是社会构成的最小单元,社区是家庭与社会联系的中间环节。社区管理是具体的、可操作的社会管理,社会管理的各项事务都可以划分、落实到一个具体的社区。社区是社会管理的基本平台,是社区自治管理与社会参与的资源整合配置平台,是政府管理力量

---

① 金烽.社会转型期社区管理模式改革研究——以南通市港闸区为例[D].南京:南京理工大学,2013.
② 张红英.社区建设与群体性事件防控研究[D].青岛:中国海洋大学,2012.

与社会调节力量互动的平台,是政府行政功能与社会自治功能有机互补的平台。政府公共服务、社会服务、市场商业服务以及社区服务的资源通过社区这个平台进行合理配置,实现了服务与需求直接对接,这不仅可以降低服务成本,发挥服务资源的最大效益,而且还能有效防止"纯商业化"的恶性竞争,使提供服务和接受服务的双方同时获益。

2. 民主自治功能

社区是社会生活共同体,所以民众广泛参与社区管理既是社区居民的现实需要,也是社区自治功能的本质体现。社区管理体制具有社区自治与政府行政管理的良性互动、社区自治功能与政府行政功能互补、社区民主协商机制与政府依法行政机制互联的特点。社区管理体制的优势在于社区居民的自我管理、自我教育、自我服务、自我监督与多元主体广泛参与能够有机结合。

3. 教育服务功能

社区的一个重要作用就是"教育和服务群众"。教育居民的功能是通过文化体育实现的。例如,广泛开展社区居民喜爱的社区文化体育活动,深入挖掘各民族的传统节庆文化,在潜移默化中使社区居民受到教育,从而形成共住共生、相互依存、守望相助的社区生活理念。通过广泛参与社区事务和社区公益活动,社区居民可以认识到自我价值,提升社会交往能力,逐步树立公民责任意识,实现由"社区人"向"社会人"的转化。根据社区居民的组织意愿,积极培育和发展各类社区社会组织,使社区成员"组织化",制定自我约束的规则,帮助组织居民自我发现、自我发展、自我完善、发挥潜能,促进居民全面发展。服务居民是社区以及社区工作的主题,强化社区服务功能要坚持以人为本,拓展社区服务领域,构建以社区为平台的社会服务网络,还要发挥社区在提高居民生活水平、生活质量方面的服务作用。

4. 安全稳定功能

社区稳定是社会稳定的基础保障。各个社区的自有资源不同,需求也不尽相同,所以根据社区的具体情况配置相应的资源,可以提升资源的使用效率。将社会问题分解到各个社区,即"社区化",是对社会问题的"大事化小";反之则有可能将社区问题"小事变大"。社区是人们获取社会公共服务的平台,也是政府为社区居民提供其需要的公共服务信息的平台。无论是社会管理还是社会公共服务,对社区而言都是不可或缺的。人们通过社区获得均等化的公共服务和适度普惠的福利保障,同时在此过程中发现问题,并提出建议以促进公共政策的改进,推动社会保障制度的健全与完善。

二、社区建设

(一) 社区建设的含义

20世纪50年代,我国开始进行社会主义革命和建设,整个社会在政府的行政计划引导下开始进行全方位的空间重组,单位制管理制度便在这一过程中逐渐形成。单位制是以政府计划为主导,将国家政治、经济、社会生活等方方面面一体化的组织形式和管理制度,成为计划经济时代政府构建"总体性"社会、实现国家对社会有效控制以及维护社会稳定的重要制度基础。改革开放以来,随着经济体制的改革,单位制逐渐解体,原本由单位承担的社会服务与社会福利逐渐从单位剥离出来,并开始由基层社区承担。

与此同时,计划经济开始逐渐向社会主义市场经济过渡,多种所有制经济形式孕育了个体分化的社会力量,工业化和城镇化蓬勃发展,社会的开放性和流动性空前增强,传统封闭的管理体制已经难以满足社会发展需要。一方面,经济体制的改革催生了大量游离于"单位"的"社会人",这部分人主要由民营经济和个体经济从业者组成,对单位制管理造成了一定的冲击,使其失去了赖以存在的经济基础。另一方面,住房制度、户籍制度以及对流动人口的政策开始发生转变,这些制度的变化促进了城乡之间、不同所有制经济之间、国家企事业单位与社会之间的人员流动,单位制已经难以适应社会分化的现实,社区制应运而生。此后,国家相关部门在城市基层广泛开展社区服务,并提出社区建设这一概念,大力推行社区建设,推进社会治理社区化。需要强调的是,社区建设的一个重要方向是促进社会治理的重心向基层社区转移,使社区逐渐成为国家治理的基本单元,以社区治理现代化推动国家治理体系和治理能力现代化。

在我国,社区建设是指在党和政府的领导下,依靠社会力量,利用社会资源,来强化社区功能,完善社区服务,解决社区问题,从而促进社区政治、经济、文化、环境协调和健康发展，不断提高社区成员的生活水平和生活质量。社区建设的宗旨是稳定、服务、发展，即在保持稳定和为社区居民提供优质服务的同时促进社区的发展，使社区规模不断扩大，职能更加完善，方便广大人民群众。

（二）社区建设的内容

一般来说，社区建设主要有六个方面的内容。

（1）社区服务，提供面向社区老人、儿童、残疾人等的生活救助和社会福利、面向全体社区成员的便民利民服务和面向属地单位的社会化服务；

（2）社区卫生，包括社区的公共卫生、医疗保健和健康教育等；

（3）社区治安，包括社区内的治安保卫、民事调解、帮教失足青少年、防火防盗和其他社会治安工作；

（4）社区环境，包括绿化、环境建设和环境保护等；

（5）社区文化，包括各种群众性的文化、体育、教育、科普活动，以及其他形式的社会主义精神文明建设活动；

（6）社区组织，包括社区党组织、社区自治组织、社区社会组织的建设。

（三）社区建设的主要特征

一般来说，社区建设主要包括以下五种特征。

1. 社会性

社区建设是一项社会性的工作，它既不是一种单纯的政府行为，也不是一项单纯的民间活动，而是各类社区主体、各种社区力量共同参与的过程。它的社会性主要表现在以下几个方面。

一是党政组织发挥领导或主导作用。中国共产党是我国社会主义现代化事业的领导核心，也是社区建设的领导核心。在党的方针、路线的指引下，各级政府机构承担着多种职责，例如制定和实施社区建设政策，完善社区建设规则与制度，推动社区建设工作，并在其中协调居民、社团和企事业单位之间的关系等。

二是社区建设工作面向整个社区和所有社区成员，为社区组织和成员提供全方位、多样化的服务。社区居民委员会和各种社会团体是党和政府联系广大群众的桥梁、纽带。

三是社区建设工作需要全社会的参与,社区组织与社区成员的共驻共建是社区建设的基础。没有社会各部门和社会各种力量的广泛参与,仅仅依靠政府的行政力量,社区建设就会成为无水之源、无本之木。

2. 群众性

社区建设是一项群众性的工作,主要表现在以下几个方面。

一是社区建设的基本原则是以人为本。社区居民的基本利益和实际需求是社区建设的出发点和立足点,是社区建设的根本所在。

二是社区居民的参与是社区发展的坚实基础。社区居民的参与热情越高,社区的发展越快,社区工作就会开展得越好。

三是社区意识的形成是社区建设的重要推动力。社区意识即社区全体居民对其生活的社区形成的认同感、荣誉感、归属感与参与感。只有社区居民真正树立起社区意识,才能增强对社区的向心力和凝聚力,才能促进社区建设与发展。

3. 地域性

社区是一种地域性的社会生活共同体,因此,社区建设也具有突出的地域性特征,主要表现在以下几个方面。

一是社区建设主要是依据本社区成员的需求和愿望,解决本社区问题,为本社区成员提供多样化服务。

二是社区建设的主体主要是本社区的居民、公共部门、社会组织和私人企业。

三是社区建设的活动范围主要局限于本社区之内,并在一定程度上受本社区地理环境条件的制约。

因此,社区建设不可能有一个统一的模式,必然是因地制宜,多种模式并存。

4. 综合性

社区建设是一项综合性工作,而不是特指某一方面的工作,主要表现在以下几方面。

一是社区建设工作涉及面很广,包括拓展社区服务、美化社区环境、维护社区治安、繁荣社区文化等。

二是社区建设工作涉及多种学科的知识,包括社会学、人口学、政治学、环境学、管理学等。开展社区建设工作,要求社区工作者掌握多方面的知识。

三是社区建设的工作方法是多样的,既有一般的方法,也有特殊的方法;既有经济手段,也有行政手段和社会手段。只有配合使用多种方法和手段,社区建设才能达到预期的目的。

5. 计划性

社区建设的计划性主要表现在以下几个方面。

一是社区建设是有计划的社区变迁。人们在认识和掌握社会变迁的客观规律的基础上,制定社区建设计划,推动社区发展的过程,就是社区变迁。因此,社区建设的计划,必须符合变化着的客观实际。

二是作为有计划的社区变迁,社区建设是人的主观能动性的体现。人们基于对社会和自然发展规律的认识对社区建设做出规划,同时还要设定社区未来的发展目标以及选择相应措施,以减少盲目性,增强自觉性,从而推动社区建设和社区发展。

三是为了使社区更好地发展,社区建设必须从社区实际出发,制定长期、中期、短期的计划。社区长期的计划又可称为社区规划,良好的社区规划可以推进社区综合协调发展,促进社区良性运行机制形成,并为社区创造良好的生活条件,实现居民的全面发展,还可以营造经济发展的良好环境,创造更好的经济效益。

因此,社区建设必须在大量调查研究的基础上制定出符合社区实际情况、具有自己特色的总体发展规划。

第二节 社区治理

一、社区治理基本概念

在治理视域下,社区治理意味着在一个社区范围内,不同的公私行为主体依据相关法律法规,以及非正式的、人们自愿遵从的社区规约,通过彼此的沟通互动、协商、谈判以及资源的交换等方式,共同对涉及社区居民共同利益的公共事务进行有效的管理。博克斯认为,社区是公民参与社会治理的重要平台,社区治理不仅是政府治理,还包括公民治理,即政府只是"公民协调者",社区事务应交由公民组建的组织来进行管理。① 约翰·杜威也认为社区是公民的家园,因而社区治理也应当让公民参与,并让公民在参与的过程中逐渐形成个体性格。② 王冬梅提出社区不仅是地理位置上相互联系的地域共同体,而且应该具有精神连接,是以共同传统、价值结成的"精神共同体",社区治理应建立在共同的价值、传统上。③ 可见,社区治理实际上是一种集体选择过程,是政府、社区组织、社区内企事业单位、社区居民等共同管理社区公共事务的合作互动过程,它体现为社区范围内不同主体依托各自的资源进行的互动合作。

二、社区治理的历史变迁

从历史上来看,我国城市社区治理体制主要经历了坊厢、里甲等制度,城市社区治理结构呈现出一种政府控制的差序格局状态。新中国成立后,我国在城市建立了以"单位制"为主、"街居制"为辅的城市社区管理体制,整个社区呈现出以政府为单一主体的治理结构。④

单位制对社会的整合是全方位的。从横向整合来看,政府不仅通过"低工资高就业"的安置方式把大部分的城市劳动力整合到了单位体制中,而且通过"统包统配"的方式成功地实现了对城市劳动就业行为的控制和整合。此外,国家建立起来的单位保障和单位福利制度,使职工个人和职工家属形成一种对单位高度依附和高度服从的关系,从而形成了单位对社会的超强整合。从纵向整

---

① 转引自 Charles Heying. Citizen Governance: Leading American Communities into the 21st Century[J]. Administrative Theory & Praxis, 1999(3):384-386.
② 转引自高倩.新时代城市社区治理创新研究——以武汉市为例[D].武汉:中共湖北省委党校,2019.
③ 王冬梅.从小区到社区:社区"精神共同体"的意义重塑[J].学术月刊,2013(7):31-36.
④ 许沛元,刘铸贤.民主管理视角下"一委三会"社区治理新模式研究:以连云港市海州区为例[J].大陆桥视野,2016(15):70-80.

合来看,党和政府编制了企事业单位隶属关系网络,即下级企事业单位隶属和服从上级企事业单位,而最上级企事业单位又隶属和服从国家各个部门。总之,国家犹如一个巨大的"蜂巢",将一个个单位吸附其中,而单位又如"类蜂巢",将一个个社会成员吸附其中,从而形成一个"蜂窝状"社会。① 单位制时期,城市的基本细胞是单位,而单位又奠定了国家有效控制和整合社会的微观基础。

当然,单位制对城市的整合尽管是全方位的,但并不是万能的。这是因为在城市还存在着一些无单位归属的居民,主要包括缺乏就业能力的老年人、妇女、残疾人和其他社会人员。就其社会地位而言,他们属于社会边缘人群。对这一部分人群,国家通过以户籍为基础的居民委员会将其整合起来,形成单位制的补充。

单位制存在和运行的条件有二:一是公有制尤其是国家所有制取代其他所有制经济成分。国有企事业单位完全隶属于政府,因此政府可以利用其对单位资源的掌控,通过单位完成对单位职工的整合。二是高度集中的计划经济体制。这一体制使得政府可以直接管理单位的一切社会事务,使单位成为政府的附属和社会整合工具。② 而随着社会、经济的发展,与单位体制伴生的各种弊端也越发明显。为了消除弊端,中国进行了改革,其首要内容便是对所有制结构进行调整。从"非公有制经济是社会主义公有制经济必要的有益的补充"到"公有制为主体,多种所有制经济共同发展",政策调整不断深入。改革不仅冲击着传统的所有制结构,而且带来了经济管理体制的革新。从"计划调节为主,同时充分重视市场调节的作用"到"有计划的商品经济",再到"建立社会主义市场经济体制",社会主义市场经济体制逐步取代了计划经济体制。这样,单位制存在和运行的两个基本条件在改革政策的涤荡下已不复存在,单位制也随之解体。③ 单位制的解体,意味着国家难以继续利用单位完成对社会的超强整合。

---

① 李金红.论和谐社会的社区治理结构[J].江汉大学学报(社会科学版),2008(2):25-29.
② 李金红.城市社区建设中社区权力结构的重组:以武汉市前进街永安社区为例[D].武汉:华中师范大学,2004.
③ 李金红.论和谐社会的社区治理结构[J].江汉大学学报(社会科学版),2008(2):25-29.

与所有制结构和经济体制改革相配套的政企分开、政事分开以及单位与社会分离(将原来行政事业和企业单位承担的社会功能从单位中剥离出来,交由社会),极大地改变着传统的国家微观基础。"单位人"重新回归为"社会人""社区人",社区也重新成为国家进行社会整合的单元。城市社区成为政府整合制度改革的对象,国家通过开展社区建设来重新构建城市社区的治理结构,并以此对社会资源进行动员和整合。

从整个中国社区建设的过程来看,当前我国城市社区治理结构改革有两种基本导向:一是行政导向,即强化基层政府功能,主要运用政府及其所控制的资源进行自上而下的社会整合,并形成"新政府社会"。最典型的是 20 世纪 90 年代上海提出的"两级政府、三级管理、四级落实",这一做法被北京、石家庄等地借鉴。二是自治导向,即强化基层社区的功能,主要通过建立社区自治组织进行社会整合,并形成"社区制"社会。① 最典型的是"沈阳模式"和"江汉模式"。

三、社区治理的内涵

社区治理是社区范围内的多个政府、非政府组织依据法律、法规以及社区规范、公约、约定等,通过协商谈判、协调互动、协同行动等对涉及社区共同利益的公共事务进行有效管理,从而增强社区凝聚力、增进社区成员社会福利,推进社区发展进步的过程。② 它体现为在社区管理中管理权限的再分配,各管理主体间合作—互动管理模式的再分配。"社区治理要求社区组织和社区公民与政府共同承担社区建设的责任,负责任的政府与有责任感的公民在社区治理中具有同等重要的地位。"③它的要点是把社区所在地的政府、企事业单位、社会团体很好地"组织"起来,使它们为着一个共同的目标,协同努力,充分利用社区资源,发挥各自的功能,改进社区的环境,解决社区的共同需求和问题,最终取得社区经济与生活的协调发展。通过对社区治理的不断完善来合理、有序地扩大

---

① 李金红.城市社区建设中社区权力结构的重组:以武汉市前进街永安社区为例[D].武汉:华中师范大学,2004.
② 刘丹.论社区社会组织在基层社区治理中的特殊效能[J].城市建设理论研究(电子版),2015(28).
③ 魏娜.我国城市社区治理模式:发展演变与制度创新[J].中国人民大学学报,2003(1):135-140.

民众参与,逐步培育民众的参与意识,尤其是合法合理的民主参与意识,进而将民众参与纳入合法的、有效的轨道。美国政治学家埃莉诺·奥斯特罗姆发现:"社区治理通过借助既不同于国家,也不同于市场的制度安排,可以对某些公共资源系统成功地实现开发与调适。"[①] 从社区治理的定义来看,社区治理主要包括以下几个方面。

（一）社区治理的主体多元化

在社区治理中,主体的多元化是必然要求,尽管政府在社区治理过程中依然会发挥主导作用,但是社区治理的主体不再只是政府。在政府之外,还有其他治理主体,例如企业、非政府组织甚至于个人,他们通过与政府机构以及彼此之间建立多种多样的协作关系,在居民和政府之间构筑了一道沟通和联系的桥梁,将社区中的行政力量、自治力量和社会力量打造成横向的网状结构。社区治理多元主体通过相互之间的协商与合作来共同决定和处理社区公共事务,以善治为目标,达至社区公共利益的最大化。

（二）社区治理的目标过程化

除了明确的任务目标之外,过程目标更是社区治理所注重的因素。我国过去的基层社会管理体制,不论是单位体制,还是街居体制,都具有比较浓厚的科层色彩。政府与单位之间、单位与职工之间都是命令与服从的关系,市区政府、街道办事处和居委会之间的互动也都按照行政命令模式进行。而社区治理则强调基本要素的培育,包括调动社区居民参与公共事务,例如社区发展的各项规划、社区建设的实施以及社区事务的处理等,同时强调培育、改善社区组织体系,建立正式、非正式的社区制度规范,建构社区不同行为主体互动机制等。这些社区治理的过程目标只有在长期的社区治理过程中才能逐渐培育起来。

（三）社区治理的内容全面化

社区治理的内容涉及社区成员社会生活的多个方面,事关社区成员的切身利益,包括社区服务与社区照顾、社区安全与综合治理、社区公共卫生与疾病预

---

① 埃莉诺·奥斯特罗姆.公共事物的治理之道:集体行动制度的演进[M].余逊达、陈旭东,译.上海:上海三联书店,2000:76.

防、社区环境及物业管理、社区文化与精神文明建设、社区社会保障与社区福利等。要做好社区公共事务的治理就必须最大限度地整合社区内外资源,构建社区治理机制,调动社区居民参与的积极性,实现社区事务的良好治理。

(四) 社区治理是多维度、上下互动的过程

社区治理有别于政府行政管理,其权力运行方式并不总是单一的、自上而下的。社区治理并不是通过发号施令等手段来实现管理目标,而是通过协商合作、协同互动、协作共建等方式建立社区治理主体对共同目标的认同,进而采取共同行动,联合起来对社区公共事务进行治理。多维度、上下互动的过程使得社区治理源于人们的同意和认可,而不是外界的强制和压力。

四、社区治理社会化

社区治理社会化是社区各类主体在基层党组织的领导下,主体协同共生,共同参与社区公共事务的治理,共享发展成果的过程。社区治理社会化需要从三个维度加以推进。

首先,以居民需求为导向,增强社区服务的可及性与精细化。社区治理的核心目标在于满足居民多样化和个性化服务需求,而传统的行政化治理模式投入大量时间和精力处理街道和社区的行政性事务,一定程度上忽视了居民的主体性以及多样化的需求。为此,要减少社区行政性事务,改变以往自上而下的服务方式;充分挖掘社区现有资源,利用社区社会组织、居民代表、楼栋长、专业社工、社团领袖搜集相关居民需求信息,利用互联网搭建居民交流平台,拓展居委会的信息来源渠道,以准确把握居民需求,实现服务的精细化。

其次,以购买服务为机制,推动政府与社会的跨界与协同。在行政化机制之下,社区居委会主要依靠政府和社区的人、财、物等资源直接为分散的居民提供服务,居民的组织化程度较低,并且政府的财政负担过重,不利于社区服务的提质增效。为此,要提高社区服务的组织化与专业化程度,吸纳社会资源参与社区治理。政府购买服务是一种政府付费,社会组织运作,组织成员或专业社工提供服务的政社合作机制。这一机制能促进政府与社会资源的跨界整合,提高社区服务的组织化和专业化程度,以满足居民个性化和专业化的需求,实现

协同治理。

最后,以协商技术为支撑,拓展民主参与的广度和深度。民主协商是居民参与的重要方式,也是社区治理社会化的重要维度。在行政化的影响下,社区民主协商陷入了思路不清、路径不明、办法不多的困境。为此,要积极开发和运用有效的民主协商技术,为居民参与提供科学的技术支撑。具体而言,一是创新议事协商、个案工作、对话协商、民意调查、小组工作、开放空间会议技术等协商形式,不断开发新的技术,满足居民协商参与的需求。二是充分利用现有互联网、大数据等网络通信技术,搭建居民网络协商平台,突破协商民主的时间和空间限制,最大限度地增强协商的时效性,以推动社区治理社会化,助力社会治理创新。

第三节 社区治理的模式

有效的社区治理,不仅强调政府对社区的治理,而且强调社区的自治。社区治理不同于"在社区的治理",它是让社区成为社区居民自治的空间,而不仅仅作为政治的载体。所谓社区自治,既不是在完成政府职能之后的自我治理,也不是由居委会或者民间组织来"承接"政府在社区的职能[1],而是社区组织根据社区居民意愿进行集体选择并依法管理社区公共事务,它突出的是社区居民的意愿表达。如果继续将社区作为政务单元的一部分,则只能形成以政府为主导的社区治理模式,而无法实现社区治理模式的创新。

在不同的治理创新模式背后,隐含着一些类型化的主导因素和共通的治理机制。从社会学关于政府、市场与社会三元分析的视角可以抽象出政府、市场、社会和专家四种要素,并据此形成四种理论模式:政府主导模式、市场主导模式、社会自治模式和专家参与模式。[2] 需要说明的是,在实际的社区治理模式

---

[1] 袁杰,李敏,陈骏杰.社区公共服务建设中的标准化建设[C]//中国标准化协会.市场践行标准化——第十一届中国标准化论坛论文集,2014.

[2] 葛天任,李强.我国城市社区治理创新的四种模式[J].西北师范大学学报(社会科学版),2016(6):5-13.

中,这四种要素是可以并存的,多种治理主体和治理机制往往同时存在于一个社区的实际运行之中。

一、政府主导模式

政府主导模式是指社区治理依赖政府的行政力量来提供社区公共服务、完善社区治理架构、培育社区自治组织、发展社区公共参与的治理模式。政府主导模式在中国具有制度优势,因为政府具有较高权威,能够在短时间内迅速动员各种组织和财政资源,所以这种模式具有组织动员能力强、行政效率高等特点。

社区治理依靠有人格魅力的"带头人"推动,资源动员能力很强。政府是社会公权力的代表,也是社区治理中的主导力量。在我国现行体制下,政府集中了大量资源,拥有强大的资源动员能力[1],能够在短期内迅速改善社区治理状况并提供基本公共服务。基层政府在一定程度上掌握着基层社区治理的人事权和财权,因此由基层政府推动的政府主导模式的制度优势十分明显,即效率高、能力强。

虽然政府主导模式发挥了资源动员的制度优势,能够高效地解决基本公共服务供给不足的问题,但是它没有引入社区治理的公共参与机制,治理主要依靠基层政府的行政干预,民众的社区自治意愿和能力没有得到培育,导致政府越干预,社区自治能力越弱。从短期来看,政府主导模式的管理绩效提升很快,但从长期来看,政府主导模式不仅没有起到推动社区自治的作用,反而不利于社区自治的形成。[2] 在这个意义上,政府主导模式的劣势也很明显,即社区民众公共参与的意愿和能力无法得到有效保障。

二、市场主导模式

市场主导模式是指依靠市场力量(如房地产企业、物业公司等)提供小区物业服务乃至社区公共服务,培育社区自治组织,发展社区公共参与的模式。市

---

[1] 周雪光.运动型治理机制:中国国家治理的制度逻辑再思考[J].开放时代,2012(9):105-125.
[2] 李强,黄旭宏."被动社会"如何变为"能动社会"[J].人民论坛,2011(10):50-51.

场主导模式是住房商品化改革以来诞生的新模式。在计划经济时代,社区生活主要由国家计划和安排。国家通过单位体制给城市居民分配房屋、食品以及各种生活必需品,按照一定空间范围和人口规模为城市居民配备粮站、副食店、理发店等基本生活服务设施。但是,计划体制在资源配置方面有局限性,难以对资源进行合理有效的配置。与之相比,市场对资源的配置更加合理。在经历了社会主义市场经济体制改革后,市场在社区生活资源配置方面开始发挥越来越大的作用,与社区生活紧紧地联系在一起。社区中的市场不仅包括基本生活服务市场,还包括房屋租赁和交易市场,后者对社区治理影响尤其大。随着城市商品房交易市场的建立和发展,市场主导的社区治理模式开始出现。目前,多数的商品房小区的管理都是由物业公司负责的,属于市场模式。这种治理模式的资源配置能力强,因而更有效率。

但是该模式也有其不足,即难以克服市场失灵问题,社会整合能力较弱。如上所述,由于社区公共服务具有负外部性,理性市场主体缺乏提供社区公共服务的激励,这导致市场主导模式难以克服其与生俱来的市场失灵问题。当市场原则与社区公共服务的原则发生冲突时,市场主导模式的不足就会显现出来,尤其是在城市的老旧社区、中低收入群体聚集的社区的治理中更为明显。目前,在城市部分老旧社区中,有些居民迟交或拒交物业费,这就与市场原则产生了尖锐的冲突,此时需要政府提供"兜底式"服务,守住社区公共服务的底线。

三、社会自治模式

我国城市社区居民委员会是城市居民的自治组织,但是在实际运营中,居委会是街道的下属机构,居委会成员的工资由街道支付,他们每天上班完成上级交付的任务,日常工作繁忙,也没有能力组织居民实现自治。[①] 所以,这里所说的社会自治不是指居委会的自治,而是指社会力量尤其是社区居民自发组织起来的社区自治模式。社会自治模式下,社区成员依靠自己和社会资源建立社

---

① 郑杭生,黄家亮.论我国社区治理的双重困境与创新之维:基于北京市社区管理体制改革实践的分析[J].东岳论丛,2012(1):23-29.

区自治组织,推动社区社会组织的发育,处理社区公共事务,完善社区公共服务。但这一模式目前仍然受到诸多体制性限制,缺少基本社会条件的支撑(包括体制认可、社区认同、社会组织发育、接受捐赠机制、人力资源管理方式、组织持续发展能力等方面),发展遇到的难题较多。当前,比起政府和市场机制,绝大多数社区的社会机制还没有充分发挥作用,成熟程度也最低,社区成员的自组织能力很弱。①

该模式的优势主要表现为:依靠社区领袖,居民自治理念得到充分体现,共建共治共享特征突出。② 社区自治模式的形成主要依靠具有公共理念的社区领袖来推动。社会自治不仅符合我国基层群众民主自治制度的设计初衷,而且能培育社区居民自治能力。社区居民积极主动地参与社区治理能够有效激发社区活力,社区活力的激发又会反过来促进社区居民的自发参与。

该模式的不足之处在于:几乎没有资源动员能力,发展遇到多重困境。从全国来看,真正实现社会自治模式的地区可以说是凤毛麟角。在现阶段,我国社会自组织能力还比较薄弱,社会自治模式的发展还受制度和自身的多重因素限制。当前,这一模式存在如下四个发展困境:第一,社会自治或社区自治的基本条件严重欠缺,尤其是社会自组织能力还有待培育。第二,社会自治模式还缺乏制度保障和政策支持,社区组织、社会组织的职能定位、运行规范等还比较模糊。第三,社区自治组织缺乏资金保障,可持续发展能力比较弱。第四,总体上看,社区居民的参与意识和参与能力还有待提升,社会自治模式主要依靠的有理想、有能力的社区领袖人数不多。③ 对于内部分化或者碎片化较为严重的城市社区治理而言,实现社区自治或者形成社区共识仍困难重重。④

---

① 姚华.社区自治:自主性空间的缺失与居民参与的困境:以上海市J居委会"议行分设"的实践过程为个案[J].社会科学战线,2010(8):187-193.
② 罗家德.自组织:市场与层级之外的第三种治理模式[J].比较管理,2010(2):1-12.
③ 郭于华,沈原.居住的政治:B市业主维权与社区建设的实证研究[J].开放时代,2012(2):85-103.
④ 肖林."社区"研究与"社区研究":近年来我国城市社区研究述评[J].社会学研究,2011(4):185-208.

四、专家参与模式

专家参与模式指通过专家学者参与推动的社区治理创新模式。从政府、市场与社会机制三分的视角看,专家学者群体属于社会机制的部分,但是,该模式又区别于社会自治模式,因为专家属于社区治理的外部力量。专家们通过提供咨询,或者通过直接参与社区事务,为社区治理创新提供合法性论述和变革动力,并为社区发展带来诸多体制资源和社会资源。基于中国历史上传承下来的"士大夫精神",以及现代社会治理的现实需要,专家在参与社区治理活动中有着深厚的价值感召力和一定程度上的资源动员力,并且在社区治理的制度设计上有着明显的优势。

该模式具有制度和政策咨询的优势,适合于探索改革方向。专家了解全国乃至全世界社区治理的大趋势,可以有选择地引入适合某一地区的治理方式,并结合该地区的实际情况做出社区治理的长远规划。专家不介入社区利益,立场客观,处事比较公正,并且其所具有的声望使他们相较于其他人更容易得到管理者和居民双方的信任。专家参与模式还适合于探索基层治理的改革方向,专家们可以将一个地方的经验教训加以总结,并探索在其他地方推广的可能。

但该模式容易产生外部依赖性,且可持续性较弱。由于专家学者并非直接的利益相关者,他们关心的往往是学术研究和治理模式,这与社区居民这些直接利益相关者的立场有所区别。专家是否能够设身处地地了解居民意愿存在着不确定性。专家是外部力量,而外部力量是否可以长期持续介入社区治理也是值得思考的问题。另外,专家不是专职而是兼职,一旦撤出社区治理,其所创建的模式是否能够持续也是问题。

章节习题

1. 请简述社区的内涵、类型与功能。
2. 请简述社区建设的特征。
3. 请简述社区治理的内涵与模式。

4. 请分析社区治理社会化可以从哪些维度推进。
5. 请论述政府主导模式的优势和不足。

案例材料

案例一： 深圳的桃源居社区是国内较早的由开发商主导建立的社区治理创新典型。著名企业家李爱君女士所主导经营的桃源居社区在全国率先成立了社区公益基金会，并大力支持社区服务中心建设，促进社区整体的发展建设以及社区公共参与程度的提高。桃源居社区公益基金会给社区组织提供资金支持和具体指导，在很大程度上推动了桃源居社区养老、妇女儿童教育、体育健身和志愿者组织等方面的发展。社区服务中心通过支持社工机构和志愿者群体推动社区便民服务、居家养老、老年大学、社区救助等社区事务的深入发展。桃源居的创新模式赢得了广泛的社会声望，获得了中央和地方政府的认可。

案例二： 在南京市翠竹园社区，社区居民阿甘和林先生在2011年创建了社区自治组织——社区互助会，推动了翠竹园公共事务自治模式的形成。在社区居委会的支持下，这一南京最大的民间社区公益组织逐渐"孵化"了43个社区俱乐部，从体育健身到妇女儿童教育，从社区图书馆到社区志愿者队伍，从社区养老到网络虚拟社区建设，覆盖了社区居民生活的方方面面。社区互助会每年的开支为60万元左右，资金来源主要是自筹，大多来自社区捐款、外来赞助，只有小部分是政府资助。截至2015年，互助会共募集到资金100余万元。阿甘等人还借鉴了企业质量管理模式，采取定岗定责的方法组织运营社区互助会，治理效果明显。

案例三： 从1998年下半年起，沈阳市在和平、沈河两区试点的基础上，开始在全市展开社区体制改革，重新调整了社区规模，理顺了条块关系，构建了新的社区管理组织体系和运行机制，形成了颇具特色的沈阳模式，在全国产生了广泛的影响。沈阳模式体现了"社区自治、议行分离"的原则，符合现代社会民主政治的发展方向，对社区的发展具有十分重要的意义。其采取的主要措施是明确社区定位、合理划分社区、建立新型的社区组织体系。

案例四:江汉模式是指武汉市江汉区社区制实践的模式。江汉区在学习借鉴沈阳模式的基础上重新将社区定位为"小于街道、大于居委会",通过民主协商和依法选举,构建了社区自治组织,即社区成员代表大会、社区居委会和社区协商议事会,并明确提出社区自治的目标,而实现这一目标的路径是转变政府职能和培育社区自治。江汉区力图建立行政调控机制与社区自治机制结合、行政功能与自治功能互补、行政资源与社会资源整合、政府力量与社会力量互动的社区治理模式。

思考:以上社区治理模式的特征是什么?如何体现社区治理实践的创新?

第六章 贫困治理

【内容提要】

贫困问题困扰人类社会已久,是全球发展的首要挑战和全球治理的重点对象,减贫消贫是全人类长期以来共同的奋斗目标。中国史就是一部全国各族人民同贫困做斗争的历史。中国共产党自成立以来即承担反贫困重任,在中国共产党成立一百周年的重要时刻,我国脱贫攻坚战取得了全面胜利,完成消除绝对贫困的艰巨任务,党的二十大报告指出,我国历史性地解决了绝对贫困问题,为全球减贫事业作出了重大贡献。本章旨在通过对国内外贫困治理相关研究的回顾,梳理贫困与贫困治理的相关概念,论述贫困治理与社会治理之间的关系,对比国内外贫困治理的政策模式与经验措施,介绍中国贫困治理的演进路径与发展趋势,从而使学生对贫困治理领域的理念、经验与发展前景有一个概括性认识。

第一节 贫困与贫困治理

一、贫困的概念

贫困是一种多维现象,其定义方式也有多种。从经济学角度看,贫困是福祉被剥夺,即个人或家庭没有足够的收入满足其基本需要。从社会学角度看,贫困是一种社会排斥现象,指个体或群体由于公民权利的缺乏或者社会关系的断裂而无法正常参与经济和社会活动。从发展学角度看,贫困发生的原因是个体或家庭的基本可行能力不足,包括不能公平地获得就业、教育、健康、社会保障,以及基本生活能力的缺失。从政治学角度看,主要有两类典型观点:一类是马克思主义的阶级理论,即贫困是资产阶级对无产阶级的剥夺,消除贫困的核心在于无产阶级革命;另一类则是阿玛蒂亚·森的权利理论,即贫困是由于生产、交易、流动等基本权利缺乏造成的,消除贫困就是要赋予公民权利。[1]

综上所述,不管从哪个角度考虑,我们发现,贫困实际上包括两层意思。第一,贫困是资源匮乏导致的生活水平低于社会可以接受的最低标准。这里讲的资源,既包括物质资源,也包括文化资源和社会资源。第二,从根本上讲,贫困是缺乏手段、能力和机会。[2]

人类对贫困概念的认识是随着人类社会的发展而不断演进的。为统一观点,本书将贫困界定为,由于缺乏物质的、文化的和社会的资源而处于一种社会不可接受的最低生活水平或生存状态,并且由于缺乏必要的手段、能力和机会而不能摆脱这种最低生活水平或生存状态。

二、贫困的衡量标准

贫困标准是用于测量和识别贫困人口的重要工具。目前,全球衡量贫困的标准主要有三种,即收入贫困标准、人类发展指数(HDI)、多维贫困指数(MPI)。

(一)收入贫困标准

收入贫困是目前全球使用最为广泛的贫困标准。收入贫困有着丰富的内涵,如收入贫困的科学概念、收入分配的测量、收入贫困的尺度以及如何减缓收入贫困等。收入是实现脱贫的重要工具,是衡量贫困的重要代理变量。收入标准能够简单地从货币视角捕获贫困人口的经济状况,是制定反贫困战略和政策的简单易行的贫困测量依据,但这并不能全面反映真实的贫困状况。

---

[1] 王小林.贫困标准及全球贫困状况[J].经济研究参考,2012(55):41-50.
[2] 青连斌.破解中国社会保障的困局[M].昆明:云南教育出版社,2013:76.

（二）人类发展指数

由联合国开发计划署设计的人类发展指数是对人类发展情况的一种总体衡量。它以人类发展的三个基本维度——预期寿命、知识的获取以及生活水平来衡量一国取得的平均成就。预期寿命用出生时预期寿命计算，知识的获取用平均受教育年限和预期受教育年限计算，生活水平用人均国民总收入计算。

人类发展指数强调了教育和健康两个社会发展指标的重要性，弥补了收入贫困标准的不足，有利于实现反贫困的真正目的，即提高人的能力、拓展人的自由。虽然人类发展指数对收入贫困标准做了重要补充，但仍不足以反映人的基本可行能力被剥夺的情况。

（三）多维贫困指数

阿玛蒂亚·森提出能力方法理论，认为贫困是对人的基本可行能力的剥夺，减贫就是要扩展人有理由珍视的真实自由。基本可行能力包括公平地获得教育机会、饮用水、住房、卫生设施、市场准入以及维持身体健康等多个方面。基于该理论，阿尔凯尔和福斯特构建了多维贫困指数，更加全面地反映了贫困人口的多维度被剥夺情况。[1] 多维贫困指数把贫困测量拓展到更加全面的维度，以更多的变量来反映人的生活质量，弥补了以往贫困测量对于福祉衡量的不足。该方法不仅能够准确地监测贫困状况，而且能够为反贫困战略和政策提供明确的指向。

三、贫困治理的概念

贫困治理是伴随着"治理"理念而产生的概念。贫困治理相较于以往的减贫行动而言，更加强调全社会参与的扶贫格局和多元合作的扶贫过程。

近年来，消除贫困是人类面临的世界性难题，贫困治理也是全球发展治理领域的重点。2016年1月1日联合国《2030年可持续发展议程》正式启动，新形势下国际社会仍致力于对贫困治理内涵的不断丰富及举措的不断完善。有学者认为，贫困治理是政府、市场、社会组织等多主体资源投入并相互协商、协

---

[1] 王小林.贫困标准及全球贫困状况[J].经济研究参考，2012(55)：41-50.

作的过程,其总体效应是减少贫困,提高社会均衡程度。① 有效的贫困治理可以促进贫困地区经济、社会的发展,预防和缓解各种社会矛盾的发生。②

贫困治理具有四个特征:第一,贫困治理的主体不是政府单一主体,而是政府、市场、社会组织、民众等多元主体③;第二,贫困治理的过程是多主体的协商与合作,多元主体平等地进行对话、竞争、合作;第三,贫困治理的方式呈现出需求导向和多样化的特点,不同的供给主体针对贫困户的不同特征和实际发展需求,实施多样化的帮扶措施④;第四,贫困治理的目标是实现减贫效益最大化,保证贫困群体脱真贫、真脱贫。

概括而言,贫困治理是政府、市场、社会组织、民众等多元主体,在平等合作、协商共治的基础上,为贫困地区、贫困人口提供精准化、专业化、多样化的帮扶,帮助贫困地区、贫困人口摆脱贫困,实现内源发展的过程。⑤

四、贫困治理的相关理论

国内外关于贫困治理的理论较为丰富。国外的贫困治理理论主要包括马克思主义的制度贫困理论、西方经济学和社会学视域下的贫困治理理论,国内的贫困治理理论则集中反映在不同阶段的贫困治理实践中。

(一) 国外的贫困治理理论

1. 马克思主义的制度贫困理论

马克思主义的制度贫困理论主要是以早期资本主义国家的贫困为研究对象。马克思认为,资本主义制度是造成无产阶级的经济地位的决定性原因。无产阶级摆脱贫困的唯一出路是"剥夺者被剥夺",消灭阶级剥削和阶级压迫,彻

---

① 李雪萍,陈艾.社会治理视域下的贫困治理[J].贵州社会科学,2016(4):86-91.
② 苏海,向德平.社会扶贫的行动特点与路径创新[J].中南民族大学学报(人文社会科学版),2015(3):144-148.
③ 华中师范大学,中国国际扶贫中心.中国反贫困发展报告(2014):社会扶贫专题[R].华中科技大学出版社,2014:55.
④ 左停,金菁,赵梦媛.扶贫措施供给的多样化与精准性:基于国家扶贫改革试验区精准扶贫措施创新的比较与分析[J].贵州社会科学,2017(9):117-124.
⑤ 向德平,华汛子.贫困治理的特征、内容与意义[J].当代社会政策研究,2018(6):25-36.

底消灭贫困。马克思还区分了绝对贫困和相对贫困。"绝对贫困"是指工人除拥有自身的劳动能力以外,其他一无所有。"相对贫困"则是指工人参与社会总产品分配时,所取得的份额与资本家占有的那一部分相比较是微乎其微的,而资本主义生产就是"以剩余价值为目的即以生产者群众的相对贫困为基础的"①。马克思将资本主义制度下贫困的根源界定为生产过程中物的因素与人的因素的分离,即把人的劳动力看作是可变资本,通过延长劳动时间和增加劳动强度最大程度的攫取剩余劳动,甚至连孩童也不放过,而"从价值增殖过程来看,不变资本即生产资料的存在,只是为了吮吸劳动,并且随着吮吸每一滴劳动吮吸一定比例的剩余劳动"②。工资微薄、营养严重缺乏、居住条件恶劣、劳动过度、长期贫困是几个世纪以来资本主义私有制下无产者的真实写照。在《资本论》中,马克思论证了社会主义制度代替资本主义制度的必然性,指出"生产资料的集中和劳动的社会化,达到了同它们的资本主义外壳不能相容的地步。这个外壳就要炸毁了。资本主义私有制的丧钟就要响了。剥夺者就要被剥夺了。"③

2. 西方经济学视域的贫困治理理论

1943年,英国伦敦大学教授保罗·罗森斯坦-罗丹(Paul Rosenstein-Rodan)在《经济学杂志》上发表了《东欧和东南欧国家的工业化问题》,提出"大推进的平衡增长"反贫困理论。1949年阿根廷著名经济学家劳尔·普雷维什(Raúl Prebisch)发表了《拉丁美洲经济发展及其主要问题》一文,详细阐述了"中心—外围"理论。1953年,美国哥伦比亚大学教授罗格纳·纳克斯(Ragnar Narkse)出版了《不发达国家的资本形成问题》一书,系统地提出了贫困恶循环理论。1955年,法国经济学家弗朗索瓦·佩鲁(Fransois Perroux)在《略论"发展极"的概念》一文中,首先提出了"发展极"的概念和理论。1956年,美国经济学家理

---

① 马克思恩格斯全集:第35卷[M].中共中央马克思恩格斯列宁斯大林著作编译局编译.北京:人民出版社,2013:135.
② 马克思恩格斯文集:第5卷[M].中共中央马克思恩格斯列宁斯大林著作编译局编译.北京:人民出版社,2009:297.
③ 马克思恩格斯文集:第5卷[M].中共中央马克思恩格斯列宁斯大林著作编译局编译.北京:人民出版社,2009:874.

查德·纳尔逊(Richard Nelson)发表了《不发达国家的一种低水平均衡陷阱理论》一文,提出低水平均衡陷阱理论。1958年,针对平衡增长理论模型的缺陷及其运用在发展中国家经济发展中所面临的一系列难以克服的困难和障碍,美国经济学家艾伯特·赫希曼(Albert Hirschman)在《经济发展战略》一书中,提出不平衡增长理论。瑞典经济学家纲纳·缪达尔(Gunnar Myrdal)在其代表作《亚洲的戏剧:南亚国家贫困问题研究》和《富国与穷国》中,详细地阐述了循环积累因果关系的贫困理论。1969年,法国著名马克思主义经济学家阿吉里·伊曼纽尔(Arghiri Emmannuel)在《不平等交换:对帝国主义贸易的研究》中,提出了不平等交换理论。萨米尔·阿明(Samir Amin)在《世界规模的积累:不平等理论批判》《不平等的发展》等书中,提出依附贫困理论。巴西经济学家特奥托尼奥·多斯桑托斯(Theotonio Dos-Santos)在其代表作《帝国主义与依附》中,提出了新的依附结构理论(商业—出口依附、金融—工业型依附、技术—工业型依附)。此外,还有西奥多·舒尔茨(Thodore Schults)的人力资本理论。

3. 西方社会学趋向的贫困治理理论

贫困文化论由美国人类学家奥斯卡·刘易斯(Oscar Lewis)提出,他认为,贫困本身实际上表现为一种自我维持的文化体系,也就是贫困文化。穷人由于长期生活在贫困中,形成了一套特定的生活方式、行为规范和价值观念,如不愿意规划未来、没有实现理想的能力等。这种亚文化一旦形成,就会长期存在并向后代传递下去,导致贫困的延续。按照贫困文化论的观点,要消灭贫困,不能仅在物质上帮助穷人,而是需要彻底改造贫困文化。只有穷人抛弃其贫困亚文化,接受社会主流价值观,融入主流社会生活,才能真正脱贫。

权利贫困论和能力贫困论来源于三个与贫困有关的理论,社会剥夺和社会排斥理论、能力理论、社会权利贫困理论。权利贫困主要指一个社会成员被排斥在一般社会大众应享受的政治、经济、社会和文化等权利之外;能力贫困则是个体、群体或区域在社会资源的获取和分配上处于机会、能力与手段的匮乏状态或劣势,难以通过与外部环境的有效互动获得持续性的自我发展或整体性发展。

(二) 我国的贫困治理理论

由于各种原因,我国长期存在着数量庞大的贫困人口。自新中国成立以来,特别是改革开放以来,党和政府高度重视并且大力推进扶贫攻坚工作,致力于在经济发展进程中逐步解决贫困问题,使我国实现了从温饱基本得到解决,到一部分人先走上富裕之路,再到脱贫攻坚战取得了全面胜利的重大转变。

新中国成立之初,毛泽东认为社会主义的反贫困道路在于大力发展生产力和科学文化,反贫困就要解决农民的生存与生活问题。土地改革、走合作化道路、人民公社是实施反贫困的基本手段。之后,邓小平提出大力发展生产力,逐步消灭贫穷,不断提高人们的生活水平,先富带动后富,发展才是硬道理,在中国社会改革、开放、发展的进程中消除贫困等观点。随后,以江泽民为核心的党的第三代中央领导集体提出要坚持开发式扶贫的方针,加快发展教育,推广适用技术,普遍提高劳动者素质,把农业的基础打牢。胡锦涛提出的科学发展观下的贫困治理理论有:以人为本,坚持科学发展观,走可持续发展道路,动员社会各界力量积极参与贫困治理。[①] 党的十八大以后,习近平提出并系统阐述了精准扶贫、精准脱贫的基本方略,这是中国贫困治理思想的重大创新,我国贫困治理能力显著提升。精准扶贫是相对于粗放扶贫而言的,是指针对不同贫困区域环境、不同贫困农户状况,运用科学有效程序对扶贫对象实施精确识别、精确帮扶、精确管理的治贫方式。[②]

第二节 我国贫困治理与社会治理的关系

贫困治理是社会治理的重要构成内容。高质量的社会治理为贫困治理的开展提供了良好的外部环境,有效的贫困治理则有助于提升社会治理整体水平。探究贫困治理的治理理论与实践,首先需要明确贫困治理与社会治理的关系。贫困治理基于社会治理的研究视域,与社会治理目标同构,实践互嵌,思维协同。

---

① 欧阳琦.国内外贫困治理理论、政策比较研究[J].中外企业家,2015(25):263-265.
② 李鹍.论精准扶贫的理论意涵、实践经验与路径优化:基于对广东省和湖北恩施的调查比较[J].山西农业大学学报(社会科学版),2015(8):810-816,829.

一、我国贫困治理应立足于大国的超大社会治理视域

中国社会治理的根本特征是"大国的超大社会治理"。大国治理需要通过一系列可行的治理技术、价值、组织和制度等对社会、地方和民众进行行之有效的管控,也必须注重同社会、地方和民众等治理主体以及由他们所组成的治理体系之间的互动,从而有效地化解大国治理过程中面临的规模与平衡等问题。贫困治理是实现公平正义的基本手段,"需要将我们这个社会立基的基础由绩效转到绩效加公平正义上来"[①]。首先,贫困治理不是政府单方面的事,而是全社会的事,即贫困治理不应只由政府单一主体进行,而应由政府、市场、社会组织、民众等组成的网络状结构的多元治理主体合作进行。其次,贫困的治理过程是多主体资源投入并相互协商、协作的过程。最后,贫困治理的总体效应是减少贫困,提高社会均衡水平。

贫困治理的性质是社会资源的创造与分配。贫困是国家治理过程中有限的社会资源总量与超大规模社会对国家治理资源大规模需求之间的矛盾。我国贫困治理不仅仅是减少贫困的问题,更是"大国治理"的问题,要解决有限资源与大规模需求的矛盾。

目前,我国贫困人口基数大、结构复杂,致贫原因、表现等多样,所以贫困治理应由单一的政府治理走向政府与社会合作治理。首先,我国贫困人口众多,结构复杂,需要多主体合作治理。我国贫困人口的区域分布趋向三元化即乡村贫困人口、城市贫困人口和城乡间流动的贫困人口并存。贫困人口的性别结构特征是以女性贫困以及女性户主单亲家庭贫困为主;民族结构特征更多地表现为少数民族地区贫困;贫困的家庭结构特征是以一人户家庭(老年人)为主,复合家庭比结构简单的核心家庭更容易发生贫困。其次,多种致贫原因纠结,贫困表现多样,所以需要多主体合作,各个击破。现实中,贫困的原因、表现、结果等交织在一起,形成恶性循环。在某些地区,贫困呈现出更为复杂的致因和表现,例如在少数民族地区,"除了自然地理条件恶劣、生态环境脆弱、基础设施薄

---

① 孙立平.走向积极的社会管理[J].社会学研究,2011(4):22-32,242-243.

弱、灾害频繁发生等原因以外,还包括少数民族社区发展中社区主体性的缺失、地方性知识传承危机、原有的社会整合模式和运行方式的基础发生松动等"①。再次,静态贫困与动态贫困相关连。贫困在一定的时点、地点有特定的状态,但随着制度、经济、社会等影响,即使在同一区域,贫困的性质、特征等都会发展变化,单一时点上的贫困仅仅是贫困动态演化和中间过程的外在表现,而非最终结果。② 最后,我国的贫困还呈现出新特征,即从绝对贫困到相对贫困、单维贫困到多维贫困、静态贫困到动态贫困、短期贫困到慢性贫困等,是一个逐渐演变的动态过程。相对贫困、多维贫困、动态贫困的治理,除了有效发挥政府力量,更需其他主体介入以及多主体的协作。

二、贫困治理与社会治理的"互嵌"

在社会治理视野下,贫困治理与社会治理目的相同,互为条件,互相依存,因此其关系应是"互嵌":良好的社会治理和贫困治理都需要多主体协同参与,良好的社会治理是顺利减贫的重要条件,减贫有助于达致良好的社会治理。

具体说来,贫困治理有助于建构和谐的社会关系,通过建构良好的社会治理以及适宜的减贫制度安排、贫困治理结构等,形成不同地区、不同群体间多方面的相对均衡。适宜的减贫制度建构以及贫困治理结构的建立依赖于各个治理主体的参与,因此有效的社会治理是顺利减贫的重要条件。

良好的社会治理有助于塑造良好的贫困治理的宏观和微观环境以及建构适宜的贫困治理主体结构,使整个贫困治理过程更顺畅。社会治理以公平和正义为宗旨,取代了先前效率为先的治理目标。消减贫困正是社会治理的目标之一,如若贫困治理效果不佳,社会治理的目标就难以达致。贫困治理的结构转换基本过程即中央政府和发达地区等向落后地区及困难群体输入各种资源,贫困地区结合自身实际,采取各项措施保障民生、促进发展,从而减少贫困。减少贫困将向全社会带来积极的正效应。具体情形如图 6-1 所示。

---

① 向德平,程玲,等.连片开发模式与少数民族社区发展[M].北京:民族出版社,2013:53.
② 姚毅.中国城乡贫困动态演化的理论与实证研究:基于经济增长、人力资本和社会资本的视角[D].成都:西南财经大学,2010.

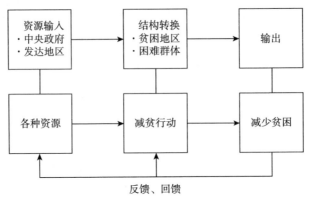

图6-1　贫困治理的结构转换模型

由贫困治理的结构转换模型可以推知,中央政府和发达地区向贫困地区和困难群体输入各种资源的过程中,有诸多的外部影响因素,比如各种规制或社会治理程度等。以定点扶贫(对口支援)、行业扶贫为例,对口支援地区的社会治理状况越好,越有利于向贫困地区输出各种资源;贫困地区良好的社会治理也有助于输入与转换各种资源,提升自我能力。

在国家发展视域中,贫困治理是一系列的战略选择和政策组合。贫困治理战略选择和政策组合不断优化的显著特征之一是有更为广泛的社会参与,形成多主体合作治理。贫困治理的PGI三角关联、益贫式增长、包容性增长等,皆体现了这一特征。总之,减贫战略选择与政策组合都强调"参与"和"共享",其核心价值观"利益共建共享"主张分享经济发展成果、扩大生产性就业领域、提高人力资源能力和社会保障能力等。

三、贫困治理与社会治理的思维协同

社会治理理论给贫困治理以重要的启示。在推进贫困治理的过程中,"大国长期发展的视野"是战略选择的基调。我国的贫困治理是大国的超大社会治理,是大国平衡发展,贫困治理的理念及政策设计应具有"大国长期发展的视野"。首先,贫困治理不能仅仅是国家(政府)所为,也许"举国体制"更显成效。其次,贫困治理应在全国范围内,长远而深入地处理一系列关系问题,例如区域发展与扶贫攻坚的关系,就地扶贫与异地扶贫的关系,减贫应以提高困难群体的收入为主,还是以提高其能力为主,抑或是以促进社会资本建构合理化为主,以及城镇化与贫困的关系,等等。最后,贫困治理规划不应是短期的、局部的,而应是长期的、整体的。

多维贫困的形势下,需要多主体参与,并通过多维资本(物质资本、人力资本、社会资本)互动以及操作中的多项目综合实施,来推进贫困治理。多主体参与的现有模式可以继续推进,如定点扶贫、行业扶贫等。除此之外,还需要强化或创建金融扶贫机制、社会企业参与机制等。扶贫主体需要提高扶贫决策能力、管理能力、执行能力以及对贫困地区及贫困人口的认知能力等。多元贫困治理主体的建构还需加强国际与国内的合作。贫困既是区域性的,又是个体性(家庭性)的,无论是扶贫对象的准入机制还是扶贫措施的具体实施,都应是区域性与个体性的结合,即精准扶贫。[①]

第三节 贫困治理的政策与模式

一、贫困治理的主要政策

众所周知,贫困已经成为国际社会共同面临的现实问题,世界各国在应对和解决贫困问题上都采取了积极的政策措施,在贫困治理实践中也形成了不同的扶贫模式。

(一) 国外的贫困治理政策

纵览国外主要发达国家及发展中国家的贫困治理政策,其特点主要表现为以下几个方面。

第一,加强教育,提升人力资本水平。二十世纪以来,部分发达国家就十分重视通过教育设施投资,开发贫困地区的人力资源,在经济发展和贫困缓解方面取得了重大进展。

第二,建立健全社会福利及救助制度,保障贫困群体的基本生活。发达国家在此方面积累了大量的经验。以英国为例,英国在1572年就在全国征收济

---

① 李雪萍,陈艾.社会治理视域下的贫困治理[J].贵州社会科学,2016(4):86-91.

贫税;1601年颁布的《济贫法》,是人类史上具有历史意义的一部法典;1948年成立国民救济委员会,同年开始执行《国民保险法》和《国民救济法》,从此英国率先进入现代福利国家。

第三,制定区域开发和社会发展政策,维持贫困群体的"可持续生计"。1990年,德国成立了"统一基金"专门用来援助原民主德国地区,同时联邦政府利用高利率政策,迅速调整东部地区落后的产业结构,将欧盟各国的资金引向德国,然后利用政府的高额补贴向东部的企业提供贷款、技术、人才等方面的支持。

第四,实施扩大就业和增收的扶贫开发计划。通过对经济合作与发展组织美、英、法等11个成员国财政资金支持困难群体项目的分析发现,这些国家的项目资金主要用于提供免费公共就业服务或求职援助服务、直接创造就业岗位、职业培训、对雇用失业人员的企业或自谋职业的个人给予工资或就业补贴、扶持失业者创办小微型企业五个方面。比如,美国在20世纪60年代开始实施的一揽子社会工程——"向贫困挑战"计划,对吸纳特殊群体就业的企业实行税收优惠,这对世界反贫困行动产生了深远影响。

(二) 我国的贫困治理政策

中国是世界上贫困问题最突出的国家之一。数十年来,在中国共产党的领导下,中国政府和人民开展了艰苦卓绝的反贫困斗争,完成了消除绝对贫困的艰巨任务,为世界减贫事业做出了突出贡献。简要归结,我国的贫困治理主要政策如下。

第一,农村经济政策。自新中国成立以来,国家逐步实施统筹城乡经济社会发展的方略和一系列经济发展政策,全面推进中国反贫困进程。尤其是改革开放以后,国家主要借助经济手段推进贫困地区发展,主要采取了扶贫贷款、发展基金、以工代赈等农村扶贫支出项目,这些措施不仅为经济增长创造了物质基础,为贫困人口提供了短期就业和获得收入的机会,而且缓解了贫困人口的粮食短缺问题,使许多贫困地区和农村贫困人口生活状况得以改善。此后,国家相继取消了牧业、农业等税收,全面实行种粮农民直接补贴、良种补贴、农机具购置补贴等补贴政策,加强基础设施建设等经济发展政策,有力推进了农村贫困治理工作。

第二,区域扶贫开发政策。区域扶贫开发政策是 20 世纪末开始实行的,最早是针对贫困问题突出的中国西部地区实施的大开发战略。二十多年来,西部大开发的水利、退耕还林、资源开发等项目,在同等条件下优先在贫困地区布局;公路建设加快向贫困地区延伸,把贫困地区的县城与国道、省道干线相互连接;基础设施建设项目尽量使用贫困地区的劳动力,增加贫困人口的现金收入……这一系列区域发展政策有力地促进了西部地区的经济社会发展。

第三,农村社会保障政策。为贫困人口提供基本的社会保障是稳定解决贫困问题的最基本手段。2007 年,国家决定在农村全面建立最低生活保障制度,将家庭年人均纯收入低于规定标准的所有农村居民纳入保障范围,稳定、持久、有效地解决了农村贫困人口温饱问题。新型农村社会养老保险实行个人缴费、集体补助、政府补贴相结合的筹资方式,基础养老金和个人账户养老金相结合的待遇支付方式;中央财政对中西部地区按中央确定的基础养老金给予全额补助,对东部地区给予 50% 的补助。[①] 新型农村合作医疗政策和城乡居民医疗保险政策在很大程度上解决了农村"小病不用看,大病看不起"的困境,因病致贫、因病返贫发生率显著下降,贫困人口的生活质量得以提升。

二、贫困治理的主要模式

在长期的贫困治理实践中,国内外形成了丰富的贫困治理模式,各类模式具有不同的治理理念和治理方式。

(一)国外主要的贫困治理模式

贫困是制约全球经济社会发展的重要因素,消除贫困是全人类的共同责任。各国探索出了多种贫困治理模式。

1. 国家投资以工代赈模式

1929 年至 1933 年的经济危机让美国整体经济发展状况倒退至 1913 年的水平,美国经济到了崩溃的边缘。1933 年 3 月 4 日,罗斯福就任美国总统后,采

[①] 欧阳琦.国内外贫困治理理论、政策比较研究[J].中外企业家,2015(25):263-265.

取改革、复兴和救济三项措施应对经济危机。其中,救济的主要措施是以工代赈。1933年到1939年的7年中,美国共拨付以工代赈资金180亿美元,以工代赈先后吸收了400万人参加工作,兴建了18万个小型工程项目。[①] 到1939年,美国的GDP从1933年的742亿美元增加到2049亿美元,年均增加18%。罗斯福新政最终取得了巨大的成功,并使美国经济走出了危机。

2. 福利保障模式

这一模式指国家通过创办并资助社会公共事业,制定和建立失业保险、养老金计划、医疗卫生等社会福利政策和制度,保证社会秩序和经济生活正常运行。福利国家起源于19世纪70年代的德国,当时俾斯麦在德国推行社会保险体系,提供失业补贴、医疗保障、养老护理、婴幼保障等,以保障公民的基本消费和日常生活。随后,北欧国家也建立起福利国家体系,向所有符合条件的居民提供基本养老金、免费或高额补贴的医疗保险等社会保障。英国在1906年至1914年间逐步推出政府福利,而荷兰、澳大利亚等国在20世纪30年代大萧条的压力下开始启动政府保障福利政策,主要包括养老保险、医疗保险、失业保险、残疾人补助、儿童津贴和国家救济等。

3. 政府主导公众参与模式

韩国的新村运动是政府主导公众参与模式的有益尝试。新村运动就是韩国政府组织人民群众分工合作,和谐互助,其目的是消灭贫困,建设一个友好、有活力的社会。新村运动的目标有四个:一是鼓励自我型或合作型的精耕细作,二是增加农民收入,三是改变农村的人居环境,四是实现农业生产的技术创新。采用的举措有三类:任命和训练新村运动的领导者;提供财政和技术支持;把农村分为落后的基础村、发展中的自助村以及先进的自力村三类,并按照各类村庄的实际情况给予相应的扶持。

4. 乡村银行小额信贷模式(GB模式)

孟加拉国乡村银行主要向贫困农民,尤其是妇女提供存款、贷款、保险等综合业务,实行贷前、贷中、贷后全程管理。以小组为基础的农民互助组织是GB

---

① 杨继瑞.以工代赈:抗震救灾与重建家园的重要抉择[J].决策咨询通讯,2008(4):7-10.

模式的支柱:按照"自愿组合、亲属回避、互相帮助"的原则,一般5人组建一个小组,形成"互助、互督、互保"的组内制约机制,一个组员不还款,整个小组就失去再贷款资格。乡村银行提供的小额短期贷款,每笔额度一般在100—500美元之间,无需抵押,但要求贷款人分期还贷,每周还贷1次,1年之内还清,同时还要求贷款人定期参加中心活动。乡村银行对于遵守银行纪律、在项目成功基础上按时还款的农民,实行连续放款政策。

5. 均衡发展消除贫困模式

这一模式旨在通过政府的积极干预与经济社会均衡发展,在发展中消除贫困。经济社会均衡发展从宏观上讲是指人与自然、人与人、人与社会之间和谐统一的发展。它体现为一国的经济、政治、社会、生态环境等各个领域的相互协调和相互促进,其本质是各种利益关系的均衡。例如,巴西政府制定一系列相关措施,完善了税改政策和社会保障体系;通过与世界银行等的外部合作,重点解决农村的贫困问题;对贫困家庭的救助实行不同的救助标准,以保证贫困人口的最低生活水平;对国家的信贷制度进行相应的改革,以实现对贫困人口最大限度的优惠;等等。

6. 发展极模式

发展极模式的基本思路是由主导部门和有创新能力的企业在某些地区或大城市聚集发展成为经济活动中心,对周围产生辐射和带动作用,推动其他部门和地区的经济增长,促使贫困人口分享经济增长的成果,进而缓解区域性贫困状况。采用发展极模式的除巴西外,还有墨西哥、智利、巴基斯坦、委内瑞拉、哥斯达黎加等国。

(二)我国的贫困治理模式

我国走出了一条极具中国特色的贫困治理之路,并积累了宝贵的经验。目前,我国主要的贫困治理模式有以下几种。

1. 财政扶贫模式

近年来,中央财政多渠道增加扶贫开发投入,逐步构建了较为健全的财政综合扶贫政策体系。一是建立对贫困地区的一般性转移支付机制,特别是对高海拔高寒地区、中西部革命老区、民族地区、边疆地区等地。二是专项转移支付向农村贫困地区、贫困人口倾斜。资金接受者需按规定用途使用资金。三是稳步增加财政专项扶贫资金投入。财政专项扶贫资金投入的稳定增长,对落实精准扶贫要求、采取有针对性的扶持措施、解决贫困地区和贫困群众面临的突出问题,发挥了重要作用。

2. 产业扶贫模式

所谓产业扶贫,主要是指在贫困地区或贫困群体中培育可持续发展的产业,通过产业发展让贫困者获得可持续发展机会的一种扶贫模式。在中国的扶贫实践中,产业扶贫已经成为最具活力的扶贫模式之一。党的十八大以来,产业扶贫方式越来越受到重视。在中央布局的脱贫攻坚战"五个一批"工程中,产业扶贫是处于第一位的工程。

3. 对口帮扶模式

对口帮扶模式是东部省(市)政府或非政府组织以资金支持、智力支持、经济合作、人才培训等方式支持西部贫困地区农村贫困农户的扶贫模式。1996年中共中央和国务院在《关于尽快解决农村贫困人口温饱问题的决定》中确定了对口帮扶政策,要求北京、上海、广东、深圳等9个东部沿海省市和4个计划单列市对口帮扶西部的内蒙古、云南、广西、贵州等10个贫困省、自治区,双方应本着优势互补、互惠互利、长期合作、共同发展的原则,在扶贫援助、经济技术合作和人才交流等方面展开多层次、全方位的协作。

4. 旅游扶贫模式

旅游扶贫模式是指以旅游资源为依托,科学开发利用贫困地区的自然和人文旅游资源,通过旅游业发展的关联带动作用,实现群众脱贫致富目标的扶贫模式。在我国,许多贫困地区旅游资源丰富,发展旅游业的自然环境条件较好,非常适合发展旅游业。旅游扶贫通过开发贫困地区丰富的旅游资源,兴办旅游经济实体,使旅游业成为区域支柱产业,进而实现贫困地区居民和地方财政双脱贫致富。

5. 移民搬迁模式

针对缺乏水土资源的大石山区群众,广西壮族自治区人民政府通过科学规划、分步实施、规范管理,解决农村贫困农户基本的生活与生产问题,实现土地资源与人口的合理化配置、稳步解决群众温饱问题。1983年,我国政府针对"三西"地区干旱缺水严重和当地群众生存困难的情况,探索实施"三西吊庄移民"扶贫,帮助当地群众摆脱贫困,取得了良好的经济、社会和生态效益,开了搬迁扶贫的先河。此后,易地扶贫搬迁成为中国开发式扶贫的重要措施,受到重视并逐步推广。多年实践证明,由于部分地区生产生活条件极其恶劣,就地扶贫措施成效不显著,易地扶贫搬迁成为"一方水土养不起一方人"地区摆脱贫困的最有效途径。

6. 智力扶贫模式

智力扶贫是针对贫困地区教育发展水平落后,贫困人口农业生产技能、外出务工技能较低而提出的帮扶模式。根据不同地区现有的教育条件和经济基础,制定相应的帮扶对策,分层次、分步骤地改变贫困地区教育面貌,成为开发式扶贫的一大基础性和开创性的举措。智力扶贫不是直接发钱发物,而是将钱、物和项目转移到培育人的能力和素质上,用于资助贫困家庭子女接受技工教育,帮助他们掌握一技之长,促进他们实现稳定就业和自主创业,真正做到有效扶贫,长效扶贫。

7. 金融扶贫模式

从资金来源的角度讲,金融扶贫是相对于财政扶贫而言的,是指通过信贷、保险等方式,重点满足贫困地区、贫困人口的生产型金融需求,推动"造血"式扶贫模式的发展,缓解长期困扰贫困户的资金投入问题,通过为贫困人口创造更多的谋生机会来提升贫困人群的自我发展能力,从根本上改变贫困地区的面貌。改革开放以来,我国一直高度重视金融扶贫工作,金融机构坚持认真落实各项扶贫政策措施,持续推动多种金融扶贫方式创新,对贫困地区经济发展和农民增收起到了积极的作用。

8. 电商扶贫模式

所谓电商扶贫,就是以电子商务为手段,拉动网络创业和网络消费,推动贫困地区特色产品销售的一种信息化扶贫模式。首先,电子商务能够让使用者以低成本与市场对接。与传统模式相比,电商扶贫能够使农民对接广域市场,减少流通环节,降低销售成本,提高农民经济效益。其次,电商使得贫困农民获得了前所未有的商品选择能力,让他们有机会购买物美价廉的生活用品和农资,从而提高贫困地区人民的生活质量。最后,通过打造电子商务的完整产业链,电商扶贫可以让贫困户参与网上产品种植、产品包装、物流运输等环节,实现就业增收。①

第四节 中国贫困治理的历史演进与发展趋势

一、中国贫困治理的历史演进

"消除贫困、改善民生、逐步实现共同富裕"是中国贫困治理一直以来的追求,终于在2021年习近平主席庄严宣告:我国脱贫攻坚战取得了全面胜利。中国现在已经全面消除绝对贫困。贫困问题从中国共产党诞生之时就已经广泛存在,当时农村存在大量贫困人口,农民普遍生活在赤贫状态。从那时,党就带领人民开始走上了治贫脱贫之路。中国共产党诞生、新中国成立、改革开放以及党的十八大成为中国贫困治理史的四个重要节点。据此,中国共产党建立一百年来的贫困治理大致可以分为以下四个阶段。

(一)中国共产党诞生至新中国成立前的扶贫工作

不合理的旧制度是国家陷入贫困境地的根本缘由。面对帝国主义、封建主义和官僚资本主义"三座大山",旧中国民不聊生,农民阶级被残酷剥削和压迫,普遍生活在贫困之中。在马克思看来,共产主义制度是对资本主义制度的反思、超越与颠覆,是所有制度谱系中最具科学性、先进性的制度。② 因此共产党自建立以来就致力于改变中国半殖民地半封建社会形态,建立社会主义新形态,进而解决农民贫困问题。在1921年发表的《中国劳动组合书记部宣言》中,

---

① 中国民生银行研究院.我国扶贫工作历程、国内外主要扶贫模式经验借鉴及金融扶贫的政策建议[R].民银智库,2019.
② 王太明.中国共产党减贫的实践历程、基本经验及未来转向[J].经济学家,2021(7):17-26.

中国共产党提出要关注劳动人民的贫困问题。① 随后,中国共产党开展了一系列革命运动以消除贫困问题。在1927—1937年的土地革命时期,中国共产党通过没收大中地主土地,废除封建土地所有制,出台了《最近农民斗争的决议案》《兴国土地法》《中共第六次全国代表大会关于土地问题决议案》等文件;在1937—1945年的全面抗日战争时期,中国共产党采用灵活的土地政策,争取一切抗日力量,正确处理好贫富农关系,出台了《晋察冀边区减租减息单行条例》《中共中央关于抗日根据地土地政策的决定》等文件;1945—1949年的解放战争时期,中国共产党重新认识中国社会的主要矛盾,开展了"耕者有其田"的土地运动,出台了《五四指示》《目前形势和我们的任务》《中国土地法大纲》等,实现有步骤、有分别地消灭封建土地制度。在民主革命时期,中国共产党除了解决贫困农民的土地问题,还围绕社会保障、社会救济开展一系列工作,如成立社会保障局、农民互济会等。②

(二) 新中国成立至改革开放前的扶贫工作

新中国成立初期,贫困治理的重点在于农村救济和救灾。当时,中国农业生产落后,农民遇到灾荒时常常无法维生。因此,一些地方政府开始尝试帮助贫困群众发展生产,实现根本脱贫。1951年初,热河省民政厅提出,要扶助贫困户发展农副业生产。该省派出工作团,分赴承德、隆化等地开展救济救灾,通过一系列工作,大量贫苦户不再逃荒。热河扶贫实践是新中国贫困治理试点工作的雏形。

除了直接的物质和资金协助,政府还积极引导农民通过合作互助应对困难。农业生产合作化实施以后,许多地方吸纳贫困户入社,帮助其寻找生产门路,特别是副业门路,以弥补单纯农业生产的不足。此外,合作社还根据贫困户的家庭状况,进行补助。缺乏劳动力的贫困户也由合作社帮助代种自留地。贫困户可以免缴或缓缴入社费,免除大耕畜投资等,在肥料投资等方面也能得到

---

① 程恩富,吕晓凤.中国共产党反贫困的百年探索:历程、成就、经验与展望[J].北京理工大学学报(社会科学版),2021(4):7-16.
② 罗玉辉,白旭.中国特色减贫的回顾、经验与启示:写在中国共产党诞辰百年之际[J].兰州学刊,2021(8):5-16.

照顾。对于个别劳力弱的贫困户,合作社按全劳力标准发放工资等。①

人民公社化之后,党和政府集中力量扶持穷社、穷队,一方面拨款拨物给予救济,另一方面大力助其发展生产。1964年2月,内务部向党中央提交《关于在社会主义教育运动中加强农村社会保险工作,帮助贫下中农困难户克服困难的报告》,提出:对具有一定劳动能力的困难户,要优先为其安排经常的、收入较多的生产劳动,使其能够依靠集体经济,通过生产开展自救。这个报告首次正式提出扶贫问题。② 党中央高度重视,指示全国各地农村开展扶贫试点。总体而言,新中国成立初期至改革开放前这一阶段的扶贫工作,以救济式扶贫为主。这一时期,中国总体经济发展水平不高,农村普遍贫困。政府扶贫主要是把救济物资或财政补贴直接分给贫困农户,助其渡过难关。在当时的历史背景下,这些举措发挥了重要作用。

(三) 改革开放至中共十八大之前的扶贫工作

1978年,中国农村贫困人口为2.5亿人,占农村总人口的30.7%③,贫困形势依然严峻。改革开放以来,党和政府大力开展扶贫工作。从1978年到党的十八大召开前夕,扶贫工作大致分为四个阶段。

1. 体制改革推动扶贫阶段(1978—1985)

改革开放初期,农村专门的扶贫工作也在推进。鉴于农村贫困的区域性特征,我国逐步尝试区域性扶贫。1982年,国家开始实施甘肃河西、定西和宁夏西海固地区(以下简称"三西")农业建设扶贫工程。国务院为此成立"三西"地区农业建设领导小组,专门负责这一地区的扶贫工作。"三西"扶贫首开区域性扶贫的先河。1984年,党中央和国务院划定沂蒙山区等18个贫困区,并联合发布了《关于帮助贫困地区尽快改变面貌的通知》,文件明确提出贫困问题,贫困治理也上升为国家意志。该通知还强调,过去不少资金"被分散使用、挪用或单纯用于救济。……改变贫困地区面貌的根本途径是依靠当地人民自己的力量,

---

① 崔乃夫.当代中国的民政:下[M].北京:当代中国出版社,1994:227.
② 崔乃夫.当代中国的民政:下[M].北京:当代中国出版社,1994:227.
③ 中国的农村扶贫开发[R/OL].(2001-10-15)[2021-09-02].http://www.scio.gov.cn/zfbps/ndhf/2001/Document/307929/307929.htm.

按照本地的特点,因地制宜,扬长避短,充分利用当地资源,发展商品生产,增强本地区经济的内部活力"。以该文件为标志,中国的开发式扶贫战略正式形成了。

2. 大规模开发式扶贫阶段(1986—1993)

国务院于 1986 年 5 月批准成立了专项负责扶贫开发的国务院贫困地区经济开发领导小组(后更名为国务院扶贫开发领导小组),并在扶贫任务较重的各级地方政府成立了扶贫机构,配有扶贫专职干部,扶贫工作的组织保障得以加强。这一时期,政府主要以贫困县为基本单位开展扶贫工作。1986 年,国家首次确定贫困县。以贫困县为单位实施扶贫是因为在中国基层行政建制和财政管理体制中,县级行政组织的机构最全,公共管理职能和独立预算功能最强。通过划分贫困县,可将较大比重的贫困人口纳入工作范围,集中力量加以扶持。划定贫困县之后,党和政府以专项扶贫为基本策略,开始大规模的扶贫开发工作,设立中央和地方专门预算财政扶贫资金,采用单一或综合项目等形式,保证项目实施到村到户且直接施惠于贫困对象。

3. 扶贫攻坚阶段(1994—2000)

1994 年 3 月,国务院颁布《国家八七扶贫攻坚计划》(简称"八七计划")提出在 1994 年到 2000 年间,广泛集中各方力量,让全国农村 8000 万贫困人口实现温饱。在该计划中,政府调整了国家贫困县的确定标准,共确定贫困县 592 个,分布于 27 个省、自治区和直辖市,涵盖全国 72%以上的农村贫困人口。这个扶贫开发行动纲领具有明确的目标、对象、措施和期限,在新中国历史上属于首次。以该文件的公布为标志,中国的扶贫进入攻坚阶段。针对这些贫困地区,政府加大资金投入。整个计划实施期间,中央财政累计投入 1127 亿元,是前一阶段资金投入总量的 3 倍。1996 年,中央政府又对各省、自治区和直辖市提出最低配套资金比例(30%—50%),要求地方专门拨出扶贫资金用于国家贫困县。此外,政府还调整了扶贫资金投放的地区结构,原来用于沿海经济较发达地区的中央扶贫信贷资金和新增财政扶贫资金,1994 年之后全部投入中西部贫困地区。① 除了拨发专门扶贫资金，党和政府还充分调动其他资源支持贫困地区。一是中央和国家机关、民主党派中央和全国工商联、人民团体、参照公务员法管理的事业单位和国有大型骨干企业、国有控股金融机构、国家重点科研院校、军队和武警部队等，都要根据中央部署，与国家贫困县开展结对帮扶，在资金、技术、人才等方面给予支持。中央和国家机关定点扶贫的格局基本形成。二是国务院扶贫开发领导小组于1996年做出部署，安排东部15个经济较发达省市与西部11个省（区、市）开展东西扶贫协作工作，推动前者对后者的政府援助、企业合作、社会帮扶和人才支持。三是党和政府积极借鉴国际反贫困经验，与一些国家、国际组织和非政府组织合作，利用国际资源开展扶贫。

4. 深入扶贫阶段（2001—2012）

"八七计划"完成后，党和政府根据扶贫工作的进展，又提出新的扶贫任务。2001年中央公布的《中国农村扶贫开发纲要（2001—2010年）》要求制定扶贫计划时，要以贫困村为基础。根据这一要求，全国扶贫系统制定了国家贫困县贫困村村级扶贫规划。同时，在每个贫困村开展贫困户识别工作，扶贫更为具体细化。截至2010年年底，全国12.6万个贫困村实施了整村推进扶贫，占规划村总数的84%。②

进入21世纪后，国家发展和改革委员会在部分中西部省（区、市）实施易地扶贫搬迁试点工程。中央安排专项补助资金，为搬迁者提供必要的生产生活条件，包括住房、基本农田、水利设施、乡村道路，以及教育、文化和卫生等公共设施。2001年至2010年，国家共投入专项补助资金132亿元，在17个省（区、市）开展了这项试点工程。

经过多年扶贫开发，中国农村绝大部分贫困人口实现了温饱，但是仍有一些人因健康、突发事故等不可控因素，难以维持生计。对于这些群体，必须通过社会救助制度"兜底"，保障其基本生活。2007年7月《国务院关于在全国建立农村最低生活保障制度的通知》正式公布，要求在农村全面建立居民最低生活保障制度。由县级以上地方人民政府确定保障标准。低于标准者全都纳入农

---

① 李艳芝.农业发展书写辉煌历史 乡村振兴擘画宏伟蓝图[J].中国财政,2019(19):34-38.
② 丁子铖,谷佳.新时期扶贫开发整村推进的认识与思考[J].经济视角,2012(6):39,128-129.

村低保。截至2012年年末,全国农村低保制度覆盖农户2814.9万户,保障对象5344.5万人。通过建立农村低保制度,党和政府对农村贫困人口做了"兜底性"安排。

(四)中共十八大以来的扶贫工作

2011年12月,中共中央、国务院印发《中国农村扶贫开发纲要(2011—2020年)》,提出新的扶贫目标,即"到2020年,稳定实现扶贫对象不愁吃、不愁穿,保障其义务教育、基本医疗和住房",简称"两不愁、三保障"。2015年11月,《中共中央国务院关于打赢脱贫攻坚战的决定》指出,确保到2020年我国现行标准下农村贫困人口实现脱贫,贫困县全部摘帽,解决区域性整体贫困。

为实现这些目标,习近平提出精准扶贫战略,将其内涵细化为"六个精准",即对象、项目安排、资金使用、措施到户、因村派人和脱贫成效都要精准。对象精准,就是准确识别贫困人口。国家统计局根据大约9万农村住户的抽样调查数据,推算农村贫困人口的总量,然后将贫困指标分到地方,允许上浮10%。地方政府在指标控制下,主要运用民主评议方式,识别贫困人口,建档立卡。[①] 项目安排精准,指要因户因人施策,根据具体情况开展帮扶。易地扶贫搬迁就是精准安排扶贫项目的一个典型。资金使用精准,指要根据实际,灵活使用资金。基层政府最了解当地实情,故在2016年,党中央将贫困县20多项涉农资金的使用和审批权下放到县级政府,以满足精准使用资金之需。措施到户精准,就是要重点探索和建立贫困户的受益机制,保证扶贫真有效果,而非片面强调所有扶持项目和资金到户。因村派人精准,是指上级政府向贫困村选派第一书记和驻村工作队,为扶贫提供组织保障。党的十八大以来,全国共选派277.8万人驻村帮扶。[②] 脱贫成效精准,是指脱贫效果要有科学考核与评估,防止造假。国家统计局每年利用农户抽样调查数据,分析评估全国及各省的减贫成效。此外,从2016年开始,国家还组织学术和咨询机构对各地扶贫成效开展第三方评估。

---

① 汪三贵.习近平精准扶贫思想的关键内涵[J].人民论坛,2017(30):54–55.
② 中共国务院扶贫办党组.脱贫攻坚砥砺奋进的五年[N/OL].(2017-10-17)[2021-09-15]. http://politics.people.com.cn/n1/2017/1017/c1001-29590609.html.

通过实施精准扶贫,我国扶贫工作成效显著。精准扶贫政策坚持将问题导向、目标导向及结果导向三者有机结合,大大提高了扶贫工作的针对性和科学性。经过全国各族人民的共同努力,2021年2月25日,在全国脱贫攻坚总结表彰大会上,习近平总书记宣布:在迎来中国共产党成立一百周年的重要时刻,我国脱贫攻坚战取得了全面胜利,现行标准下9899万农村贫困人口全部脱贫,832个贫困县全部摘帽,12.8万个贫困村全部出列,区域性整体贫困得到解决,完成了消除绝对贫困的艰巨任务。

二、中国贫困治理的发展趋势

虽然消除了绝对贫困、打赢了脱贫攻坚战,但是我国的贫困治理工作还未彻底结束。我国还存在边缘人口生计脆弱、已脱贫人口返贫、城乡之间差距、农村内部分化和不平等以及城市化、工业化与新技术发展等带来的风险,所以在中国的贫困属性发生重大变化的情况下,减少相对贫困成为今后贫困治理工作的主要目标。① 未来中国贫困治理的治理理念、治理标准、治理重心和治理场域将迎来新的发展变化。

(一)治理理念:由"扶贫为主"到"防贫助贫"

在贫困治理理念上,实现从"扶贫"到"防贫""助贫"的转型。② 由于绝对贫困具有结构性和聚集性的特征,贫困人口仅仅依靠自己的努力往往难以跨越贫困的"关键性门槛"、摆脱"贫困陷阱",需要外界力量加以干预。同时,绝对贫困又具有客观性和可测量性,可通过客观物质标准测量贫困属性。而相对贫困则是一个更加复杂的概念,是人们在相互比较中显现的贫困状态,包括对教育、医疗等基本生活需求的获得情况以及对社会参与等权利需求的获得情况等多个方面,衡量的是社会中不同群体的收入不均等问题,意味着相对排斥和相对剥夺,具有长期性、相对性、主观性、动态性、不平等性、多维性等多

---

① 许汉泽.2020年后中国贫困转型与反贫困战略、政策体系重构[J].贵州社会科学,2021(6):155-161.
② 李小云,苑军军,于乐荣.论2020后农村减贫战略与政策:从"扶贫"向"防贫"的转变[J].农业经济问题,2020(2):15-22.

方面特征。① 相对贫困难以彻底根除,只能减少或进行预防。因此,治理相对贫困要将事先预防作为治理主线,辅之以对特殊相对贫困群体的帮扶性措施,这样才能防止已脱贫人口返贫和相对贫困人口落入绝对"贫困陷阱"之中。需要注意的是,防贫助贫具有双重含义,一方面要防止已脱贫人口返贫和相对贫困群体重新变为绝对贫困群体;另一方面需要防止低收入群体和边缘群体转变为相对贫困群体。②

(二)治理标准:由"生存需求"到"发展需求"

精准扶贫是消除绝对贫困、解决基本生存问题的贫困治理方略,其目标就是为贫困群体提供生存所需的基本条件,注重的是贫困人口的生存需要。③ 在新的发展阶段,贫困治理将由满足基本生存需求转向满足发展需求。根据马斯洛需求理论,人类需求分为生理、安全、社交、尊重和自我实现五个层次,在全面建成小康社会、消除绝对贫困的背景下,贫困群体将不仅仅满足于生理需求的保障,他们的需求将在结构、层次、类型等方面发生变化。贫困的衡量标准也将变得更复杂,仅以收入为基准的贫困衡量标准已不能准确反映相对贫困状态下人们的发展需求。因此,接下来的贫困治理将更关注贫困群体的发展需求,解决权利贫困、能力贫困、精神贫困、健康贫困等方面的贫困问题。换句话说,消除绝对贫困后,中国贫困治理的主要目标将成为满足贫困群体的各项发展需求,凸显贫困群体权利保障和能力建设的重要地位。

(三)治理重心:由"绝对贫困"到"相对贫困"

从绝对贫困到相对贫困的概念转变,体现了贫困概念界定的范式转换。吉登斯认为,绝对贫困关注的是日常生活基本需求的满足,而相对贫困代表了低收入阶层的家庭生活条件与社会平均生活水平的差距。中国的贫困属性和贫

---

① 陈宗胜,沈扬扬,周云波.中国农村贫困状况的绝对与相对变动:兼论相对贫困线的设定[J].管理世界,2013(1):67-77;邢成举,李小云.相对贫困与新时代贫困治理机制的构建[J].改革,2019(12):16-25.
② 许汉泽.2020年后中国贫困转型与反贫困战略、政策体系重构[J].贵州社会科学,2021(6):155-161.
③ 莫光辉,杨敏.2020年后中国减贫前瞻:精准扶贫实践与研究转向[J].河南社会科学,2019(6):99-106.

困群体的特征正在发生重大变化,相对贫困将取代绝对贫困成为贫困的表现形态。从绝对贫困到相对贫困的议题转换不是简单地在技术层面上重新进行贫困瞄准和贫困线划定,而是从根本上关涉中国社会不同发展阶段的政策重心与战略方向。① 相对贫困具有次生性、多维性、分散性等基本特征②,影响相对贫困的因素更多、更复杂,且呈现出交叉融合的特点③。因此,要倍加珍惜、巩固拓展当前来之不易的贫困治理成果,必须建立健全解决相对贫困的长效机制。由"绝对贫困"到"相对贫困"的贫困治理重心转移是贫困治理转型的现实要求,也是解决新时代社会主要矛盾的迫切要求。

（四）治理场域：由"农村为主"到"城乡结合"

由"农村为主"到"城乡结合"的贫困治理场域转换是中国贫困治理的必然趋势。精准扶贫战略主要针对农村、连片贫困地区,而城市贫困人口则主要依赖低保制度、就业政策与社区帮扶。随着国家全面深入推进乡村振兴战略,乡村治理体系不断完善,农耕文明不断发展,农民生活日益改善,农村贫困人口将逐渐减少,与城市的差距将进一步缩小,原有的城乡关系将会重塑。同时,中国的城镇化水平也不断提高,交通等基础设施不断完善,城市向周边地区辐射力度不断加大,为城乡融合提供了诸多便利。如此一来,将农村与城市贫困问题相结合,进行全面统筹与多元化治理,将成为贫困治理的发展趋势。在贫困治理的制度建设上,一方面要建立城乡一体化的贫困治理体系,另一方面要逐步统一城乡之间的扶贫标准、扶贫政策以及基本公共服务供给等,缩小城乡差距,实现共同富裕。

章节习题

1. 请简述贫困的定义和贫困衡量标准。
2. 请简述贫困治理的定义、特征及相关理论。

---

① 叶敬忠.中国贫困治理的路径转向：从绝对贫困消除的政府主导到相对贫困治理的社会政策[J].社会发展研究,2020(3):28-38.
② 张明皓,豆书龙.2020年后中国贫困性质的变化与贫困治理转型[J].改革,2020(7):98-107.
③ 吴振磊.相对贫困治理特点与长效机制构建[J].红旗文稿,2020(12):23-24.

3. 请论述我国贫困治理与社会治理之间的关系。
4. 请论述我国贫困治理的历史演进与发展趋势。

案例材料

案例一：湖南省花垣县十八洞村精准扶贫的探索与实践

十八洞村地处全国集中连片特困地区之一的湖南省武陵山区，山大沟深，交通滞碍，存在贫困人口素质低、贫困面广、贫困程度深、扶贫开发成本高、扶贫开发难度大以及扶贫投入不足等问题。为改变十八洞村贫困面貌，落实习近平总书记"实事求是、因地制宜、分类指导、精准扶贫"的"十六字"方针指示精神，花垣县委紧扣"精准"二字，攻坚克难，实事求是，精准识别扶贫对象；分类规划，精准制定扶贫方案；因地制宜，精准发展扶贫产业；夯实党建，精准发掘内生动力；创新机制，精准凝聚社会合力。2017年2月，十八洞村贫困人口全部脱贫。2018年，村人均纯收入由2013年的1668元增加到12 128元，实现了从贫困村向小康村、从思想观念落后村向"全国文明村"、从产业空心村向"全国乡村旅游示范村"的巨变。

案例二：奈曼旗：大病重病慢病"三兜底"，为贫困人口脱贫保驾护航

在内蒙古通辽市奈曼旗，由于家庭经济负担重、群众健康意识差，部分群众小病拖大病、大病没钱治、慢病不常治，健康问题成为制约贫困人口脱贫的一大症结。2017年年初，奈曼旗在精准识别贫困人口时发现，因病致贫人口竟然占到建档立卡贫困户总数的43%。针对这四成多贫困人口，奈曼旗委、旗政府经过深入调研，启动实施了大病、重病、慢病"三兜底"分类救治保障政策，截至2019年年初已帮助3512户、10 468名建档立卡贫困人口稳定脱贫。与此同时，奈曼旗为提高健康扶贫成效，实施救治和预防双管齐下的策略，多措并举打通健康扶贫政策落实"最后一公里"。针对因病致贫、因病返贫这一普遍性问题，奈曼旗一方面做好"减法"，即通过政策保障减少贫困人口的医疗支出，减少因病致贫人口；另一方面做好"加法"，即通过到位的医疗服务提升贫困人口健康水平，不让疾病"拖后腿"，双管齐下让贫困人口重拾信心、摆脱贫困，共享美好生活。

案例三：阿里巴巴脱贫基金

阿里巴巴集团在2017年正式启动"阿里巴巴脱贫基金"，将脱贫工作列为集团战略业务，探索可持续、可参与、可借鉴的"互联网+脱贫"模式。其中有很多成功案例，如安徽金寨县与世界粮食计划署、阿里巴巴合作发展猕猴桃产业，阿里巴巴在金寨猕猴桃的培育推广及销售上提供帮助，建成全县12 000亩"金寨猕猴桃扶贫基地"。蚂蚁森林带动5亿用户在荒漠地区种下1亿棵树，在此基础上在植树地区建立"公益保护地"和"生态经济林"，帮助当地提升生态品牌价值和经济收益。阿里巴巴还发起了"顶梁柱健康扶贫公益保险"项目，通过淘宝平台的"公益宝贝"带动全社会为贫困家庭的主要劳动力提供补充医疗保障，目前已经累计筹款1.54亿元，帮助425万人次建档立卡贫困户获得健康保险。

案例四：多主体参与联手实践——豫北平原的荷乡扶贫计划

百美村宿·韩徐庄村项目是由中国石油天然气集团有限公司与中国扶贫基金会在2017年联合开展的定点旅游扶贫项目，是一次企业、政府、公益组织、专业旅游咨询机构和当地社区居民共同参与的文旅振兴乡村的实践探索。大地乡居的设计落地极大美化了韩徐庄村景观环境，丰富了空间业态供给，改善了乡村生活环境。一期项目建成运营直接解决了20个就业岗位，项目每年产生不低于150万元的收益，用于贫困户脱贫和持续的乡村建设。同时，大地乡居作为托管运营方，持续带动范县莲藕制品加工等特色农副产业发展。

思考： 以上案例体现了我国的哪些扶贫模式？

第七章 社会组织治理

【内容提要】

社会组织治理作为社会治理客体要素之一,是建设具有中国特色社会治理体系的重要部分。本章在探讨社会组织的内涵与特征的基础上,梳理社会组织的形成过程,重点阐释社会组织形成的四个过程:获取社会资本—组织学习—规则谈判—干中学。同时,探讨了中国社会组织的发展与存在的问题、参与社会治理的角色与功能,以及参与社会治理的内容和路径。

第一节 社会组织的内涵与特征

从理论上来说,社会组织是独立于国家体系中的党政部门、市场体系中的企业等经营单位的"第三部门"。在约定俗成的意义上,它也被称为"非政府组织""非营利组织"等。中国的社会组织不同于西方语境下的公民组织,无论在主体性上,还是在外部环境的规范性和内部治理的制度化程度上,都带有鲜明的转型期的特色。[1]

---

[1] 王名.社会组织论纲[M].北京:社会科学文献出版社,2013:15-16.

一、社会组织相关概念的比较与选择

由于各国在文化传统和语言习惯方面存在着不同,社会组织在不同的国家和地区有多种不同的称谓,如非政府组织、非营利组织、第三部门、志愿组织、慈善组织、免税组织等。①

(一) 非政府组织

"非政府组织"一词最初被正式使用于 1945 年 6 月 26 日签订的《联合国宪章》的第十章第七十一条,"经济暨社会理事会得采取适当办法,俾与各种非政府组织会商有关于本理事会职权范围内之事件。此项办法得与国际组织商定之,并于适当情形下,经与关系联合国会员国会商后,得与该国国内组织商定之"②。20 世纪 60 年代以后,该词逐渐涵盖发达国家中以促进第三世界发展为目的的社会性组织。1995 年 9 月,第四次世界妇女大会在北京怀柔召开,按国际惯例同期同地举办的世界妇女非政府组织论坛将"非政府组织"这一概念引入中国,并逐渐被中国公众所知。至今,非政府组织在我国仍是一个被广泛使用的重要概念。广义上,非政府组织泛指一个国家内部以促进发展为目的、以社会公益为取向、以影响公共政策为手段的公共部门。③ 非政府组织这个概念的优点是强调此类组织的非官方性,表明其不属于政府系统,明显不同于政府组织。但在中国的语境中,这一概念可能产生两种歧义:一是认为只有那些重要的、正式的民间组织才属于非政府组织;二是把"非政府组织"的"非政府性"理解成与政府没有关系,甚至理解为与政府对立。④

(二) 非营利组织

非营利组织(non-profit organization,NPO)是指不以营利为目的、为组织成员及特定群体开展各种志愿性公益活动的社会性组织;若组织各项活动涉及经

---

① 周瑛等.社会组织与企业承接政府服务比较研究——以福建省政府购买服务为例[C]//廖鸿.2016 年中国社会组织理论研究文集.北京:中国社会出版社,2016:295-313.
② 联合国宪章[EB/OL].[2021-09-14]. https://www.un.org/zh/about-us/un-charter/chapter-10.
③ 陈德权.社会组织管理概论[M].北京:清华大学出版社,2016:2.
④ 俞可平.中国公民社会:概念、分类与制度环境[J].中国社会科学,2006(1):109-122.

济盈余,则该盈余在非营利组织内部不能进行分配。这一概念主要源于美国,是与"非政府组织"最为接近、相互替代性最强的一个概念。与非政府组织强调的与政府的区别不同,该概念强调与企业和公司等市场营利组织的区别。但它容易模糊此类组织为了自身的生存而从事必要的有偿服务与营利活动之间的界限[1],会被误解为完全不能从事经营性活动。

（三）民间组织

民间组织是中国共产党十六届六中全会之前对社会组织的统一的带有官方性质的称谓,其凸显了此类组织发源于民间的特征。然而,"民间组织"的"民间"是与"政府""官方"相对应的,反映了传统社会政治秩序中"官"与"民"相对应的角色关系,容易让人误解民间组织是与政府相对甚至对立的,掩盖了其作为补充政府公共事务处理及公共产品/服务提供的社会治理重要主体之一的本质。

（四）第三部门

这是近年开始流行的一个概念,重点强调此类组织独立于政府（第一部门）和市场（第二部门）。但在我国,"第三部门"这一提法容易与国民经济"第三产业"中的部门概念相混淆。此外,"第三部门"这一术语忽略了家庭/家族部门,即人类历史上的第一个部门,以此为据,政府即成为第二部门、市场则为第三部门,而现有"第三部门"的称呼应换作"第四部门"一词可能更为准确。[2]

（五）志愿部门/组织

志愿部门/组织是某些国家对非营利组织的优先语,如英国。该概念突出了此类组织非强制性、非法定性（非政府）的特征。有些学者也偏好用这一术语,因其赞成一种积极的、以人文核心价值观为基础的部门定义。[3] "志愿组织"强调了社会组织的志愿性,但志愿性并非为社会组织所特有,一些政党组织

---

[1] 俞可平.中国公民社会:概念、分类与制度环境[J].中国社会科学,2006(1):109-122.
[2] 大卫·霍顿·史密斯,罗伯特·A.斯特宾斯,迈克尔·A.多弗.非营利管理辞典:术语与概念[M].吴新叶,译.北京:北京大学出版社,2018:267.
[3] 大卫·霍顿·史密斯,罗伯特·A.斯特宾斯,迈克尔·A.多弗.非营利管理辞典:术语与概念[M].吴新叶,译.北京:北京大学出版社,2018:283.

也强调其成员参加组织的志愿性。可见,用此概念来指称此类组织,也并不十分妥当。①

(六) 慈善/公益组织

顾名思义,慈善/公益组织的概念强调的是社会组织的公益慈善性质,慈善捐赠是该类组织经费的来源。但是,这个概念无法将其与政府部门和市场部门完全剥离,因为政府部门和市场部门的某些活动也会带有公益慈善属性。

(七) 草根社团/团体/组织

在美国,草根社团/团体是指那些建立在当地的、高度自治的、由志愿者运作的正式或非正式的非营利团体,它们表现出深刻的志愿利他主义团体特征,并使用组织的结社形式。因此,草根社团的正式志愿者或会员通常会做这些组织中的大多数乃至所有的工作。② 在我国,这些组织习惯上被称为草根组织,是指那些未在民政部门登记注册但符合非政府组织定义的组织,一般是民间自发组建、因各种原因不能在民政部门获得法人资格的组织。草根组织以社区为基础,包括社区协会、合作社、农会、工会等。③

(八) 免税组织

免税组织这个称呼尤为强调这类组织在国家税收层面上所享受的免税待遇。不同国家对其免税的标准也有所不同。在美国,界定这类组织最常用的方式就是根据《美国国内税收法》(The Internal Revenue Code of USA)判断其是否具备免税资格。这些免税组织包括该税收法第501(c)条第1—21款、第501(d)—(f)条、第501(k)条、第501(n)条、第527—529条规定的组织类型,特别地,在第501(c)条第3款中被列为公共慈善机构的组织享受双重免税权利(对组织进行捐赠的捐助者亦可以免税)。

(九) 社会中介组织/中介性非营利组织

社会中介组织是社会组织这一概念出现前在我国最广泛使用的概念之一,

---

① 俞可平.中国公民社会:概念、分类与制度环境[J].中国社会科学,2006(1):109-122.
② 大卫·霍顿·史密斯,罗伯特·A.斯特宾斯,迈克尔·A.多弗.非营利管理辞典:术语与概念[M].吴新叶,译.北京:北京大学出版社,2018:121-122.
③ 林修果.非政府组织管理[M].武汉:武汉大学出版社,2010:3.

用来指介于政府与企业之间的,处理公民与政府、其他团体之间,以及处理社会部门之间问题的非营利性质的社会组织。该概念开宗明义地揭示了此类社会组织位于政府与企业之间的中间性特征,但掩盖了这类组织的其他主要特征,特别是非营利性。在现实生活中,大量具备"中介性"特征的组织是营利性组织,实质上属于市场组织,如律师事务所、会计师事务所、婚姻介绍所、公证机构、土地房屋评估机构、家政服务机构、商务咨询机构、商业代理机构等。[①]

二、社会组织的内涵

社会组织从内涵上来讲是一个极具中国特色的概念。改革开放40多年来,随中国发展的历史进程,社会组织的内涵及外延都发生着变化。在20世纪80年代,社会组织主要是指那些随改革开放而涌现出的各种社会团体。它们不属于正式的党政体系,但往往依存于各级党政部门。进入90年代后,随着市场经济加快发展和政府改革初现端倪,中国进入真正意义上的社会转型期,此时的社会团体开始呈现出更多民间性以及有别于企业的非营利性特征。[②] 此后,官方一直以民间组织来指代此类团体。2006年,党的十六届六中全会通过的《中共中央关于构建社会主义和谐社会若干重大问题的决定》中首次使用了"社会组织"的概念。中央重要文件对该概念的提出暗含了官方以"社会组织"这一概念统一政府和企业以外所有民间组织的目的。2007年,胡锦涛在党的十七大报告里使用了"社会组织"这一称谓,并提出"发挥社会组织在扩大群众参与、反映群众诉求方面的积极作用,增强社会自治功能"。我国官方自此开始正式用"社会组织"代替以前的"民间组织"。2016年8月30日,民政部召开全国民政系统视频会议学习贯彻中共中央办公厅、国务院办公厅公布的《关于改革社会组织管理制度促进社会组织健康有序发展的意见》(以下简称《意见》)。会上宣读了中央编办关于民政部社会组织管理有关机构编制调整的批复。根据批复,民间组织管理局(民间组织执法监察局)正式更名为社会组织管理局(社会组织执法监察局),对外可称作国家社会组织管理局。社会组织称谓的官方提

---

① 俞可平.中国公民社会:概念、分类与制度环境[J].中国社会科学,2006(1):109-122.
② 王名.社会组织论纲[M].北京:社会科学文献出版社,2013:17.

出和正式使用,有利于纠正社会上对这类组织存在的片面认识,形成各方面重视和支持这类组织的共识。

我们认为,在当代中国,社会组织特指那些具有一定公共属性、承担一定公共职能、代表一定社会群体共同利益或社会公共利益的民间组织,其中不包括企业等营利性组织。也就是说,如果将现代社会视为一个整体,那么社会运行机制则是由国家、市场和社会这三个相互独立又相互联系的体系所构成。其中,国家体系的主体是各级各类党政机构及军队等公共组织,市场体系的主体是各种营利性的企业,社会体系的主体则是各种具有非政府性、非营利性特征的社会组织。①

(一) 狭义的社会组织

在我国,狭义的社会组织主要是依据现行法律法规在我国民政部门合法进行登记注册的社会团体、基金会和民办非企业单位(社会服务机构)。②

社会团体,是指中国公民自愿组成,为实现会员共同意愿,按照其章程开展活动的非营利性社会组织。社会团体是当代中国政治生活的重要组成部分。目前我国的社会团体都带有准官方性质。

基金会是指利用自然人、法人或者其他组织捐赠的财产,以从事公益事业为目的,按照《基金会管理条例》的规定成立的非营利性法人。基金会分为面向公众募捐的基金会(公募基金会)和不得面向公众募捐的基金会(非公募基金会)。公募基金会按照募捐的地域范围,分为全国性公募基金会和地方性公募基金会。

民办非企业单位(社会服务机构),是指企事业单位、社会团体和其他社会力量以及公民个人利用非国有资产举办的,从事非营利性社会服务活动的社会组织。

---

① 王名.社会组织论纲[M].北京:社会科学文献出版社,2013:18.
② 2016年9月开始实施的《中华人民共和国慈善法》将"民办非企业单位"改为"社会服务机构"。与慈善法对接,民政部对《社会服务机构登记管理条例》[《民办非企业单位登记管理暂行条例(修订草案征求意见稿)》]公开征求意见,明确将"民办非企业单位"更名为"社会服务机构"。相较于民办非企业单位,社会服务机构这一命名更能准确反映此类组织的社会组织性质和社会服务功能。

（二）广义的社会组织

广义的社会组织是指除狭义的社会组织外,社会体系中远离国家体系和市场体系的外延部分,以及靠近国家体系边缘和靠近市场体系边缘包括与国家和市场体系分别产生交集的组织。其中,远离国家体系和市场体系的外延部分的广义社会组织又包括以下组织。[①]

城乡社区基层组织,指由城乡居民自发成立,主要在社区范围内开展活动的各种基层社会组织。例如农村专业协会,是指以农牧渔业等农副产品的生产、流通以及相应的科技推广、基础设施建设等专业经济活动为纽带,由相关的业者（包括生产业者、流通业者和中介服务商等）自发组成的非营利性的会员制组织。

工商注册非营利组织,指按工商企业形式登记注册,但主要从事各种非营利社会活动的社会组织。

境外在华非政府组织,指在境外（含中国香港、澳门和台湾地区）登记注册,长期且稳定在中国大陆地区开展活动的各种社会组织。

社会团体、基金会、民办非企业单位（社会服务机构）、城乡社区基层组织、工商注册非营利组织和境外在华非政府组织,共同构成了我国社会组织的主体部分。

三、社会组织的特征

就内涵及本质而言,社会组织具有组织性、非营利性、非政府性和社会性四大属性。

（一）组织性

社会组织从名称上来看,首先是一种组织,具有组织的一般特性。社会组织是一种制度化的正式组织,必须有常规的组织机构和管理机构,并开展经常性的活动。一般而言,社会组织需要具有清晰的目标、规范的名称和必要的组织机构,有合法的资产和经费来源,有正式的管理体制、必要的场所以及较为固定的从业人员,须依法承担民事责任。

---

① 王名.社会组织论纲[M].北京:社会科学文献出版社,2013:18-19.

（二）非营利性

社会组织的非营利性主要强调社会组织与企业之间的区别。非营利性是指非分配性约束，主要体现为社会组织不以营利为目的、不以获取利润为生存的主要目标，组织内部不能进行盈余（剩余收入或利润）的分配（分红），不能将组织的资产和产生的利润以任何形式转变为私人财产。需要注意的是，强调社会组织的非营利性，并不意味着社会组织不需要有盈利或者不能有盈利。相反，为实现社会组织的可持续健康发展，打造自身造血系统，社会组织可以通过营销等活动提升其盈利的能力，以追求财务平衡甚至追求微利。

（三）非政府性

社会组织的非政府性主要强调社会组织与政府之间的区别。社会组织往往以民间组织的形式出现，不属于国家体系，不是政府机构或其附属部分。但是社会组织与政府之间却存在着千丝万缕的联系，政府尤其民政部门是社会组织发展过程中对其影响最大的因素。社会组织的非政府性体现在它们是独立自主的组织，也是自下而上的民间组织，属于竞争性的社会性组织。强调社会组织的非政府性时，特别需要注意，既不能把社会组织看成是反政府组织，也不能把社会组织看成是无政府组织。

（四）社会性

社会组织的社会性主要强调社会组织与人类社会其他各类组织形态相区别的本质特征。社会组织的社会性集中表现在三个方面：一是资源的社会性，指这类组织得以存续和运作发展的资源主要来自社会的各种具有公益性的资源，也包括吸纳各类志愿者等人力资源；二是产出的社会性，指这类组织所提供的产品或服务具有较强的利他性、非排他性或公益导向；三是问责的社会性，指这类组织在其运作管理的过程中要受到来自社会及公共部门的问责与监督。[1]

四、社会组织的类型

社会组织的活动范围涵盖了国家体系和市场体系之外以及与国家体系和

---

[1] 王名.社会组织论纲[M].北京:社会科学文献出版社,2013:20-21.

市场体系相重合的广大领域,因此包含了各式各样的组织,很难用同样的标准予以分类。总体而言,国内外比较流行的分类方法包括以下几种。

(一)国际分类方法

1. 联合国国际标准产业分类体系

联合国国际标准产业分类体系(The U. N. International Standard Industrial Classification System, ISIC)将现代社会所存在的组织据其主要经济活动归入21大类。社会组织包括4大类:教育,包括学前教育和小学教育、中学教育、高等教育、其他教育、教育支持活动;医疗与社会工作,包括人类医疗活动、家庭照料活动、不提供住宿的社会工作活动;艺术娱乐与休闲,包括创造性的艺术与娱乐,图书馆、档案馆、博物馆和其他文化活动、赌博与博彩活动,运动与消遣活动;其他服务活动,包括会员制组织的活动,电脑、个人物品和家庭物品的修理活动,其他个人服务活动。但是,ISIC体系仅从经济活动角度来划分社会组织,显然无法涵盖所有的社会组织。

2. 世界银行分类法

世界银行将那些总部位于发达国家并在一个以上发展中国家运作的社会组织看作国际社会组织,并将其分成两类:操作类组织,即那些以规划和完成与发展相关项目为主要目标的国际社会组织;倡议类组织,指那些以推动和维护某项特定事业为根本目标,并试图影响政策和实践的国际社会组织。这种分类法同样比较狭隘。

3. 美国的免税团体分类体系

美国的免税团体分类体系(National Taxonomy of Exempt Entities, NTEE)目前涵盖10个功能大类、400种社会组织。10个大类各自包括不同的小类:艺术、文化与人文;教育;环境与动物;医疗,包括医疗保健、精神疾病与介入、医学研究等;人类服务,包括与法律相关类服务,就业,食品、农业与营养,住房与收容,公共安全、灾难防御与救济,休闲与运动,青年发展,社会服务;国际和外国事务;公共和社会公益,包括社区促进与能力建设,慈善、支援主义与公募基金会,社会科学等;宗教相关类;互益/会员制;未知、未分类的组织。NTEE分类体系虽然操作性强、分类较为细密,但因其严格按照《美国国内税收法》所设计,主要服务于美国经济,其他国家难以借鉴。

4. 约翰斯·霍普金斯大学的社会组织国际分类

社会组织国际分类(The International Classification of Nonprofit Organizations, ICNPO)基于 ISIC 并借鉴 NTEE 的分类方法,将社会组织分为 12 大类:文化与休闲;教育与研究;医疗卫生;社会服务;环境;发展与住房;法律、倡导与政治;慈善中介与志愿主义促进;国际活动;宗教集会与协会;商会、专业协会;其他。ICNPO 分类体系涵盖面较为广泛,分类简洁,便于国际比较。

(二)中国社会组织的分类

中国的社会组织主要从管理实践和学术研究这两个角度加以分类。

1. 管理实践的角度

中国社会组织的主管部门民政部社会组织管理局(社会组织执法监督局)将纳入管理的社会组织分为社会团体、基金会、民办非企业单位以及涉外社会组织四类①,从登记管理和年检评估等方面对这四类社会组织加以管理。

2. 学术研究的角度

依照社会组织的特点、性质、活动等,社会组织出现了多种分类方式。例如,根据会员性质,社会组织可分为会员制组织和非会员制组织。② 对于会员制组织,还可根据其公益属性,划分为互益型组织与公益型组织。其中,互益型组织,按其所体现的经济社会关系性质,可进一步分为经济性团体和社会性团体。公益型组织,按照其会员成分,可将其分为团体会员型组织和个人会员型组织。对于非会员制组织,可根据组织活动类型,将其划分为运作型组织和实体型社会服务组织。其中,运作型组织,按照运作资金的性质和类型,可进一步分为运作型基金会和资助型基金会。实体型社会服务组织,按照其主要的资金来源或所有制,可分为民办非企业单位和国有事业单位。③

---

① 除了这四类社会组织之外,民政部网站显示,慈善组织被单独列出作为一类行政审批的社会组织。
② 王名.非营利组织管理概论[M].北京:中国人民大学出版社,2002:9.
③ 《中共中央关于深化党和国家机构改革的决定》将社会组织与事业单位明确加以区分。

根据各种组织的主要特征,社会组织可分为:行业组织,即相同行业的专业性协会和行业管理组织;慈善性机构,其主要作用是社会救济和扶贫,如红十字会、中华慈善总会等;学术团体,即学者共同体,如中国物理学会、中国政治学会等;政治团体,即旨在维护公民政治权利的各种公民组织,如工会、青年团、妇女联合会、村民委员会等;社区组织,其主要特征是从事社区性的管理和服务工作,如业主委员会、社区福利中心、社区老年协会等;社会服务组织,即旨在提供社会福利服务和公益服务的民间组织,如环境保护、文教体卫等领域的公益性组织;公民互助组织,即公民为捍卫自身利益而自愿组成的互助性组织,如城市和农村中的互助会、农民合作社等;同人组织,即建立在共同的经历、兴趣、爱好之上的公民组织,如同学会、同乡会、剧社等;非营利性咨询服务组织,大量的民办非企业单位基本上都属于这类民间组织。[1]

第二节 社会组织形成过程

现有的社会组织形成过程强调外界的权威不介入或者尽可能较少地介入,但是由于社会的复杂性,政府等权威部门介入社会组织的形成过程已不可避免。根据政府等权威部门介入社会组织的情况,社会组织形成过程可分为以下四个步骤。

一、获取社会资本

在当今社会转型压力下,社会组织可以通过获取社会资本来获得社会组织成员间的信任感,形成互利互惠的良性循环机制,从而降低组织内部成员间的沟通协调成本,提升组织成员的荣誉感以及组织内部成员间相互学习、集体行动的可能性,进而推动其自我监督、自主治理,达到善治的目标。[2]

---

[1] 俞可平.中国公民社会:概念、分类与制度环境[J].中国社会科学,2006(1):114-115.
[2] Elinor Ostrom. Crossing the Great Divide: Coproduction, Synergy and Development[J]. World Development, 1996(6): 1073-1087.

例如,2004年银联与深圳大型商业超市爆发"银商之争"。① 银联协会会长支持商业超市争取合法利益,获取了会员企业的信任。在自组织构建初期,协会与会员企业之间已经基本形成了稳定的社会资本。在自组织构建过程中,企业间或企业与协会间出现分歧时,协会可以利用社会资本平衡各方利益并达成共识。另外,协会也可以推动企业间形成社会资本。

在获取了充足的社会资本后,社会组织更愿意为共同的利益和愿景进行合作。通过合作,组织间交流协作和沟通的成本会大幅度降低,组织内部公共服务质量会提升,内部创新性和灵活性也会增加,实现加速发展的目标。但同时我们也应该看到,组织内部个体间的沟通和协调是存在显著差异的,这种差异会制约社会组织的发展,带来治理失灵的问题。因此,社会组织的构建过程本质上是一种动态的、多层次的、适应性的组织学习过程。

二、组织学习

在获取了充足的社会资本之后,社会组织会利用这些社会资本来组织内部成员进行知识、技能等的学习。在组织学习的过程中,社会资本扮演了重要的角色,不仅可以调动大型企业、行业等进行经验分享、知识传授,而且缩小了组织内部成员间的隐性知识差异,为后续的规则谈判奠定了基础。

组织学习主要是进行经验学习和政策性学习。例如,对于行业协会类的社会组织来说,其组织学习主要是邀请企业相关人员进行经验分享,传递先进的管理模式和管理理念,学习国际上的行业标准,借助先进的管理经验,推动行业树立先进典型、行业标杆,进而起到示范性的作用。

在组织学习阶段,可以有外部权威部门的介入。比如,政府相关部门的介入,帮助行业协会制定政策,优化政治制度环境以及公共服务设施。政府部门的介入可以分为直接介入和间接介入。直接介入是指社会组织通过获取的社会资本直接进行组织学习,不需要政府等权威部门的主动干预,只需要其提供

---

① 谢康,刘意,肖静华,等.政府支持型自组织构建:基于深圳食品安全社会共治的案例研究[J].管理世界,2017(8):64-80.

相应的外部基础性服务。间接介入是指当社会组织主体与外部社会主体在交互过程中发生问题时,政府权威部门尽量不进行介入调解,只提供相应的保障性服务,例如司法性制度设施。①

三、规则谈判

拥有社会资本的社会组织可以通过组织学习获取解决公共问题所需的能力,并依靠规则谈判进行目标磋商,探讨如何实现既定目标,以及如何将计划转化为实际行动。社会组织的规则谈判,其目的是设计出合适的制度实现社会秩序或经济增长。② 制定出适合社会组织发展的相关规章制度,可以给行业带来良好的外部环境。规则谈判的过程需要遵循体系化、方便操作、公开公正等原则。

奥斯特罗姆于2004年提出了7种不同的规则:进入与退出规则、职位规则、范围规则、权威规则、聚合规则、信息规则和偿付规则。③ 然而,现实中规则谈判与制定面临各种不确定性,许多规则是在缺乏全面认知的情况下进行选择的,可能导致社会组织构建难以实施。针对这种问题,干中学是有效的解决策略。

四、干中学

在上述规则谈判基本完成后,为了顺利推进社会组织自治,需要进行干中学。干中学是指组织成员在解决公共问题过程中经过反复的互动,获取协调组织内部成员的新技能并构建出新的组织惯例。与"组织学习"环节既有相似之处又有不同,干中学更强调组织内部成员在学习中的探索性,更加强调在学习过程中产生的经济效益和社会效益,其主要目的在于为社会组织运行过程中出

---

① Elinor Ostrom. Governing the Commons: The Evolution of Institutions for Collective Action[M]. Cambridge University Press, 1990.

② 谢康,刘意,肖静华,等.政府支持型自组织构建:基于深圳食品安全社会共治的案例研究[J].管理世界,2017(8):64-80.

③ Elinor Ostrom. Governing the Commons: The Evolution of Institutions for Collective Action[M]. Cambridge University Press, 1990.

现的新问题探索新的解决方案。

在社会组织建构的初期,可通过企业或者行业协会等给组织搭建一个相对简单且具有自主治理功能的体系,并通过"组织学习"和"规则谈判"来进行政策制度的制定,协调各成员的关系,使其自主治理体系顺利运行。通过对规则制度的试运行,可以发现在"规则谈判"中没有暴露出来的问题,这些问题无法依靠现有的市场体制与社会体系来解决,这就需要通过"干中学"来进行探索性的加工和学习,从而改进制度和方案,使社会组织获得更高的适应性,增强其合法性和功能性,以便提高治理水平,进一步扩大其社会影响力和对社会资本的获取力度。如果某个企业与社会组织合作后,明显提升了其管理能力,社会组织的良好口碑就会扩散,更多的企业会加入合作。这会给社会组织带来更多的社会资本,使社会组织更好地运行,而这又会促进新一轮的企业加入"组织学习—规则谈判—干中学"的循环,最终使整个社会达成善治的目的。

在完成了"获取社会资本—组织学习—规则谈判"后,社会组织内部会建立起初步的治理标准和相应的规章制度。社会组织在后期的运行中,可能会面临诸多挑战和困难,总结起来主要是三个方面:资金问题、宣传问题、合法性问题。针对这些问题,社会组织可以通过政府等权威部门的主动介入来获得帮助和支持。权威部门不仅可以给予社会组织财政上的补贴,而且可以在宣传上面给予帮助。社会组织逐渐走向成熟的过程中,权威部门可以支持相关行业标准的建立,从而避免社会组织因自身内部制度的不完善而导致的问题。

第三节 中国社会组织参与社会治理的探索

一、中国社会组织的发展与存在的问题

(一) 中国社会组织的发展情况

西方发达国家的社会组织在历经数百年的传承与发展后达到成熟状态,但我国社会组织的组织化程度并不是很高。就与我国政府的发展关系来讲,社会组织呈现出一种政府主导型的发展模式。我国经济和社会的每一次重要变化均可在政府自身变化上找到缘由,而作为社会体系中的主体部分,社会组织的

发展变化亦与政府自身改革变化息息相关。

在中华人民共和国成立之初直到改革开放之前,我国政府的工作重心在阶级斗争和政治工作上面。此时,社会组织的合法性程度非常低,社会组织发展相对缓慢。

我国社会组织的兴起和蓬勃发展源于改革开放后。我国经济体制从计划经济向社会主义市场经济转型,社会组织随之在政府以经济建设为中心的指导方针下逐渐有了较大发展,其数量呈爆发式增长。各种学会、研究机构迅速增加、在社会组织总体构成中所占比重不断加大,各类协会数量稳步增加,基金会开始大量出现。在这个过程中,政府对社会组织的管理日益规范。

在加入世贸组织之后,我国政府在实现市场化、行政透明、法治建设、追求效率的过程中从经济建设型向公共服务型转变,并在科学发展观主导下对社会组织加以培育与管理。以2002年突如其来的SARS危机为标志,公共服务短缺导致的社会危机和矛盾迫切需要政府重新思考更为有效的基本公共服务供给途径和方式,并促使政府开始通过购买服务、外包、签订协议等多种形式与社会组织建立关系。2008年汶川大地震后,众多社会组织在救灾赈灾以及灾后重建的过程中表现亮眼,赢得了前所未有的关注和极大的社会尊重,这一年也被称为中国社会组织的公益元年。

2012年至今,蓬勃发展的互联网、日益成熟的现代市场经济体制以及以"小政府、大社会"为整体思路的政府职能转变的深化,为我国现代社会组织体制的构建提供了历史性机遇和动力,尤其是党的十八大召开以后,中国社会组织的发展迈入了新的增速发展时期。2016年8月,中共中央办公厅、国务院办公厅印发了《关于改革社会组织管理制度 促进社会组织健康有序发展的意见》,成为指导中国社会组织发展的行动指南。同年9月1日,《中华人民共和国慈善法》正式实施,标志着现代社会组织体制构建在法治轨道上又前进了一大步。2017年12月,民政部印发《关于大力培育发展社区社会组织的意见》,意味着社区社会组织作为现代社会组织体系中最基本的一部分被重视。2018年1月24日,民政部制定的《社会组织信用信息管理办法》公布并实施。该文件明确了社会组织信用信息的范畴、管理原则、管理部门和社会组织各自的责任和义务,规定了社会组织列入活动异常名录(灰名单)与列入严重违法失信名录(黑名单)的适用情形,进一步完善了社会组织信息管理。2018年2月,党的十九届三中全会通过的《中共中央关于深化党和国家机构改革的决定》提出,要"按照共建共治共享要求,完善党委领导、政府负责、社会协同、公众参与、法治保障的社会治理体制";强调"推动人大、政府、政协、监察机关、审判机关、检察机关、人民团体、企事业单位、社会组织等在党的统一领导下协调行动、增强合力,全面提高国家治理能力和治理水平"。要推动社会组织发展就需要做到以下四点:一是加快实施政社分开,激发社会组织活力,克服社会组织行政化倾向;二是适合由社会组织提供的公共服务和解决的事项,由社会组织依法提供和解决;三是依法加强对各类社会组织的监管,推动社会组织规范自律;四是加快在社会组织中建立健全党的组织机构,做到党的工作进展到哪里,党的组织就覆盖到哪里。

民政部2020年9月8日发布的《2019年民政事业发展统计公报》显示:截至2019年年底,全国共有社会组织86.6万个,比上年增长6.0%;吸纳社会各类人员就业1037.1万人,比上年增长5.8%。

其中,全国共有社会团体37.2万个,比上年增长1.5%,较上年3.1%的增长率有所降低。自2015年年底至2019年年底,全国共有社会团体年增长率稍显波动,然而其总体数量由32.9万个升至37.2万个,呈稳步增长态势。(见图7-1)

全国共有民办非企业单位48.7万个,比上年增长9.7%,较上年11%的增长率亦略有降低。但是,自2015年年底至2019年年底,全国共有民办非企业单位年增长率逐渐呈平稳发展态势,其总量由32.9万个增至48.7万个,五年间持续保持着较高的增长水平。(见图7-1)

全国共有各类基金会7585个,包括不具有公开募捐资格的基金会5670个以及具有公开募捐资格的基金会1915个,比上年增长7.8%。自2015年年底至2019年年底,除2016年维持着与上年相同的16.2%的年增长率,全国共有基金会年增长率逐年略有降低,但其总量在五年间依然保持着较高的增长水平,由4784个增至7585个。(见图7-2)

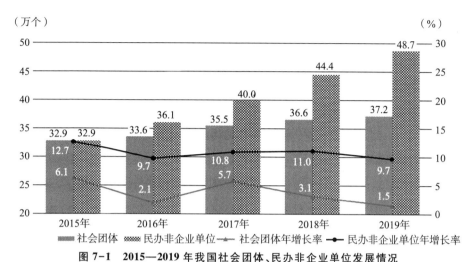

图 7-1　2015—2019 年我国社会团体、民办非企业单位发展情况

资料来源：2019 年民政事业发展统计公报［R/OL］.（2020-09-08）［2021-07-05］.
http://www.mca.gov.cn/article/sj/tjgb/202009/20200900029333.shtml.

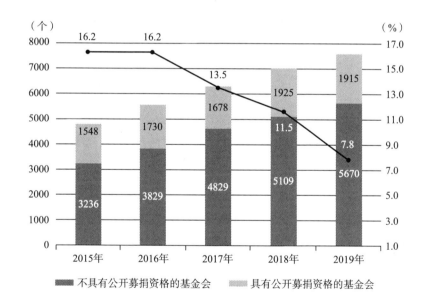

图 7-2　2015—2019 年我国基金会发展情况

资料来源：2019 年民政事业发展统计公报［R/OL］.（2020-09-08）［2021-07-05］.
http://www.mca.gov.cn/article/sj/tjgb/202009/20200900029333.shtml.

总之,随着我国推进国家治理体系和治理能力现代化全面深化改革目标的确立和公民意识的普遍增强,当前社会组织的发展速度与规模增长较快,初步形成了数量众多、门类齐全、层次有别、覆盖广泛的社会组织体系框架。

(二) 中国社会组织存在的主要问题

中国社会组织快速发展的同时,依然存在着内外部治理、自身条件限制等诸多问题。

1. 外部治理问题

第一,法律体系不健全,法治化程度不高。立法工作明显落后于社会组织的发展速度。改革开放四十多年来,现行有关社会组织的法律仅有慈善法一部,且并未对社会组织进行全面定位。从整体情况看,我国现行法律法规在体系、结构、内容等诸多方面存在瑕疵,立法层次依然较低。现行法律体系不健全、不完善,也使得相关管理部门对社会组织既缺乏有效的培育扶持手段,又缺乏有效的监督管理机制。政府对社会组织的管理缺位与越位现象并存。

第二,行政条例讨论与颁布进展缓慢。目前我国在社会组织管理领域的纲领性文件,即社会组织"三大条例",为1998年颁布实施的《社会团体登记管理条例》《民办非企业单位登记管理暂行条例》和2004年出台的《基金会管理条例》。这三大条例中,只有《社会团体登记管理条例》于2016年重新修订并经国务院颁布实施,其余两部条例至今依然沿用最初的版本,已经无法适应新时代下我国社会组织发展的实际需求,且与慈善法并未完全衔接。例如,慈善法中适应社会发展要求将"民办非企业单位"更名为"社会服务机构"的做法在相关管理条例中未有体现。2018年8月,民政部官网公布了《社会组织登记管理条例(草案征求意见稿)》,向社会公开征求意见。该征求意见稿合并了现行《社会团体登记管理条例》《基金会管理条例》和《民办非企业单位登记管理暂行条例》,新条例正式施行后,前述三大条例将同时废止。然而到目前为止,该意见稿仍无下文。

第三,双重管理体制,治理效率低下。虽然自2014年4月起,民政部启动在全国范围内放开行业协会商会、科技、公益慈善、城乡社区服务等四类社会组织的登记,即实行直接登记制度,但总体而言,我国现行的社会组织管理制度的特点依然可被概括为"归口登记、双重负责、分级管理、限制竞争"的双重管理体制,即按照《社会团体登记管理条例》规定,各级民政部门是社会团体的登记管理机关,各级政府部门及其授权组织是社会团体的业务主管单位。登记管理机关主要负责社会团体的成立、变更、注销、年检等,业务主管单位则主要负责社会团体登记前的审查、日常监督等工作,二者对社会团队进行"双重管理"。该体制方便登记管理机关对社会组织进行统一登记,有助于改变各部门分头管理的散乱局面,同时,业务主管单位登记审批可以控制社会组织质量并了解相关领域对社会组织的需求和社会组织的业务情况。但是,双重管理体制也存在着严重的不足,例如:控制型管理取向明显,抑制社会组织发展;社会组织"行政化"色彩浓厚,对政府过分依赖;业务主管单位难寻,极大地限制了社会组织的合法性;对登记管理之外的社会组织管理工作缺乏制度安排;等等。

2. 内部治理问题

第一,内部控制问题较多。社会组织的会计机构和会计基础工作不健全;货币资金的收付授权审批制度不严;对社会组织拥有的固定资产的监管不力;对社会组织的资金使用控制不严;社会组织的工作人员对单位内部控制的重要性普遍认识不够。

第二,监督评估机制缺乏。按照目前的法律法规,我国可对社会组织进行监督的主体较多,主要包括民政部门、业务主管部门和审计部门等,但对社会组织的监督并不能单靠政府部门,整个社会还需培养第三方监督主体。同时,我国缺乏对社会组织的评估体制。

第三,道德失范。如果自我和外部约束软化,社会组织的个别成员很可能发生道德失范问题,偏离甚至背离组织的宗旨,置社会公益于不顾,追求个人利益的最大化。[①]

3. 自身条件限制

第一,资金不足。资金不足是社会组织发展的最大瓶颈,极大地限制和影

---

① 邬爱其.我国社会组织内部治理结构研究——一项基于内容分析法的研究[C]//国家民间组织管理局.2008 年中国社会组织理论研究文集.北京:中国社会出版社,2009:114-138.

响了我国社会组织的健康发展。社会组织的资金来源一般有三种：政府拨款、慈善捐款、服务提供收入。而我国大多数社会组织对政府拨款过于依赖，资金来源渠道素质单一，缺乏自主造血的能力。

第二，人力资源素质偏低，缺乏专业人才。我国社会组织职员总体上的文化程度呈现两头小、中间大的格局，职员文化程度整体偏低，高素质专业人才更是凤毛麟角。人力资源素质不高直接导致社会组织自身能力较差，不能有效发挥服务社会的作用。

第三，社会公信力不足。一方面，社会组织自身能力不足，并未在民众心中建立起专业的、值得信赖的形象；另一方面，以郭美美事件为始，我国社会组织特别是各类基金会暴露出自身各种问题，使其公信力又遭到严重的打击。公信力不足又易造成社会组织的慈善公益捐款不足，形成恶性循环。

二、中国社会组织参与社会治理的角色与功能

2013年11月，党的十八届三中全会提出"创新社会治理体制"，是社会治理理念的重大转变，更为强调治理主体的多元参与。特别是2017年10月，习近平主席在十九大报告中指出打造共建共治共享的社会治理格局，提出"加强社会治理制度建设，完善党委领导、政府负责、社会协同、公众参与、法治保障的社会治理体制，提高社会治理社会化、法治化、智能化、专业化水平"，需要"加强社区治理体系建设，推动社会治理重心向基层下移，发挥社会组织作用，实现政府治理和社会调节、居民自治良性互动"。社会组织作为打造具有中国特色的社会治理体系的多元主体之一开始走向新的发展阶段。

（一）社会组织参与社会治理的角色

我国的社会治理是具有中国特色的社会治理。党的十九届四中全会提出完善党委领导、政府负责、民主协商、社会协同、公众参与、法治保障、科技支撑的社会治理体系。社会组织作为社会治理共同体中的多元治理主体之一，在推动建设共建共治共享的社会治理格局中扮演了重要的角色。总的来看，社会组织参与社会治理可以扮演以下几种角色。

1. 党的追随者

中国社会治理体系和治理能力现代化由中国共产党领导。总揽全局、协调各方既是党的领导权能的核心表现,也是党的领导责任的具体要求。2019年5月20日,民政部公布《关于在社会组织登记管理工作中贯彻落实〈中共中央关于加强党的政治建设的意见〉有关要求的通知》明确了对"将坚持党的全面领导的要求载入有关社会组织的章程"相关事项。社会组织参与社会治理坚持党的全面领导,才能激发出社会组织活力,才能让社会组织在打造共建共治共享的社会治理格局的进程中更好地发挥作用。

2. 政府的支持者

"政府负责"强调政府在社会治理工作中的主导地位,要求政府在社会治理体制中发挥好主导和引导的作用。社会组织要充分发挥地处基层的优势,在各级政府的指导与引导下,积极支持政府做好社会治理工作。

3. 社会的协同者

社会组织是公众和社会力量参与社会治理的重要载体。社会组织在参与社会治理过程中,既可以受政府委托提供公共服务,也可以在政府失灵与市场失灵领域替代二者发挥作用,协同社会力量,打造共建共治共享的社会治理格局。

4. 民众的代言者

民众对社会事务有表达和参与的意愿和权利,在此前提下自发形成的社会组织是民众在社会生活中用以表达民意、传达民情、实现民权、维护民生、参与公共事务的组织载体。

5. 法治的保障者

法治是社会治理的内在要求和基本方式,是对"法律至上""法律主治""制约权力""保障权利"的价值、原则和精神的强调。社会组织参与社会治理,可以促进政府规范行政行为、协调政社关系,从而保障法治建设、法治实践以及民主权利的实现。

(二)社会组织在社会治理中的功能

作为参与社会治理的多元主体之一,社会组织可以推动行业标准的确定、协助政府等权威部门进行社会治理,从而达到善治的目的。比如,残疾人组织可以将中国残疾人联合会与各地市的残疾人组织联系起来,共同推进保障残疾人的权益,为残疾人提供服务,帮助政府等权威部门制定残疾人保护等相关政策法规,共同推动我国残疾人事业的发展。再比如,在学术领域,成立相关的学术研究会或者协会、学会等,将相关学者、专家联合起来共同推动学术领域的健康发展,为专家学者谋取福利和权益,向政府部门建言献策,共同推动相关行业的治理。

1. 提供公共产品和服务

进入中国特色社会主义新时代,我国社会主要矛盾已经转化为人民日益增长的美好生活需要和不平衡不充分的发展之间的矛盾。社会组织参与社会治理,一方面意味着人民自发组织、自发形成的社会组织可以代表由兴趣、价值观和经济利益等分化出的不同群体,反映这些群体的多元化需求;另一方面可以弥补由于政府行为一致性所致的服务趋同性缺陷,快速做出反应,满足数目巨大、种类繁多,或有冲突的各方需求,从而缓解我国社会主要矛盾。

2. 社会规制与监督

社会组织参与社会治理,相对于零散无序的民众个体而言,其最大的优势就在于组织性与规则性。这使得我国社会治理的领导者中国共产党,以及负责人人民政府在社会治理的实践过程中,对广大参与治理的社会民众的有效管理、制约与监督成为可能,进而为打造我国的社会治理体系奠定了基础。

3. 保障社会安定有序

在社会治理创新体系中,社会组织与其他多元治理主体一起形成协同治理网络,在共同分担社会责任的基础上形成多元协调治理机制,共享公共资源,参与社会治理,使社会各方受益。同时,社会治理的宗旨就是确保人民安居乐业、社会安定有序,而社会组织在治理体系中的角色,使其可以监督政府依法行政,促使公民依法办事,维护良好的社会生活秩序。

三、中国社会组织参与社会治理的内容和路径

随着中国社会治理的变革和公民意识的不断觉醒,社会组织逐渐成为我国

社会治理中规模宏大、社会基础深厚、活动领域广泛的第三方力量,参与了经济、政治、文化、社会、生态、党建等领域的社会治理。

(一)经济建设领域

2018年7月6日,中国社会组织经济总规模测算研究课题组公布了对全国社会组织经济贡献研究结果:2016年年末全国70万家法人社会组织的增加值约2789亿元,比当年青海省GDP总量还多了将近217亿元,占同年第三产业增加值的0.73%,其中社会服务机构增加值2272亿元,社会团体增加值356亿元,基金会增加值161亿元。2016年全国社会组织的支出总规模约6373亿元,占同年第三产业GDP的1.66%,其中社会服务机构支出5140亿元,社团支出972亿元,基金会支出261亿元。这些数据充分表明,从提供就业、资源配置到社会服务,社会组织正在为国家经济繁荣和社会发展做出越来越大的贡献,社会组织的成长和发展正在成为我国社会经济建设中的一支重要助推力。

从上述数据来看,无论是经济增加值还是支出规模,社会组织中的社会服务机构所占比例之重显而易见。社会组织占据了第三产业的重要经济份额,而第三产业发展与我国以供给侧结构性改革为主线的经济建设息息相关。因此,社会组织特别是社会服务机构,将在经济建设领域的社会治理中继续发挥重要的作用。

(二)政治建设领域

具有中国特色的社会治理体系中政治建设强调坚持党的领导、人民当家作主、依法治国的有机统一,推进国家治理体系和治理能力现代化,具体到社会组织参与政治建设的实践中,则表现为社会组织集中代表民众参与我国政治建设的各项实践活动。

我国的社会组织是在中国共产党领导下的社会治理主体之一,其根本利益和诉求同党和政府是一致的,坚持党的领导与社会组织依法自治是统一的,信任和赋权是强化社会组织政治功能的核心要义。这就要求我们积极拓展社会组织参与协商民主、决策咨询、对外交往、社区治理、法治建设的有效途径,建立社会组织发展党员的制度化渠道;探索建立政府部门对社会组织政治参与的回应和反馈机制,促进党和政府与社会组织在政治上形成良性互动。

(三)文化建设领域

具有中国特色的社会治理体系在文化建设领域以社会主义核心价值观为引领,加强思想道德建设和社会诚信建设,丰富文化产品和服务,以发挥文化引领风尚、教育人民、服务社会、推动发展的作用。中国特色社会组织文化因此也要坚持社会主义方向,坚持为社会主义文化建设服务。

社会组织的健康发展直接关乎我国社会的稳定和发展,而文化是影响并制约社会组织形成和发展的重要因素。在具有中国特色的社会治理体系中,社会组织参与的文化建设依旧是在马克思主义指导下的民主型文化建设,其本质仍然是人民当家作主。同时,社会组织的良性发展也能推动文化领域的繁荣,如文艺团体的演出、教育和科学协会刊物的发行、志愿和慈善组织的活动、行业协会的博览会等,都会影响广大人民的思维方式和行为方式。

(四)社会建设领域

中国特色的社会治理体系在社会建设领域中的表现是解决好人民群众最关心最直接最现实的利益问题,在学有所教、劳有所得、病有所医、老有所养、住有所居上持续取得新进展,而这些也都是社会组织所关注并做出贡献的专业领域。社会组织在我国公共服务供给方式与提供领域改革中逐渐被激发出"元功能"。近年来,我国政府向社会组织购买公共服务的力度不断加强,对社会组织资金扶持力度不断加大,为社会组织发挥社会建设功能提供了有利的物质条件。

我国已逐步建立起政府主导、社会参与、适度竞争、监管有力的公共服务供给体系,注重发挥社会组织在公共服务供给中的重要作用,逐渐形成政府与社会组织在公共服务供给上的合作伙伴关系。政府作为公共服务供给者和监管者的职能逐步分开,并出台一系列规定明确政府职能转移事项,推动社会组织作用的发挥,刺激公共服务多元供给体制的巩固和完善,以更好地满足人民在公共服务方面的多层次多方位需求。

（五）生态建设领域

环境保护是我国社会组织较为传统也是最为活跃的活动领域。随着改革开放的持续深入和可持续发展战略的推行，我国已经产生了一大批以保护环境、提高公民环保意识为宗旨的社会组织，其中较为著名的包括自然之友、中华环境保护基金会、中国野生动物保护基金会、中国环境科学学会等，它们对于保护环境资源、防治环境污染和破坏都发挥着重要的作用。

伴随中国特色的社会治理体系的形成，社会组织更要满足生态建设领域的要求，通过提升组织的专业化程度、影响政府生态保护政策、宣传和推动生态保护教育等，帮助建设资源节约型、环境友好型社会，加快绿色发展，助力美丽中国建设。

（六）党的建设领域

加强社会组织党建工作，对于加强党对社会组织的领导，引领社会组织正确发展方向，对于激发社会组织活力，促进社会组织在推进国家治理体系和治理能力现代化进程中更好地发挥作用，对于把社会组织及其从业人员紧密团结在党的周围，不断增强党的阶级基础、扩大党的群众基础、夯实党的执政基础，都具有重要意义。

中共中央办公厅于2015年9月28日印发并实施的《关于加强社会组织党的建设工作的意见（试行）》明确指出，社会组织党组织是党在社会组织中的战斗堡垒，发挥政治核心作用；社会组织党组织应履行好六项基本职责，即保证政治方向、团结凝聚群众、推动事业发展、建设先进文化、服务人才成长、加强自身建设。

章节习题

1. 请简述社会组织的内涵与特征。
2. 请论述我国社会组织的发展历程。
3. 请简述我国社会组织在社会治理中的角色和功能。
4. 请论述我国社会组织如何参与社会治理实践。
5. 谈谈你对我国社会组织参与社会治理的看法。

| 社会治理概论 |

案例材料

基层社会组织参与社会治理的有效途径

为推动深圳市、区两级社会组织的纵向合作升级,解决不同类型社会组织间横向跨区域合作的痛点,深圳积极推动组建园区发展网络,形成具有特色的社会组织创新示范集群效应。通过园区发展网络的资源整合、交流互助、抱团发展,深圳市加速社会组织规范化、专业化发展的进程。已构建"1+7"模式的深圳社会组织园区发展网络,由深圳市社会组织总会运营的1个市级公共服务平台——深圳社会组织创新示范基地,以及龙岗社会创新中心、南山区社会组织创新苑、深圳社会组织总部基地(福田)、宝安区社会组织培育服务中心、罗湖社会创新空间、龙华区社会组织孵化服务中心、盐田区社会组织服务园7个区级社会组织园区共同组成。

建立社会组织园区发展网络有何效果呢?以深圳社会组织创新示范基地为例,近年来,通过发布社会组织和各行业动态信息,对接政府向社会组织购买服务的需求,整合社会组织和政府各部门、各区、街道资源,深圳社会组织创新示范基地实现了政府、社会、市场三方的良性互动,营造了社会治理新格局;同时以创新示范基地为基础,分别与各区社会组织孵化基地、创新空间、创新中心、交流基地等平台建立合作关系,实现了社会组织资源利用最大化。恩派公益组织发展中心在"社会组织园区规范化建设"中,于2006年在全国首创"公益孵化器"概念,目前每年在全国孵化约20家民间公益组织。其最先实践的"公益创投"方式也得到广泛认同,先后与企业、政府合作开展了若干公益创投项目。深圳壹基金旗下"我能实验室"品牌自2015年10月创立以来,积极支持和培养行业组织和个人以创新模式参加公益,目前已在全国范围内吸引882个项目报名,其中98个项目晋级,47个项目获得资助,培育了BeeCo同耕·城市农夫、社区妈妈活力公寓、握手302等一批优质的项目,其中两家获得公益企业认证。

再如,龙岗社会创新中心在社会治理创新方面也有不少探索和尝试,其构建的"区级—社区—街道"三级区街联动模式取得了不错的成果。该区街联动模式旨在为龙岗打造一个"良性公益生态圈"。龙岗社创中心不仅致力于社会组织孵化，同时还在深圳市社会公益基金会设立专项基金，建立了一个以党建为引领的组织培育、人才育成、项目提质、资源共享、社会体验等多种服务、多个参与主体的全链条社会治理创新模式。立足龙岗，联动区街，跨部门整合政府、企业、社会组织公共资源和市场资源，建立"总部有资源、街道有平台、社区有服务"的全方位服务体系，打通服务居民"最后一公里"，为深圳营造共建共治共享社会治理格局走在全国前列做出了龙岗贡献。

此外，从社区基金会助推社区治理创新的角度，深圳市光明新区的全国首个区级社区基金会光明社区基金会，为有效整合公益资源、培养专业人才、推进基金会品牌化运营等，提供了新路径。2015年2月，光明新区成功纳入首批国家新型城镇化综合试点地区，在全国率先展开试点，并于8月在深圳市民政局正式注册成立光明社区基金会，同年12月12日该基金会正式揭牌，成为覆盖光明新区28个社区的区级社区治理平台。多年以来，光明社区基金会致力于打造全国首个关注公益、关爱社区的区级社区基金会，并制定了《光明新区社区基金会管理办法》等一系列制度性文件，建立理事会治理、财产独立、银行第三方托管、项目民主决策、项目第三方评估等多项机制，确保项目运作阳光规范，公益资金使用效益最大化。基金会开展了"童趣空间""同心计划""青苗计划"等一系列项目，得到了民政部、省、市相关领导、专家学者和主流媒体的广泛关注和高度肯定。光明社区基金会试点成效为全市乃至全国的社区治理现代化探索了新路径、积累了新经验。

案例来源：秦绮蔚.深圳形成"1+7"模式社会组织创新示范集群效应[N/OL].(2019-05-07)[2021-07-10].http://www.dutenews.com/shen/p/179311.html.

思考：请结合案例说明社会组织参与社会治理的路径有哪些。

第八章 社会规制

【内容提要】

在本书中,社会规制被界定为公共管理研究领域的政府管制。在我国,政府对社会的规制活动是社会治理体系的重要组成部分。本章的重点学习内容包括:社会规制的概念界定和社会规制的主要内容,即对市场领域的规制、对社会领域的规制和政府自身的规制。

第一节 社会规制概述

一、社会规制的概念与特征

"规制"一词是由英文 regulation 翻译而来,是公共管理学、经济学、法学等多门学科共同使用的概念。从我国实践的角度来看,规制与管制、监管、监督、治理等概念都是相关的。当我们谈及规制属于何种学科范畴时,恐难将其归入某种单一学科。例如,公共管理学对规制的研究侧重于政府角度,所以公共管理学中的规制又被称作政府管制、政府监管;法学对规制的研究着力于规制组织的法律架构、规制工具的法律控制、规制程序的法律架构。① 鉴于本书立足于公共管理学研究领域而撰写,我们在此将本章中的社会规制界定为公共管理研究领域中的政府管制。

狭义的政府管制是指政府为了维护公众利益、纠正市场失灵,依据法律和法规,以行政、法律和经济等手段限制和规范市场中特定主体(包括各企业、社会团体或中介机构的法人和自然人,以及执行政府管制的机构及其工作人员)的行为,维护市场竞争秩序,促进市场经济稳健发展。依据政府对微观经济干预政策的性质不同,政府管制可分为经济规制、社会规制和行政规制。② 社会规制是政府管理经济社会的重要职能。在市场机制配置资源的过程中会产生市场失灵现象,政府的社会规制可以纠正市场效率低下、经济活动损害社会利益等市场失灵的现象。在社会主义市场经济条件下,经济调节、市场规制、社会管理、公共服务是政府的四项基本职能,社会规制涉及其中的两项:市场规制(如社会规制中对食品安全和卫生标准的规制)和社会管理(如社会规制中对环境和生态保护的规制)。总之,狭义的政府管制是政府运用行政和经济手段,辅之以法律手段,对在市场活动中涉及生产、消费和交易过程的安全、健康、卫生、环保、信息提供、社会保障等社会行为进行规制,以协调社会成员的利益,增进社会福利,维护社会的公平和稳定。③

广义的政府管制则不仅包括市场领域中的政府规制活动,还包括政府对整个社会从意识形态到客观实在的宏观管控与监督,是通过制定一定的规则对个人和组织行为进行的限制与调控④,可看作政府对整个社会的规制。

综上,本章的社会规制使用的是广义的政府管制的概念界定,其一般特征包括⑤:

内生性。无论是在何种社会发展阶段,政府管制都是维持经济、政治、社会秩序及其正常运行所需要的,反映政府实现其经济、政治、社会等职能的要求。

---

① 胡敏洁.从"规制治理"到"规制国"[N].检察日报,2018-11-06(3).
② 王健."十三五"市场监管要写上浓墨重彩的一笔[J].中国市场监管研究,2016(1):22.
③ 张和群.社会规制理论综述[J].中国行政管理,2005(10):61-63.
④ 陈富良.政府对商业企业的规制研究[M].北京:经济管理出版社,1999.
⑤ 曾国安.管制、政府管制与经济管制[J].经济评论,2004(1):93-103.

多方位性。政府管制不是单方面的,而是包括社会多个领域及多个发展阶段的管制体系。

多层次性。在人类社会生产力发展的不同阶段,履行政府管制职能的具体机构可能会有较大的差别,政府管制的范围也会有不同,政府经济规制、政治规制和社会规制的重要性和优先顺序也不相同,且在经济规制内部、政治规制内部以及社会规制内部也存在核心层次与其他层次之分。

强制性。实行有效的政府管制的重要条件之一就是政府管制具备强制性。没有强制性,政府便没有能力限制被管制主体的行为。政府拥有的行政权和行政法规制定及执行的权力使其管制具有强制性,并以暴力为后盾,这些使得政府管制在任何社会形态中都具有强制性。

权威性。政府管制要么是基于真实的公共利益,要么是在名义上代表公共利益。对社会公众而言,从公共利益出发制定的规则和依据规则实施的管制在义理上、形式上具有更高的权威性。另外,政府管制所具有的强制性,使得政府管制在任何社会形态中都具有超过其他类型组织管制的权威性。

总之,本书将社会规制界定为广义的政府管制范畴,即社会规制是政府为了维持经济、政治、社会秩序及其正常运行而运用公共权力对个人、群体、组织进行的控制和干预。

二、社会规制的作用

从经济学的视角来看,社会规制是政府用以纠正市场失灵导致的资源分配低效和利益分配不公的途径和手段。此外,社会规制的目的还包括回应公民政治需求和维护良好的社会秩序。[①]

(一)回应公民政治需求

党的二十大报告指出"要健全人民当家作主制度体系,扩大人民有序政治参与"。转型时期,社会公众的需求有日益增加的趋势:一方面是随着生活水平

---

① 赵林栋.转型时期的政府社会规制改革:外部环境、内在动因和约束条件[J].经济研究参考,2013(15):52-54.

的提高,公众对于生活质量有了更高的要求;另一方面,转型过程中社会环境的变化、经济制度的变革、政治制度的变迁都影响到个人的生活,公民参与社会事务管理的意识逐渐增强。走向经济独立的个体逐渐形成自己的价值判断,每个个体所看到的是不同的世界。以往的信仰与习俗的引导约束作用因此受到了挑战。道德领域和经济领域都在发生变化。如果说计划经济时期公众对于经济生活和社会生活的心态是相对稳定的,那么,在市场经济变革中公众对于经济生活和社会生活的心态则是变动的。市场经济中的个体受到环境影响的同时也会积极地影响环境。

转型时期的公民需求越来越具有个性化的色彩,越来越体现出多样化的趋势。市场主体出现的行为偏差直接导致经济问题、环境问题;公众出现的行为偏差则导致了社会问题、政治问题。社会规制回应了越来越个性化的公民需求。公民需求成为社会规制改革的动力。

(二) 应对市场失灵

转型期促使政府进行社会规制的经济动因主要有两个:一个是在转型时期,社会主义市场经济体制不健全、市场运行的机制不完善、市场失灵问题频现所导致的市场经济发展过程中的一系列负外部性。在某些领域,这种负外部性甚至比较严重,如环境污染问题、生态破坏问题、资源浪费问题、食品安全问题、收入差距扩大问题、劳动者权益保障问题等。另一个是市场经济的发展为社会规制改革提供了物质基础。经历了市场经济的持续发展,经济总量的增长,政府财政收入的增多,政府更有能力从对经济发展的关注转移到对经济发展负面影响的治理,即有能力进行社会规制。

(三) 维护社会秩序

社会规制要适应社会变化的要求,而转型时期的社会变化更为复杂和迅速。社会矛盾是影响社会稳定和社会秩序的根本原因。针对转型时期社会矛盾复杂多变的特征,社会规制可以"确保国民的生活质量、保障公民的基本权利、确保社会公平和保护经济弱者"[①],从而维护社会秩序和社会稳定。

---

① 卢海燕.论我国政府社会规制的价值取向及制度安排[J].华北电力大学学报(社会科学版),2008(3):74.

第二节　市场规制

从经济学角度出发,市场规制是指政府制定权威性的经济规则,并设立相关机构以监督和促使人们对规则的服从,进而实现对微观经济的监管,也即国家机构为了推动经济和社会发展而设计的控制经济和社会的一揽子工具。经济规制旨在规范市场竞争行为,防止垄断、不正当竞争等市场失序现象,维护市场秩序,消减市场失灵带来的消极影响。

一、市场规制的重要性

市场规制越来越重要的原因主要有两个:其一,建立公平公正透明的市场竞争秩序,提高市场效率,促进社会主义市场健康发展的需要;其二,促进民族企业发展壮大,形成新的经济增长点的需要。①

首先,市场规制与市场经济的发展是相辅相成的关系。适当的市场规制促进市场经济发展,市场经济发展需要加强市场规制。市场经济是以市场机制配置社会资源的经济运行形式。在市场经济中,由于市场机制的内在缺陷,市场可能以低效率或者无效率的方式配置资源,即市场失灵。导致市场失灵的因素主要有垄断、公共产品、外部效应、不完全信息等。这就需要政府加强对市场主体和客体的规制,建立公平公正的市场竞争秩序,改进市场效率,维护社会稳定,保护消费者权益,协调社会成员的利益,增进社会福利,进而促进社会主义市场经济健康发展。

其次,加强市场规制不仅能够规范市场秩序,而且能够维护国内产业利益,促进民族企业发展壮大,形成新的经济增长点。在经济下行压力不断加大的情况下,政府和企业都在努力探寻中国经济新的增长点。然而,我国的消费现实显示:中国人的国外消费增长速度超过国内消费增长速度,国内社会消费品零售总额增长10.8%(含互联网消费),而同期海外消费增长68%。自"三聚氰胺"事件以来,中国从奶粉出口国转变为奶粉进口国。不仅是奶粉,中国人从日本

---

① 王健."十三五"市场监管要写上浓墨重彩的一笔[J].中国市场监管研究,2016(1):21.

买回300元一公斤的大米;到日本买中国团队研究开发的马桶盖;到美国买电器;到欧洲买中国制造的名牌包等奢侈品……中国人去国外购买消费品固然有汇率、关税、价格等经济原因,然而,市场规制滞后于经济发展也是重要的原因。我国的市场规制与经济发展不同步,市场规制错位、缺位、不到位。因此,政府加强市场规制,改进和完善市场规制的制度和流程,将消费行业的政府行政体制改革落到实处,通过强化政府事前事中事后监管真正建立公开公正透明的市场秩序,培育消费者对国内产品的信赖,才能形成中国经济新的增长点,促进实体经济增长、扩大就业和增加居民收入。

此外,"互联网+"行动计划实行以来,依托于互联网平台的分享经济成为中国经济发展热点,各种形式的分享经济体井喷而出,中国已然成为全球最具潜力的分享经济市场。分享经济悄然改变人们生活和消费方式的同时,也暴露出大量问题。分享经济发展初期,国家为了鼓励其发展,设置的市场准入门槛较低,也没有设定统一的行业标准和法律规范。当前,分享经济蓬勃发展,法律规制却相对滞后,传统的法律法规只能作为参考,而无法应对层出不穷的分享经济新形态。许多平台企业为了抢占市场份额,获取更大利益,冒险游走在法律灰色地带,比如降低准入标准和资格审查标准。所以,我国需要制定一系列分享经济法律法规,以规范分享经济的市场秩序,促进分享经济良性发展。

二、市场规制的内容与途径

市场规制,即政府对市场的规制。作为社会规制的主要内容之一,它是政府为确保市场运行畅通、保证公平竞争和公平交易、维护企业合法权益而对市场进行的约束、规范、管理和监督。其目的在于维持正常的市场经济秩序,限制垄断势力,提高市场资源配置效率。市场规制是政府履行其经济管理职能的必然要求,因而市场规制的主体是政府。市场规制的客体是市场经济活动中的所有经济主体,包括企业和消费者,但主要是企业。政府进行市场规制的手段包括:法律手段,如制定相应市场规制法律以及准法律规则;行政手段,如政府颁发许可证、发布行政命令、实施行政处罚以及进行行政援助;劝告手段,即政府向市场主体发出的呼吁、规劝、劝诫等倡导性或警告性要求,旨在加强市场主体对政策政令、法律法规等的持续性遵守。根据政府对经济活动主体互动行为的限制程度和方式的不同,市场规制可以分为直接规制和间接规制。

直接规制是指政府的相关机构通过有关进入、价格、许可、标准、收费等法规而直接对企业的市场行为施加的规制。直接规制通常又分为经济性规制和社会性规制。

经济性规制是政府对特定市场如自然垄断行业、金融业、交通运输业和建筑业等中的企业在定价和进入等方面的控制,直接影响到企业的生产决策和供应方式等。经济性规制的内容包括:第一,进入和退出的规制。进入规制是政府对企业进入某一市场的公共规制。进入规制用以确保市场的规模经济效益和范围经济效益,以提高生产效率。退出规制是政府对已加入自然垄断行业的企业所制定的企业退出该行业的"供给责任"规定,以保证公众的消费利益不受损害。若这些自然垄断行业中的企业从该行业中退出,产品和服务的正常供给就会受到极大挑战。因此,政府需要对这些企业的退出进行必要的限制。第二,价格(收费)规制。价格规制是指在自然垄断行业中,政府从资源有效配置和服务公平供给的角度出发,以限制垄断企业、确定垄断价格为目的,对价格水平和价格体系进行规制。具体包括对垄断行业的价格规制、对保护行业的价格规制、对金融行业的价格规制、对通货膨胀时期的价格规制、对不正当价格的规制、对事业单位的收费规制等。第三,投资规制,即政府对金融投资和实业投资的规制(包括对规制客体投资项目的投资方向、投资规模、投资资金来源、项目可行性论证的审核和批准)。第四,产品特征规制,包括政府相关部门对企业生产和供给的本土和进出口的产品及服务的数量规制与质量规制。数量规制是政府限制企业生产和供给的产品的数量。质量规制则是政府通过设定规则、制定政策、采取干预措施等行政活动,监督、把控企业提供的产品和服务质量,确保消费者利益而实行的规则。

社会性规制是政府以保护劳动者和消费者的安全、健康、卫生,保护环境,防止灾害为目的,为保障物品和服务的供给质量及维护供给过程而禁止、限制市场主体特定行为的政府规制。社会性规制的内容可以分为两大类。一类是应对外部不经济的市场失灵,具体来说包括产权规制、促进生态环境保护和自然资源合理利用的规制。另一类是应对内部不经济的市场失灵。内部不经济是指已经签订了交易合同,但由于各种原因使已签署的契约关系并未实现,未能按契约保证产品质量、工作场所安全等。这种情况下就需要政府对这些隐患问题进行规制。

间接规制指由政府有关部门通过一定的法律程序而对企业的不正当竞争和垄断行为所进行的规制。间接规制的主要内容包括以反垄断法为中心的促进竞争的政策和以处理信息不对称为目的的政策,如保护消费者利益、公开信息等。

2018年中共中央印发《深化党和国家机构改革方案》(以下称《方案》),明确要求组建国家市场监督管理总局。改革市场规制体系,实行统一的市场监管,是建立统一开放竞争有序的现代市场体系的关键环节。

《方案》指出,组建国家市场监督管理总局的目的是完善市场监管体制,推动实施质量强国战略,营造诚实守信、公平竞争的市场环境,进一步推进市场监管综合执法、加强产品质量安全监管。《方案》明确规定,国家市场监督管理总局的主要职责是,负责市场综合监督管理,统一登记市场主体并建立信息公示和共享机制,组织市场监管综合执法工作,承担反垄断统一执法,规范和维护市场秩序,组织实施质量强国战略,负责工业产品质量安全、食品安全、特种设备安全监管,统一管理计量标准、检验检测、认证认可工作等。

针对规模不断壮大的分享经济,政府应当大力引导支持分享经济的发展,不能规制过严,否则会扼杀分享经济发展积极性,但也不能放任不管。对于分享经济的规制要符合经济法的法定原则,行业规范、各主体权力和责任边界都要有法可依;厘清政府、消费者、平台企业、供给方和相关从业者的法律关系,解决分享经济合法性问题。对于分享经济规制成本较大的问题,我们可以选择建立政府和平台合作模式,分级分类监管:法律法规主要对平台进行管控,而平台严格监管上游供应,主动承担起应有的社会责任。[1]

---

[1] 张茂.国家市场规制总局局长撰文:市场规制体制改革的意义[EB/OL].(2018-05-02)[2021-09-16].http://finance.sina.com.cn/china/hgjj/2018-05-02/doc-ifzyqqip7666751.shtml.

三、改革市场规制的意义

习近平总书记在党的十九大报告中提出了深化商事制度改革、完善市场监管体制的改革任务。党的十九届三中全会进一步提出,改革和理顺市场监管体制。十三届全国人大一次会议通过国务院机构改革方案,决定组建国家市场监督管理总局,加强市场综合监管。这是党中央做出的重大决策部署,必将对我国市场监管格局的重塑和市场体系的完善带来深远的影响。① 改革市场规制的意义主要体现在以下几个方面:

第一,改革市场规制体制,是优化政府机构职能、推进国家治理体系和治理能力现代化的迫切需要。市场规制是发展市场经济进程中政府的重要职能,加强和改善市场规制是政府机构职能调整优化的重要方向。

第二,改革市场规制体制,是维护市场公平竞争、推动我国经济高质量发展的迫切需要。随着我国经济发展进入新时代,营商环境就是生产力和竞争力。营造良好的市场环境,充分激发市场的活力和创造力,是我国经济繁荣发展的重要保障,是我国经济从高速增长转向高质量发展的重要基础。市场力量的发挥,市场机制作用的发挥,不是自发形成的,关键要依靠体制机制做保障。

第三,改革市场规制体制,是适应消费升级趋势、满足人民群众对美好生活向往的迫切需要。广大人民群众对消费品质的更高要求,对维护消费者权益的更多期望,是人民对美好生活追求的重要体现。但在当前,消费品质量标准不健全或国内标准低于国际标准的问题仍然比较突出;消费者权益保护机制仍有待健全,比如网上跨境消费争议解决、消费者个人信息保护等方面的机制还不能适应发展要求;安全放心的消费环境还未完全形成,消费软硬件环境也有待改善,旅游、养老、家政、餐饮等服务领域缺乏统一行业服务标准。人民群众消费时经常感到不踏实、不放心。因此,加强市场监管的有效性和针对性,营造安全放心的消费环境,健全顾客满意度监测评估体系,完善全过程产品和服务安全防范机制,就成为改革市场规制体制在满足消费者需求方面的关键。

---

① 张茂.国家市场规制总局局长撰文:市场规制体制改革的意义[EB/OL].(2018-05-02)[2019-10-07].http://finance.sina.com.cn/china/hgjj/2018-05-02/doc-ifzyqqip7666751.shtml.

第四,改革市场规制体制,是适应经济发展全球化趋势、提高我国国际竞争力的迫切需要。市场规制理念以及具体规则不仅影响本国的市场经济运行,而且是影响国家竞争力和国际影响力的重要因素,是构建全面开放新格局的重要基础。聚焦全球视野和国际经验,改革市场规制体制,增加市场规制制度供给,推动监管规则与国际接轨,对于提升我国市场规制的国际化水平、提升我国经济的国际竞争力具有重要的意义。

第三节 社会领域的规制

20世纪80年代以来,随着新公共管理运动的壮大,人们要求政府将掌舵和划桨的职能分开,并将其对应划分给国家和社会。政府被赋予了相对的自由,但同时又被要求承担必要的职责,即对经济和社会生活领域进行必要的宏观引导、促进社会目标的达成。政府在社会生活领域中的规制,即社会领域的规制,就是指政府针对价值观、社会组织以及社会文化等的管控和干预。

一、进行价值引导

改革开放以来,尤其是1992年邓小平发表南方谈话以后,中国开始建立社会主义市场经济体制。走市场经济之路,一方面极大地激发经营者的自主意识、竞争意识、效率意识、创新意识,另一方面也滋生了唯利是图、拜金主义、权钱交易、假冒伪劣等不正之风。市场经济在推动经济发展的同时,造成了贫富差距拉大、异化劳动等问题。

在这样的经济社会发展背景下,党中央提出了依法治国与以德治国相结合的治国方略,构建与社会主义市场经济相适应的道德体系,以"爱国守法、明礼诚信、团结友善、勤俭自强、敬业奉献"为内容的公民基本道德规范。在国家层面上,《中国共产党章程》把中国共产党在社会主义初级阶段的基本路线规定为:"领导和团结全国各族人民,以经济建设为中心,坚持四项基本原则,坚持改革开放,自力更生,艰苦创业,为把我国建设成为富强民主文明和谐美丽的社会主义现代化强国而奋斗。"为了更好地应对改革开放和发展社会主义市场经济条件下思想意识多元多样多变的新特点,凝聚全党全社会的价值共识,党的十八大提出了社会主义核心价值观,即在国家层面上的富强、民主、文明、和谐,社会层面上的自由、平等、公正、法治,公民层面上的爱国、敬业、诚信、友善。社会主义核心价值观是社会主义核心价值体系的内核,体现社会主义核心价值体系的根本性质和基本特征,反映社会主义核心价值体系的丰富内涵和实践要求,是社会主义核心价值体系的高度凝练和集中表达。社会主义核心价值观的形成为政府的社会规制提供了明确而清晰的价值导向。党的二十大之后,社会主义核心价值观继续广泛践行。

二、监督和管理社会组织

政府在社会治理中需要处理好与社会组织的关系,对职能重新定位,更新观念,简政放权,实现从管理型政府向服务型政府的转变。改革开放以来,在各级党委和政府的重视与支持下,我国社会组织不断发展,在促进经济发展、繁荣社会事业、创新社会治理、扩大对外交往等方面发挥了积极作用。同时我们也要看到,目前社会组织工作中还存在法规制度建设滞后、管理体制不健全、支持引导力度不够、社会组织自身建设不足等问题。从总体上看,社会组织发挥的作用还不够充分,一些社会组织违法违规现象时有发生。[①]

2016年8月,中共中央办公厅、国务院办公厅印发了《关于改革社会组织管理制度促进社会组织健康有序发展的意见》(以下简称《意见》),首次提出"努力走出一条具有中国特色的社会组织发展之路"这一重大命题。《意见》指出,以社会团体、基金会和社会服务机构为主体组成的社会组织,是我国社会主义现代化建设的重要力量。到2020年,统一登记、各司其职、协调配合、分级负责、依法监管的中国特色社会组织管理体制建立健全,社会组织法规政策更加完善,综合监管更加有效,党组织作用发挥更加明显,发展环境更加优化;政社分开、权责明确、依法自治的社会组织制度基本建立,结构合理、功能完善、竞争有序、诚信自律、充满活力的社会组织发展格局基本形成。

《意见》认为,政府对社会组织的严格管理和监督应该包括以下几方面。

第一,加强对社会组织负责人的管理。民政部门会同有关部门建立社会组

---

① 陈德权.社会组织管理概论[M].北京:清华大学出版社,2016:25.

织负责人任职、约谈、警告、责令撤换、从业禁止等管理制度,落实法定代表人离任审计制度。建立负责人不良行为记录档案,强化社会组织负责人过错责任追究,对严重违法违规的,责令撤换并依法依规追究责任。推行社会组织负责人任职前公示制度、法定代表人述职制度。

第二,加强对社会组织资金的监管。建立民政部门牵头,财政、税务、审计、金融、公安等部门参加的资金监管机制,共享执法信息,加强风险评估、预警。民政、财政部门要推动社会组织建立健全内控管理机制,严格执行国家有关财务会计制度和票据管理使用制度,推行社会组织财务信息公开和注册会计师审计制度。财政部门要加强对社会组织财政、财务、会计等政策执行情况的监督检查,发现问题依法处罚并及时通报民政部门。税务部门要推动社会组织依法进行税务登记,对于没有在税务机关登记的社会组织,要在规定时间内完成登记手续;加强对社会组织非营利性的监督,严格核查非营利组织享受税收优惠政策的条件,落实非营利性收入免税申报和经营性收入依法纳税制度;加强对社会组织的税务检查,对违法违规开展营利性经营活动的,依法取消税收优惠资格,通报有关部门依法处罚社会组织和主要责任人。审计机关要对社会组织的财务收支情况、国有资产管理使用情况进行审计监督。金融管理部门要加强对社会组织账户的监管、对资金往来特别是大额现金支付的监测,防范和打击洗钱和恐怖融资等违法犯罪活动。中国人民银行要会同民政部加快研究将社会组织纳入反洗钱监管体系。

第三,加强对社会组织活动的管理。各级政府及有关部门要按照职能分工加强对社会组织内部治理、业务活动、对外交往的管理。民政部门要通过检查、评估等手段依法监督社会组织负责人、资金、活动、信息公开、章程履行等情况,建立社会组织"异常名录"和"黑名单",加强与有关部门的协调联动,将社会组织的实际表现情况与社会组织享受税收优惠、承接政府转移职能和购买服务等挂钩。民政部门要会同有关部门建立联合执法制度,严厉查处违法违规行为,依法取缔未经登记的各类非法社会组织。对被依法取缔后仍以非法社会组织名义活动的,公安机关要依法处理。行业管理部门要将社会组织纳入行业管理,加强业务指导和行业监管,引导社会组织健康发展,配合登记管理机关做好本领域社会组织的登记审查,协助登记管理机关和相关部门做好对本领域社会组织非法活动和非法社会组织的查处。外交、公安、物价、人力资源和社会保障等部门对社会组织涉及本领域的事项事务履行监管职责,依法查处违法违规行为并及时向民政部门通报。实行双重管理的社会组织的业务主管单位,要对所主管社会组织的思想政治工作、党的建设、财务和人事管理、研讨活动、对外交往、接收境外捐赠资助、按章程开展活动等事项切实负起管理责任,每年组织专项监督抽查,协助有关部门查处社会组织违法违规行为,督促指导内部管理混乱的社会组织进行整改,组织指导社会组织清算工作。

第四,规范管理直接登记的社会组织。直接登记的行业协会商会类、科技类、公益慈善类、城乡社区服务类社会组织的综合监管以及党建、外事、人力资源服务等事项,参照《行业协会商会与行政机关脱钩总体方案》及配套政策执行,落实"谁主管谁负责"的原则,切实加强事中事后监管。对已经成立的科技类、公益慈善类、城乡社区服务类社会组织,本着审慎推进、稳步过渡的原则,通过试点逐步按照对直接登记社会组织的管理方式进行管理。民政部要会同有关部门制定全国性社会组织试点方案,具体负责组织实施。地方社会组织试点工作,在各省(自治区、直辖市)党委和政府统一领导下,由民政部门具体负责组织实施,试点方案要根据当地情况研究制定。具备条件的地方可探索一业多会;已开展试点工作的地区要进一步完善试点工作。

第五,加强社会监督。鼓励支持新闻媒体、社会公众对社会组织进行监督。民政部要会同有关部门制定实施各类社会组织信息公开办法,探索建立社会组织年度报告制度,规范公开内容、机制和方式,提高透明度;探索建立专业化、社会化的第三方监督机制,建立健全社会组织第三方评估机制,确保评估信息公开、程序公平、结果公正;建立对社会组织违法违规行为及非法社会组织投诉举报受理和奖励机制,依法向社会公告行政处罚和取缔情况。

第六,健全社会组织退出机制。对严重违反国家有关法律法规的社会组织,要依法吊销其登记证书;对弄虚作假骗取登记的社会组织,依法撤销登记;对未经许可擅自以社会组织名义开展活动的非法社会组织,依法予以取缔。完善社会组织清算、注销制度,确保社会组织资产不被侵占、私分或者挪用。

党的十九大召开之后,中央有关部门继续制定和实施一系列清理、规范和支持社会组织发展的办法,推动行业协会、商会与行政机关真正脱钩,致力于建立新型行业协会商会管理体制和运行机制,促进和引导行业协会商会自主运行、有序竞争、优化发展。

三、引导社会文化发展

我国的文化体制改革是在当今社会经济和文化全球化趋势日益增强的背景下,中国社会全面转型在一种意识形态上的反映。在"五位一体"的总体布局下和建设文化强国的理念引导下,我国政府应该积极引导文化繁荣发展,向世界展现一个真实、立体的中国。

2018年8月,习近平总书记在全国宣传思想工作会议上指出,要引导广大文化文艺工作者深入生活、扎根人民,把提高质量作为文艺作品的生命线,用心用情用功抒写伟大时代,不断推出讴歌党、讴歌祖国、讴歌人民、讴歌英雄的精品力作,抒写中华民族新史诗。要坚持把社会效益放在首位,引导文艺工作者树立正确的历史观、民族观、国家观、文化观,自觉讲品位、讲格调、讲责任,自觉遵守国家法律法规,加强道德品质修养,坚决抵制低俗庸俗媚俗,用健康向上的文艺作品和做人处事陶冶情操、启迪心智、引领风尚。要推出更多健康优质的网络文艺作品。要推动公共文化服务标准化、均等化,坚持政府主导、社会参与、重心下移、共建共享,完善公共文化服务体系,提高基本公共文化服务的覆盖面和适用性。要推动文化产业高质量发展,健全现代文化产业体系和市场体系,推动各类文化市场主体发展壮大,培育新型文化业态和文化消费模式,以高质量文化供给增强人们的文化获得感、幸福感。要坚定不移将文化体制改革引向深入,不断激发文化创新创造活力。

习近平总书记强调,要不断提升中华文化影响力,把握大势、区分对象、精准施策,主动宣介新时代中国特色社会主义思想,主动讲好中国共产党治国理政的故事、中国人民奋斗圆梦的故事、中国坚持和平发展合作共赢的故事,让世界更好了解中国。中华优秀传统文化是中华民族的文化根脉,其蕴含的思想观念、人文精神、道德规范,不仅是我们中国人思想和精神的内核,对解决人类问题也有重要价值。要把优秀传统文化的精神标识提炼出来、展示出来,把优秀传统文化中具有当代价值、世界意义的文化精髓提炼出来、展示出来。要完善国际传播工作格局,创新宣传理念、创新运行机制,汇聚更多资源力量。

第四节 政府自身的规制

一、社会治理视角下的中国政府职能改革

中华人民共和国成立之初,为了恢复经济,政府以行政手段代替市场机制,依靠计划经济分配物资以调节商品供求关系,形成"全能型"政府,即政府同时扮演生产者、监督者、调控者的角色。这是中国政府职能转变的起点。

改革开放之初,市场经济得到快速发展。尽管我国以计划经济为主的经济体制尚未改变,但在十余年改革实践过程中积攒的宝贵经验,为市场经济体制的进一步确立奠定了基础:中央财政危机引发中央和地方、政府和企业关系的重塑,政府与市场的关系逐渐清晰。

改革开放之初到1998年的二十年间经历了三次较大规模的政府机构改革,但每次都逃脱不了精简再膨胀的怪圈。其根本原因是政府机构设置和政府职能转变目标之间的不匹配。一方面,发展市场经济的目标要求政府向市场放权、减少对微观经济的干预;另一方面,政府职能机构设置上仍然保留着专业经济管理部门,导致政企不分的现象难以消除。

随着1998年政府机构改革中专业经济管理部门的撤销,制度层面上政企不分的组织基础在很大程度消除了,完成了市场经济下政府职能在制度层面上的转变。党的十六大提出深化行政管理体制改革,完善社会主义市场经济体制。

2003年和2008年两次机构改革中,社会主义市场经济体制下的政府职能结构基本形成。党的十七大则提出建设服务型政府的要求,代表我国政府职能从"管理型"转向"服务型",十七届二中全会更提出了"从制度上更好地发挥市场在资源配置中的基础性作用,更好地发挥公民和社会组织在社会公共事务管

理中的作用"。政府则将更多的资源投入公共服务领域。①

新时期,中国进入全面深化改革阶段。新一届中央领导集体将行政体制改革提高到国家治理体系和治理能力现代化的新高度,全面推进行政法治化、规范化。党的十八大以后,我国政府把简政放权、深化行政审批制度改革作为转变政府职能的先手棋和当头炮,不断推进行政体制改革向"深水区"前进,政府职能进入全面深化改革的新时期。改革开放至今已有四十多个年头,政府职能经历了"统治型—管理型—服务型"的转变过程,社会主义市场经济体制下的政府职能逐步确立,中国特色社会治理模式初步形成。随着经济增速的放缓,经济建设职能的重心从总量的增长转变为质量和结构的优化,政府与市场边界进一步厘清,政府市场规制、公共服务和社会管理职能进一步强化,职能结构日趋合理。②

二、政府的反腐败监察工作

十三届全国人大一次会议通过宪法修正案和监察法,产生国家监察委员会及其领导人员。2018年3月23日,中华人民共和国国家监察委员会正式揭牌。至此,国家、省、市、县四级监察委员会全部组建产生,标志着我国监察体制改革迈入全面深化新阶段,党和政府反腐败工作开启新的篇章,全面深化改革、全面从严治党和全面依法治国持续推进。③

（一）构建党统一指挥、全面覆盖、权威高效的监察体系

2018年6月,中共中央纪律检查委员会、国家监察委员会派驻纪检监察组,是对中央和国家机关所有行使公权力的公职人员监察全覆盖的重要一步。各级纪委监委不断深化派驻机构改革,及时扩大派驻监督对象的覆盖范围。同年12月,中央政治局常委会召开会议,先后两次听取了中央纪律检查委员会工作

---

① 郭菊娥,袁忆,张旭.改革开放40年政府职能转变的演进过程[J].西安交通大学学报(社会科学版),2018(6):46-56.
② 郭菊娥,袁忆,张旭.改革开放40年政府职能转变的演进过程[J].西安交通大学学报(社会科学版),2018(6):46-56.
③ 姜洁.开启党和国家反腐败工作新篇章:深化国家监察体制改革一年扫描[N].人民日报,2019-03-01(6).

汇报,并研究部署2019年党风廉政建设和反腐败工作。

深化国家监察体制改革的突出成效是强化了对公职人员的日常监督,改变了之前对公权力监督乏力的状况。监察体制改革之前,行政监察的范围过窄,监督对象有限,很多非中共党员没有被纳入监督范围。监察体制改革之后,执纪执法综合运用"四种形态",将所有行使公权力的公职人员纳入监督范围,大大填补了原有监督范围的空白点。监察体制改革又一重要成就是将过去因纪法衔接不畅所导致的纪、法中间存在的一片广阔的空白地带,即"犯罪有人管、违法无人过问"的情况纳入监管。监察体制改革之后,不仅要对严重违纪违法、涉嫌犯罪的行为进行审查调查,还要对轻微违纪违法、尚未构成犯罪的行为进行监督检查和监察调查。

习近平总书记指出,要在新的起点上持续深化党的纪律检查体制和国家监察体制改革,促进执纪执法贯通,有效衔接司法,推进反腐败工作法治化、规范化,为新时代完善和发展中国特色社会主义制度、推进全面从严治党提供重要制度保障。这是党的十九大以来,党中央加强对反腐败工作全方位全过程领导的典型例证。监察体制改革之前,反腐败力量分散在纪委、行政监察机关、检察院反贪机构等多个部门,存在管理多头、政出多门、效率不高等问题。改革后,各地通过深化监察体制改革的探索,将反腐败的力量统一整合到一个部门,由原来侧重"结果领导"转变为"全过程领导",健全完善党对反腐败工作集中统一领导的体制机制。

(二)建立健全反腐败的各项制度

第一,建立健全廉政风险防控制度。廉政风险防控是推进权力公开透明运行、健全权力运行制约和监督机制的一项重要实践和探索。要针对重点对象、重点领域和关键环节,逐步建立健全风险预警、纠错整改、内外监督、考核评价和责任追究机制,形成一整套行之有效的廉政风险防控制度体系。

第二,健全防止利益冲突制度。防止利益冲突是现代廉政立法的基础,是加强领导干部从政道德建设、从源头上防治腐败的重要举措。要进一步完善市场机制,重点解决公共资源配置、公共资产交易、公共产品生产等领域中利益冲突问题。要进一步完善利益冲突回避制度,重点完善公务回避、任职回避、地域回避制度;进一步完善并严格执行公职人员行为限制和领导干部亲属经商、担任公职与社会组织职务等相关制度规定,防止领导干部利用公共权力或自身影响为亲属和其他特定关系人谋取私利。

第三,着力健全领导干部报告个人有关事项等制度。推行新提任领导干部有关事项公开制度的试点,抓紧制定领导干部个人有关事项报告抽查核实办法,加强对报告核查结果的运用和违规惩戒力度;建立健全对国家工作人员配偶子女移居国(境)外的管理制度,制定配偶移居国(境)外的国家工作人员任职岗位管理办法,强化对党员、干部特别是领导干部的监督。

第四,加强反腐败国家立法。根据形势的发展和任务的需要,不断完善惩治和预防腐败法规制度。一要把那些经过实践检验、适应形势发展的党纪政纪规定和行政规章上升为法律法规,尽快形成较为完整的反腐倡廉法规制度体系。对现有的法规制度,过时的要及时废止,不完善的要适时修订完善,需要细化的要尽快制定实施细则,需要制定配套制度的要抓紧制定。二要不断完善惩治和预防腐败的各项专门法律法规。从长远看,反腐倡廉法律法规应当由"反腐败法"这样的廉政基本法和有关单行法律、配套法规组成。从近期看,应重点做好反腐败单行法律和配套法规的立法工作。要健全腐败案件揭露、查处机制,畅通来信来访和网络等各种信访举报渠道,完善保护证人、举报人制度;完善惩治贪污贿赂和渎职侵权犯罪法律法规,对腐败实行零容忍政策;规范国家工作人员从政行为,健全完善防止利益冲突的法律法规,着力整合预防腐败各项法规制度;开展反腐败国际合作,完善反洗钱法律法规,健全防范腐败分子外逃和追逃追赃机制,逐步形成与坚决惩治腐败和有效预防腐败要求相适应的法律法规体系。

(三)促进全面从严治党和国家监察向基层延伸

各级纪检监察机关始终保持惩治腐败高压态势,"打虎""拍蝇""猎狐"多管齐下,使全面从严治党和国家监察向基层延伸,不断增强广大群众的获得感和安全感。党的十九大以来至2018年年底,中央纪委、国家监委立案审查调查中管干部77人,给予党纪政务处分64人,涉嫌犯罪移送司法机关15人。2018

年,全国纪检监察机关共立案63.8万件,处分62.1万人,较2017年分别增长20.9%、17.8%,均创纪律检查机关恢复重建40年来的最高值。在高压震慑下,全国共有2.7万名党员干部主动交代了违纪违法问题,5000余名党员领导干部主动投案。截至2019年3月,我国已连续4年开展"天网"行动,共从120多个国家和地区追回外逃人员5000多名,其中"百名红通人员"56人,追回赃款100多亿元。① 在《关于敦促职务犯罪案件境外在逃人员投案自首的公告》规定的投案自首期限内,165名外逃人员主动投案。② 与此同时,为解决基层公职人员滥用公权力的问题,监察体制改革以来,各地积极推动监察工作向基层延伸,着力打通监督监察"最后一公里"。

在以习近平同志为核心的党中央坚强领导下,国家监察体系总体框架初步建立,党统一指挥、全面覆盖、权威高效的监督体系不断健全,走出了一条中国特色的监察道路。但也要清醒地看到,反腐败斗争形势依然严峻复杂,深化监察体制改革仍旧是一项长期而艰巨的政治任务。

章节习题

1. 如何理解狭义的以及广义的社会规制?
2. 社会规制的主要内容包括哪些方面?
3. 市场规制是否重要?为什么?
4. 市场规制的内容与途径是什么?
5. 对社会领域的规制包含什么内容?
6. 请论述政府对社会组织进行监督和管理的内容。
7. 简要谈谈党和政府的反腐败监察工作。

---

① "天网2018"行动完美收官 全国共追回外逃人员1335名[N/OL].(2019-01-10)[2021-09-17]. https://baijiahao.baidu.com/s? id=1622236271737577993&wfr=spider&for=pc.
② 刘廷飞.已经大错特错 切勿一错再错[N/OL].(2019-01-08)[2021-09-17].http://fanfu.people.com.cn/BIG5/n1/2019/0108/c64371-30509842.html.

案例材料

广东省深圳市盐田区:构建"政社合作伙伴关系"

广东省深圳市盐田区与香港山水相连,社会组织发展比较迅速,社会组织参与经济社会建设的愿望也比较强烈。2012年,广东省在省、市、区三级建立统筹社会建设的专责部门——社工委,把社会组织规范发展作为一项重点工作,从而拉开了以构建"政社合作伙伴关系"为核心的社会组织培育发展工作大幕。

(一)降低门槛,率先推进社会组织登记制度改革

2012年,深圳市盐田区制定并出台了《深圳市盐田区社区社会组织登记和备案管理制度(试行)》,除法律法规规定需前置审批的社会组织类型以外,对公益慈善、社会服务等八大类社会组织全部实行了直接登记制度,同时放宽社区社会组织准入门槛、简化办事程序,实行登记和备案双轨制。2016年5月1日起,结合社会组织登记注册"五证合一"改革工作,率先探索实施网上直接登记改革,建立社会组织直接登记负面清单;简化审批登记程序,缩短审批链条,采用网上并联审批方式,实现部门间的协同审批。

(二)重点孵化,建设深圳市首个社会组织服务园

2012年,盐田区在深圳市各区中率先建设社会组织服务园,遴选辖区经济社会发展亟需、具有成长潜力的社会组织,重点培育、孵化。在机制建立上,制定了《深圳市盐田区社会组织服务园管理办法》,探索建立起盐田区社会组织准入退出、扶持奖励、登记评估等孵化机制,以及社会组织准入条件、孵化培育服务流程、服务项目评估与退出管理等制度体系;在运作模式上,采取"本土+引进""园内+园外"共同孵化模式,形成了由区社会组织服务园,工青妇社会组织加速器,各街道、社区服务中心社会组织孵化站构成的多元化"孵化网络",引进了市慈善会、市公益基金会和腾讯公益基金会等24家支持型社会组织;在服务方式上,依托社会组织信息平台,采用信息化的手段,为入园社会组织提供孵化培育、展示交流、能力建设和人才培养等服务。

(三)规范指导,创新编制出台社会组织政策指引

2014年,针对社会组织宗旨使命不清晰、法人治理不完善、财务管理不规范

等问题,盐田区为社会组织编制了一本《社会组织规范发展"盐田指引"》,包括社会组织基本准则、社会组织法人治理指引、社会组织财务管理指引、社会组织规范化运营工作指引等四大板块。该书已经成为全区社会组织的"案头书"和"工具书"。

(四)搭建平台,创造性推动社会组织参与社会建设

为扩大辖区社会组织在居民中的知晓度以及对社会建设的参与面,盐田区多维度搭建平台,为社会组织展现自我、加快成长、服务居民创造机会。一是设立专项资金。2013年,盐田区在深圳市率先设立培育发展社会组织专项资金,用于资助社区服务类、公益慈善类、文化体育类等居民欢迎、社会急需的社会组织服务项目。二是建设社区服务中心。在全区18个社区设立社区服务中心,通过招投标方式引进社会组织运营,为社区居民提供7大类30多种服务。三是购买社工服务项目。根据居民需求,向社会组织购买了禁毒、信访、社区矫正、婚姻家庭、医患援助等专业社工服务项目。四是举办社会组织活动周。

(五)留住人才,高标准打造社会组织持续发展"蓄水池"

加大对社会工作人才的激励,用政策、感情留住人才,打造盐田区社会工作人才"蓄水池"。一是将社会工作人才培育纳入辖区"十大人才工程"。以盐田区社会工作协会为枢纽,建立完善社会工作人才教育培训体系,加强师资队伍、培训基地建设,起草《盐田区专业社会工作人才扶持激励办法》。二是创建"全国社会工作服务标准化试验区"。依托辖区良好的社会工作基础,目标出台一批指导性、操作性、专业性强的社会工作服务分领域标准,规范和指引盐田社工为居民提供贴切合适的服务,为全国社工服务标准化建设探索有益经验。

(六)建章立制,运用信息化手段全面构建社会组织综合监管机制

2016年,为打破社会组织行政监管各自为政、社会组织信息透明度不高、社会组织评估监管办法单一等状况,深圳市委托盐田区以深圳市社会组织服务监管综合平台为依托,在政府部门、社会组织、社会公众中推广使用平台上的社会组织登记系统、社会组织协同监管系统、社会组织数据分析系统、社会组织办公自动化系统、社会组织综合评估系统、社会组织门户网站、社会组织公众服务系

统等七大系统,并建立与之配套的制度机制,探索构建统一登记、各司其职、协调配合、分级负责、依法监管的社会组织综合监管及服务体制。

社会组织对经济社会建设的推动作用正不断地显现出来。盐田区在现有政策框架下,以推动社会组织规范发展、构建"政社合作伙伴关系"为核心,大刀阔斧推进社会组织培育及监管各环节改革创新,为社会组织成长壮大、服务社会、有序运营创造了良好的环境;社会组织积极规范内部运作,不断提高承接政府公共服务能力,有效补齐了政府公共服务的"短板",成为辖区社会建设的一支不可或缺的有生力量。

案例来源:邓雪婷.深圳盐田:携手社会组织创新社会治理[N/OL].(2017-11-22)[2021-07-10].http://iyantian.sznews.com/yantian-news/contents/2017-11/22/content_17811466.htm.

思考:请结合以上案例说明如何进行社会规制。

第九章 虚拟社会治理

【内容提要】

本章主要介绍虚拟社会治理的内涵与外延,虚拟社会治理与社会治理的关系,以及我国是如何进行虚拟社会治理的。通过本章的学习,需要掌握虚拟社会治理的基本概念、内涵与外延、特征,虚拟社会治理与社会治理的关系及差异,虚拟社会治理建设的目标、原则、内容和路径。

第一节 虚拟社会治理的内涵与外延

2021年2月3日CNNIC发布的《第47次中国互联网络发展状况统计报告》显示,截至2020年12月,中国网民规模达9.98亿,已占全球网民的五分之一,互联网普及率达70.4%,高于全球平均水平。疫情期间全国一体化政务服务平台推出"防疫健康码",累计申领近9亿人,使用次数超400亿人次,支撑全国绝大部分地区实现"一码通行"。我国在线教育、在线医疗用户规模分别为3.42亿人、2.15亿人,占网民整体的34.6%、21.7%。中西部网民规模较2016年增长40%,增速较东部地区高出12.4个百分点。网络扶贫行动向纵深发展取得实质性进展,并带动边远贫困地区非网民加速转化,比如:在网络覆盖方面,贫困地区通信"最后一公里"逐渐打通,贫困村通光纤比例达98%;在农村电商方面,电子商务进农村实现对832个贫困县全覆盖。①

随着互联网和电子信息技术的发展,人类已经进入数字化时代,互联网已经成为人类生活必不可少的一部分。从某种意义上来说,互联网的发展在一定程度上影响着人类生产和生活方式。在以互联网为核心的信息化进程中,人类社会已经形成了一种全新的社会组织形态——虚拟社会。

一、虚拟社会治理基本概念

虚拟社会是相对于现实社会的一个称谓,是建立在计算机和互联网信息技术基础上的社会,是将现实社会结构以数字化的形式展示出来所形成的一种超越时空的社会,其本质是现实社会在特定的时间、空间、条件下的一种表现。②

虚拟社会有别于现实社会,但又与现实社会紧密相关。在虚拟社会中产生的事物往往会引发现实社会中的某些行为,而现实社会中的行为反过来又会影响社会的意识形态,从而改变虚拟社会中人们的认知。虚拟社会与现实社会具有相似性,现实社会中的个体、个体间的关系、个体间的交互行为等在虚拟社会中会以数字化的形式表现出来。因此,虚拟社会治理同样需要法律等手段来建立良好的经济、文化等秩序,维护虚拟社会的稳定。

虚拟社会治理主要是指在网络空间中,按照现实社会的需求采取必要的措施对网络社会的秩序进行维护,从而促使社会良性发展以及实现科学治理。③虚拟社会治理的主体和现实社会治理的主体是一样的,其特点具有多元性、可变性、交互性,涉及的治理主体包括政府及相关部门、社会组织等。加强虚拟社会治理是政府相关部门义不容辞的责任,也是构建和谐社会的必要条件。

---

① 《第47次中国互联网络发展状况统计报告》[EB/OL].(2021-02-03)[2021-07-03].http://www.cac.gov.cn/2021-02/03/c_1613923423079314.htm.
② 唐钧.社会管理概论[M].北京:中国人民大学出版社,2013:129-130.
③ 孙晓光.全面依法治国背景下网络社会治理的问题与对策研究[D].成都:西南石油大学,2017:10-11.

二、虚拟社会治理的内涵与特征

互联网时代下,治理的对象、工具和方式都发生了转变。为进一步理解虚拟社会治理的含义,需要在厘清虚拟社会治理基本概念的基础上,确定虚拟社会治理的内涵与特征。

(一)虚拟社会治理的内涵

虚拟社会可以被看作现实社会的一个缩影,因此,虚拟社会治理的主体也可以被理解为现实社会治理的主体,不仅包括网民,还应该有教育者和政府。首先,网民可以被看作虚拟社会中最基本的单位。网民在网络社会中看上去比较自由,但相关部门不能忽视网民的网上言论对社会以及政治造成的影响。其次,网络教育者,即网络社会中可以积极引导舆论的意见领袖,属于虚拟社会治理的主要执行者。他们就网民对社会和政治产生的影响进行预测以及引导,从而维护虚拟社会的稳定与安全。最后,政府在虚拟社会中的主要职能包括公共事物管理、网上服务以及网上管理等。虚拟社会治理的中心是政府,其主要构成部分是网民,网络教育者属于治理的主要执行者。

(二)虚拟社会治理的特征

虚拟社会是现实社会的一种延伸。对虚拟社会的治理是建立在网络技术基础上的,其特征也是基于网络技术而形成的。

1. 虚拟社会治理的高度复杂性

虚拟社会和现实社会存在非常密切的关系,或者说,虚拟社会并非独立于现实社会而存在,它是现实社会的一个缩影,并且和现实社会一样复杂。首先,随着移动互联网的发展,抖音、微博等平台上来自社会各阶层的网民参与数量不断增加。网民有不同的利益诉求和思想观念,这给治理工作带来一定难度。比如,反动组织可能利用某个热点事件挑起社会矛盾,企图破坏社会稳定。其次,虚拟社会中个人信息安全难以保障。比如网络诈骗、网络病毒等都对个人信息安全造成侵害,严重影响人们的正常社会生活。以上这些都体现了虚拟社会治理高度复杂性的特点。

2. 虚拟社会治理对象的跨时空性

互联网本身打破了时空限制,使得人与人之间的联系更加便捷。很多网络平台在很短的时间内就可以聚集起来自不同地域的大量网民,形成强大的舆论力量。同样,虚拟社会治理也不受时间以及空间的限制,在任何时间及地点都可以实施。考虑到治理对象快速流动、动态变化的特点,虚拟社会治理不能采用传统的、按地域治理的模式。这种治理对象的跨时空性势必引发因管辖范围不确定而产生的治理难度和治理成本的增加。

3. 虚拟社会的开放性

由于互联网技术本身具有自由开放的特点,在虚拟社会当中,每个网络成员都可以很方便地发布信息或者查找感兴趣的信息。相比于传统的现实社会,虚拟社会中政府和管理者在舆论上的主导优势被大大削弱。

第二节 虚拟社会治理与社会治理

虚拟社会治理相对于社会治理有自身的特殊性。比如,在虚拟社会治理中,我们对社会的感知不再是局限于对客观现实世界事物的感知,而是更多地聚焦在虚拟社会的数字化信息上。虚拟社会并不是虚无缥缈无法感知的,它客观存在于我们生活的世界中,并与现实世界有着紧密的联系。所以说,虚拟社会治理与社会治理既有联系又有不同。

一、虚拟社会治理与社会治理的联系

加拿大著名传播学家马歇尔·麦克卢汉认为:媒介即信息。媒介在大数据时代具有前所未有的积极能动作用,不仅可以引起现实事物的尺度变化和模式变化,还能够改变、塑造甚至控制人类的组合方式和形态。国家与社会关系的均衡健康发展,是虚拟社会从"管理"走向"治理"乃至"善治"的过程。如学者陶鹏所言:"均衡的国家与社会关系是民主政治的基础,畸形的国家与社会关系可能成为集权政治的温床或无序社会的根源,只有强政府与强社会才是现代良

性的国家与社会关系"①,但随着虚拟社会所造就的社会结构变革,传统的权力格局、话语格局、参与格局遭到解构和重构,国家与社会之间的关系需要在探索中不断调适。数字利维坦和网络乌托邦是特定条件下国家与社会关系失衡、异化的具体表现,虚拟社会治理因而面临着由此衍生的多重潜在风险,引发了互联网时代国家与社会关系再平衡的多重思考。②

在大数据时代,社交媒体、电子政务等网络化生活已经改变了人类社会。政府部门为了提高效能开始有针对性地进行职能改革,这是社会治理不断进步的一种表现。政府可以通过网络问政的方式,利用电子政务拓宽服务空间、精简机构、简化办事流程,实现行政事务"一体化"。政府可以通过大数据技术获取现有电子政府信息,进而分析网民个人行为,将"虚拟人"变成"现实人",进而转变为"透明人"。数据资源获取越来越容易,透明度也越来越高。正如迈尔-舍恩伯格所说:"我们过于依赖数据,但数据远远没有我们所想象得那么可靠。大数据造就的数字化记忆作为一种全景控制的有效机制,不仅支持了对等级森严的机构和社会的控制,并且还会去寻求对它们自身的支持,从而巩固并加深现有的信息权力分配。"③

二、虚拟社会治理与社会治理的差异

(一) 虚拟社会的治理对象"符号化"

虚拟社会中的一切信息都是以符号化、数字化的形式存在的,这是其区别于现实社会的地方。在虚拟社会中传递、分享的信息,主要是通过声音、文字、图像等方式展现在网民面前。显然,如此展现的信息不一定是真实的,很可能是经过人类加工的、片面的,它只不过是通过互联网终端设备制作并展示出来

---

① 陶鹏.国家与社会关系视角下的虚拟社会治理[J].北华大学学报(社会科学版),2015(2):97-101.

② 陶鹏.国家与社会关系视角下的虚拟社会治理[J].北华大学学报(社会科学版),2015(2):97-101.

③ 维克托·迈尔-舍恩伯格.删除:大数据取舍之道[M].袁杰,译.杭州:浙江人民出版社,2013:52-53.

的虚拟信息。这个高度"符号化"的虚拟社会在治理上给我们提出了更高的目标和要求。

(二)虚拟社会的治理手段多样化,治理成本提高

相对现实社会而言,虚拟社会建立在互联网和现代通信技术等高科技基础之上,治理者需要不断投资,牢牢掌握相关核心技术。另外,虚拟社会治理的对象具有跨时空、跨地域的特点,不能使用传统的按地域治理的模式,否则势必会造成两方面的问题:一是因管辖权不清而引发的治理不作为;二是因管辖范围的不确定造成治理难度和治理成本的增加。考虑到虚拟社会有开放性的特点,不论采用何种方式对信息通道进行封堵切断,都很难从根本上彻底阻止或改变网民的行为。同时,如果外在的干预过多,反而不利于虚拟社会的健康发展。因此,只有采用多样化的治理手段才能实现对虚拟社会的善治。而多样化的治理手段与对技术的投资,必然会增加社会治理的成本。

(三)虚拟社会治理结果影响的范围和广度扩大化

正如哈贝马斯描述的理想化公共领域建构,其前提是参与者具备与之相适应的政治素养、民主素养和公共理性。然而就目前的网络社会现状来看,人们往往带着摆脱现实社会制约因素之后的兴奋感、新奇感进入虚拟社会,参与虚拟社会治理的出发点通常是激情和从众,部分个体表现出了与现实社会身份完全分裂的另一面人格和心理,参与虚拟社会治理的目的仅仅是发泄现实生活中积压的社会情绪,偏离了市民社会应有的理性批判精神。[①] 由于互联网的技术特性,网络中"谣言"和"行为"的传播较现实生活中更快,更多的"虚拟人"乐于充当法官去批判某些社会现象和行为,拒绝听取他人的意见和建议,特别习惯于充当"意见领袖"的角色,这些行为都会使网络社会结构主体发展失衡,进而阻碍虚拟社会的治理。

有学者说:"虚拟社会的建设和管理不只是一个简单的技术问题,而且是一

---

① 陶鹏.国家与社会关系视角下的虚拟社会治理[J].北华大学学报(社会科学版),2015(2):97-101.

项复杂的社会系统工程。"[①]既然是一个"社会"就必然存在"治理的问题","虚拟社会"具有的高度匿名、开放、复杂的特性,决定了其"治理"过程存在较大的难度。大数据技术的发展,使得网络中信息传播"碎片化","信息孤岛"的现象时常发生,网络中的"虚拟人"表达的个人观点会迅速地泯灭在"碎片化"的信息当中。然而互联网的特点决定了其无法实现"愈合"和"自治",这无疑给社会治理带来了难度,政府介入虚拟社会治理必将成为趋势。

第三节 我国虚拟社会治理体系构建

一、我国虚拟社会治理体系构建目标

社会治理与我们的日常生活息息相关,它无时无刻不存在于我们身边。党的十八届三中全会审议并通过的《中共中央关于全面深化改革若干重大问题的决定》指出,构建我国的社会治理体系是我国全面深化改革的重要目标之一。社会治理目标主要是对未来社会治理的主观期待,这种目标的设定可以为未来社会发展提供指导,为未来社会治理指明道路。虚拟社会治理作为社会治理的一部分,它的具体目标与社会治理的具体目标既有相同点,也有不同点。对此,在设定虚拟社会治理目标时,需要考虑到网络的具体情况,以下是虚拟社会治理的几点目标。

第一,加强对虚拟社会主体的管理,积极引导舆论的发展,促进虚拟社会主体理性化。从表面说来,当谈及虚拟社会治理的运作,我们往往会想到虚拟社会所依赖的互联网软件、硬件设施以及海量信息。但是,虚拟社会的本质是各种各样的网络活动以及人对网络的使用。所以,虚拟社会治理并不仅是对"物"进行管理,同时应该关注人对网络的使用。要治理好虚拟社会就需要加强对虚拟社会主体的管理。如何有效地规范网民的行为,使网民理性化,这是值得我们思考的问题。在对虚拟社会治理过程中,虚拟社会主体应更加自觉,使网络社会实现自我管理、自我约束。

---

① 赵志云,钟才顺,钱敏锋.虚拟社会管理[M].北京:国家行政学院出版社,2012:3.

第二,建立健全虚拟社会的秩序。目前虚拟社会发展时间还不长,其社会秩序还不够完善,存在着许多问题,如水军、人肉搜索、网络谣言、网络暴力等。这些问题都是造成虚拟社会治理困难的祸首。所以,我国急需建立健全网络社会秩序。虚拟社会秩序就是网络社会的行为规范。构建良好的社会秩序可以规范虚拟世界中人们的各种行为,促进虚拟社会良性发展,这是虚拟社会治理的必然要求。要建立健全虚拟社会秩序,就需要完善虚拟社会治理的立法,制定出相应的社会规范,包括网络法律、网络文明准则、网络道德规范等。在对现实社会秩序和规范进行移植时,还需要根据网络社会自身的特点,新增一些适用于虚拟社会的秩序和规范,或者对移植的社会秩序和规范进行有针对性的调整。在网络伦理道德规范和网络文明规范方面,需要重新建构的任务较少,因为虚拟社会是现实社会在互联网上的延伸,可以直接使用现实社会的相关规范。

第三,化解虚拟社会存在的问题和冲突。虚拟社会是现实社会在互联网上的延伸,两者联系密切,相互影响。因而,除了虚拟社会自身存在的问题和冲突外,现实生活中的问题和冲突也会反映到虚拟社会中,并与虚拟社会自身的问题和冲突相融合,形成虚拟社会特有的问题和冲突。虚拟社会的问题主要包括各种各样的网络权益侵害、网络舆情风波以及网络行为失范等,这些都是现实社会问题与冲突在网络社会的反映。这些问题不仅会给网络主体的权益带来一定的损害,还会对整个虚拟社会的运行秩序产生威胁。因而,有效化解虚拟社会中的各种问题与冲突已成为虚拟社会治理的一项紧迫内容。

第四,优化虚拟社会环境。这里说的对虚拟社会环境的优化和改善,除了从技术层面出发,利用互联网、移动通信等先进技术手段优化虚拟社会环境,更重要的是从文化层面考虑优化方案。在实践操作中要设法激发社会组织、企业以及个人的主动性和责任意识,即各社会主体要认识到自身既是虚拟社会的受益者,又是虚拟社会优化治理的参与者和组织者。在这种价值理念的基础上,虚拟社会中的社会组织、企业和个人一样肩负着社会治理的责任,需要在组织架构、政策制定等环节积极探索。总之,虚拟社会治理的实质是对各种组织成员以及各种资源进行整合,提升虚拟社会的运行质量,最大化展现虚拟社会价值。

第五,促进虚拟社会主体的全面发展。社会治理最终是为了促进人的全面发展。发展是最根本的目的,而秩序只是实现发展的重要条件和手段。通过对虚拟社会的治理,可以为人们创造一个更加文明有序的网络环境,让其充分展现自由的个性,进而创造更多的文明价值。

二、我国虚拟社会治理体系构建原则

我国虚拟社会治理体系构建原则主要有三个方面。

(一) 从解决社会矛盾出发

我国当前处于社会主义初级阶段,在社会经济发展过程中,不可避免地存在着诸多矛盾。社会矛盾可以分为两类:一种是合法性的矛盾,可以经过一定的渠道得到解决,危害性较小;另外一种是不合法的矛盾,这种矛盾比较复杂且不易解决,危害性大。

(二) 努力实现社会公正

古语有云:不患寡,而患不均。社会公正对于社会治理有着重大意义,它是我国社会主义核心价值观的体现,对我国社会主义建设起到推动作用。社会公正在经济领域主要表现为公平交易;在政治领域表现为政治权利与义务的平等;在公共生活领域主要表现为共同享有社会进步的成果。社会公正不仅是政府持续努力的方向,也是社会各主体追求的目标。

(三) 激发社会活力

社会活力主要是指社会在治理过程中所体现的生命活力,这就要促使更多人参与社会治理,共同促进社会的发展。假如一个社会没有活力,那就有如无源之水,终有一天会枯竭。而改革是激发社会活力和生命力的有效方法,只有不断自我更新,才能取得长久发展。要运用一定的管理措施来改善人与自然以及人与社会之间的关系。社会的和谐发展最终是人自身的和谐发展、人际的和谐发展以及人与自然的和谐发展。

三、我国虚拟社会治理体系构建内容

我国虚拟社会治理虽然取得了很大成效,但是在立法程序、制度设计、政策制定、执行方式等方面仍然存在比较突出的问题。这些问题出现的原因是多方面的,主要跟我国虚拟社会治理的主体观念、环境及技术方面等因素相关。我国可以从以下几个方面着力,构建虚拟社会治理体系。

(一)网络文化建设

如何让网络文化更好地为大众服务,充分发挥网络对人们的积极作用,尽可能地减少网络文化对人的消极作用,这是值得我们思考,也是目前亟待解决的问题。虚拟社会实质上是现实生活在网络上的一种反映,是现实社会的一种延伸。

网络生态的主体、客体及时空环境会影响网络文化的发展方向。网络虚拟社会参与主体的派系演化会加速网络信息的传播。成千上万的网民对某一事件相关信息进行点击、转发、评论从而形成集体行为,使事件的相关信息倍增,从"宽度"上提高了信息传播速度。网络舆情涉及政治、社会、经济、军事等方面,舆情传播范围广[①],因此针对性的文化知识在深度和广度方面就会有更高的要求。互联网的特性提高了网络舆情的传播速度。相较于传统的舆情传播具有的空间上的局限性和时间上的延迟性,网络舆情传播突破了地域限制,进而使传播时间的阻隔衰减,间接提高了网络舆情文化建设的速度与质量。总的来说,网络文化建设应从主体引领、客体引领及时空环境引领这三个维度进行。

主体引领是指针对虚拟社会的参与主体,识别重要节点的参与主体与意见领袖,明确具有权威正能量的参与主体,对这类用户进行相关文化内涵及文化知识的输入,使其有意识地将相关文化内涵与文化知识传播给其他网络参与主体,并促使其在网络舆情事件发展过程中做好表率,引领其他参与主体将相关优秀文化传承好、弘扬好。

客体引领是针对网络的话题内容所反映的文化教育短板、社会文化倾向与不同层次的文化需求,有的放矢,发挥优秀传统文化积极正向的作用,推动网络虚拟社会健康发展,促进经济发展和社会进步。客体引领主要包括两个方面。一方面,巩固中华优秀文化对网络文化生态的影响,使传统文化在网络文化生

---

① 荀海龙.网络舆情的生成及应对机制研究[D].哈尔滨:黑龙江省社会科学院,2018:31-32.

态中得到升华。优秀传统文化有着强大的感染力、号召力及凝聚力,网络文化可以通过与优秀传统文化的融合,取其精华,促进自身发展。另一方面,削弱负面、消极文化对网络文化生态的影响。这就要求我国建设社会主义文化强国,增强国家文化软实力,厚植文化底蕴,在把握网络舆情文化特征和规律的基础上,实施正向、积极的文化引领,修正错误的文化倾向,实现网络文化的健康发展。[1]

时空环境引领是针对网络舆情生态的时空环境,获取和运用网络舆情生态系统在形成与发展中具有自身时效性及地域特征的时空数据,准确感知时间和空间环境中网络舆情的动态演变,根据不同的时间及空间结构,探究网络舆情的"薄弱"节点,突破时空限制,根据文化倾向与需求及时输入和输出相关的文化内容,分析、判断和规划网络舆情文化,因时制宜、因地制宜地进行网络舆情文化引领,以达到多层次、多维度的文化引领效果。[2]

互联网的快速发展改变了文化建设的方式,即由过去的广播、书籍等时效性慢的媒介转变为快节奏、广渗透的网络文化传播方式,这种方式突破了时空限制,提高了文化建设的工作效率,降低了工作成本。

(二)虚拟社会法律体系建设

在互联网时代,网络虚拟社会的隐蔽性、跨界性和可操纵性等特点使得道德的约束和规范作用失去了监察的土壤,网络侵权和网络犯罪行为愈发猖狂,加之现实社会中的实体法不能有效适用于虚拟社会,因此,网络虚拟社会中的法律问题越来越成为人们关注的焦点。近年来,虽然我国陆续出台了众多保障互联网安全发展的法规条例,但立法工作依然不能适应网络虚拟社会的瞬息万变,新问题、新事件层出不穷,诸如隐私权的界定、虚拟财产的保护、"网婚"的现实处理等难点问题尚处于法律真空地带。

网络虚拟社会是一个信息传播快、流通渠道多、参与范围广的多节点、扁平

---

[1] 张海涛,魏明珠,刘伟利.信息生态视角下网络舆情生态及文化引领机制研究[J].情报科学,2021(6):3-9.

[2] 张海涛,魏明珠,刘伟利.信息生态视角下网络舆情生态及文化引领机制研究[J].情报科学,2021(6):3-9.

结构的社会,已经成为与现实社会并驾齐驱的另一社会形态。然而当前政府依然沿袭着传统的金字塔状自上而下、等级森严的官僚管控结构模式,加上政出多门、权责不清的多头治理与交叉管理的现象严重。此外,"传统的管理落脚点是'管人',而网络社会不可控的结构使得我们的社会管理创新要从'管人'转变为'管行为'"①。

法律是网络虚拟社会治理的基础和依据,而相应的网络治理体系则是网络社会治理的基本框架。但是,我国的网络相关法律体系并没有建立起来,现有的法律甚至存在着诸多矛盾之处。所以,我们要进一步完善虚拟社会治理的法律体系,让虚拟社会治理形成一个有序有效的体系,促进虚拟社会治理健康发展。

(三)政府对虚拟社会治理能力的提升

我国学界网络虚拟社会的治理思路还停留在现实社会管理的传统经验层面,网络虚拟社会治理创新研究还有待及时跟进,治理主体还需要"使管理思想从封闭性走向开放性,从单一性走向多样性,从孤立性走向协调性,注重网络社会理念的培植,树立人性化、柔性化的管理观念"。网络虚拟社会在治理对象与从属关系上与显示社会相比更为复杂。

互联网的出现和科学技术的发展使得网络开辟了人类生产与生活的新空间,政府作为网络虚拟社会的治理主体,需要积极担负起相应的责任,包括对网络市场进行引导和监管,利用法律手段或行政手段来维护网络市场的稳定,促使网络市场正常化、合法化,促进网络和谐社会的构建。另外,虚拟社会具有开放性,而且网络的发展速度非常快,又与我们的生活密切相关,如果政府不对虚拟社会进行治理,虚拟社会最终会混乱不堪。然而,现阶段我国政府对虚拟社会的监管还存在一些问题,需要转变职能,不断提升政府对虚拟社会的治理能力。

(四)构建网络空间命运共同体

互联网技术是20世纪最伟大的发明之一,它深刻地改变了人们的生产和

---

① 王国华,毕帅辉,王聪芳.现实社会与网络虚拟社会融合视角下的社会管理创新——基于国外成功经验的启示[J].贵州社会科学,2011(11):57-60.

生活方式,丰富了人与人之间的交流手段,大大突破了时空对人类活动的限制。当今的世界已经变成一个基于信息的世界,人类在享受互联网带来的便利时,网络也给人们带来风险。

美国学者埃瑟·戴森曾指出,虚拟社会"可以释放出难以形容的生产能量,但它也可能成为恐怖主义和江湖巨骗的工具,或是弥天大谎和恶意中伤的大本营"[①]。虚拟社会安全已成为社会安全的重要组成部分和现实社会安全的有力支撑。利用网络攻击他国政治制度、破坏他国政治稳定、煽动挑起恶性事件、丑化他国政府形象、黑客入侵窃取他国核心机密等网络敌对活动,已成为有些国家战争的重要形式和现实社会对敌战争的重要手段[②];利用网络实施网上犯罪,已成为境内外犯罪集团犯罪活动体系的重要组成部分;利用网络实施的各种侵权和信息污染行为也日渐成为不法分子从事不法活动的重要组成部分和"便捷"途径。

虚拟社会安全事件和现实社会安全事件之间会相互转化。虚拟社会安全事件可迅速引发现实社会安全事件,如网络谣言引发居民心理恐慌进而产生大规模抢购、露宿街头、集体迁徙等,网络群体性事件引发的抗议、静坐、"散步"(游行)、打砸抢烧等现实社会群体性事件等。现实社会安全事件也可迅速转化为虚拟社会安全事件,如现实社会中发生的重大刑事案件、恐怖袭击事件、群体性事件、民族宗教危机、涉外事件等社会安全事件,会迅速在网上引发网民的"围观"、传播等行为,使事件影响呈几何级数放大。互联网社会在全球化过程中的健康稳定也开始关系到各个国家的安全和利益。所以,未来互联网的发展和虚拟社会治理都需要国家之间相互合作,共同营造一个安全有序的网络环境。

四、我国虚拟社会治理体系构建路径

虚拟社会治理体系的构建路径应该依照多部门协同合作的原则,采取疏通

---

① 埃瑟·戴森.2.0版:数字化时代的生活设计[M].胡泳,范海燕,译.海口:海南出版社,1998:22-23.
② 托马斯·里德,马克·海克.战争2.0:信息时代的非常规战[M].金苗,译.北京:解放军出版社,2011:3-4.

治理和查漏补缺相结合的方式,强化管理。依据虚拟社会治理体系构建内容,下文具体从网络文化建设、法律体系建设、治理能力建设、国际合作建设四个方面进行论述。

(一) 加强网络文化建设

第一,加强对网络舆论的引导,形成积极正面的网络舆论。政府需要建立并完善各地区网络舆论及热点引导机制,并对相关的网络舆情进行积极回应,正视矛盾冲突,不逃避问题,消除不利影响。对有害信息坚决删除,对于政治谣言、网络攻击性言论、虚假信息进行有力澄清。做好网络舆论引导工作,占据网络文化的制高点,形成团结向上、积极正面的舆论。对突发事件反应机制进行完善,采用主动出击和积极引导的方式,争取在第一时间做好权威信息的发布,及时表明政府的立场。同时也需要注重对网络舆情的跟踪分析,促进相应的反馈通报机制的建立。

第二,利用法律法规规范网络文化。由于网络信息交换的开放互联性和实时性,一方面网络犯罪更加容易发生,如邪教思想传播、出版物侵权网络诈骗、计算机病毒以及黑客攻击等;另一方面,网络犯罪难以控制。当前,网络信息安全问题已经成为一个关乎社会发展的全局性问题,对社会中的政治安全、社会发展、经济发展以及文化发展具有十分重大的影响。解决虚拟社会中存在的问题需要采用依法治理的方式,加强网络立法已成为当前网络发展的紧迫要求。比如:依据法律条例预防网络犯罪的发生,对网络犯罪分子进行打击惩处;各虚拟社会主体须在法律规定的范围内行使权利和履行义务。

第三,注重网络阵地方面的建设。加强政府网站建设、文化教育网站建设以及新闻网站建设,引导主营网站积极健康发展,并建立起具有较强影响力的网上文化交流平台,进而促使网络公共信息服务体系的形成。同时也需要把重要的新闻网站放在与传统媒体同等的地位,将重要的信息决策、部署及时在重要的新闻网站进行发布;加强各级政府网站权威信息发布以及政策解读功能,促进政务公开,扩大和改善公共服务,对网络舆论进行及时响应。与此同时,还需要大力建设科学、教育、文化艺术方面的网站。对各种商业网站内部管理制度进行完善,使其主动加入网络文化建设,以提供更好的网络文化服务。充分利用网络向虚拟社会参与主体普及心理健康知识。加强对网民个体的心理教育，帮助其对人际关系进行调适，使他们正确面对工作、生活中所遭遇的挫折和磨难，勇于承担责任与义务，成为有正确价值观的网民。积极引导网民的向善行为和自律自治，使其成为虚拟社会安全治理的重要力量，从而实现联动互治的目的。

第四，坚持社会主义先进文化的发展方向，创造出优秀的具有中国特色的网络文化产品。互联网没有边界，各种文化在互联网世界中交织融合在一起，有时还会发生冲突。倘若我们不重视网络阵地建设，不将我国精神文明建设的主旋律引入其中，必然会出现陈旧、腐化的网络文化产品流入网络社会的现象，进而对我国社会主义精神文明建设产生负面影响。所以，要把和谐虚拟社会的构建提高到国家文化信息安全战略的高度，使网络文化的发展繁荣与国家文化安全紧密联系、相互促进。我国在建设网络环境的同时，还要积极探索、努力发挥网络文化的补阙作用，提高文化自主创新能力，真正丰富高质量的网络次生文化群落的品种，不断壮大网络本身的健康力量。同时，还要大力推进繁荣文化事业和文化产业发展的各项政策、措施。搞好网络环境建设，离不开网络技术的发展。因此，我国要加大网络科研、自主创新投入力度，形成一套有自主知识产权的网络核心技术，满足国家的发展需要。要大力发展农村网络，丰富农村文化生活，推进社会主义新农村建设。

（二）加强虚拟社会法律体系建设

网络社会的法律体系包括立法、司法、执法和守法四个部分。

第一，中共十八届四中全会提出要推进多层次多领域依法治理，支持各类社会主体自我约束、自我管理，发挥市民公约、乡规民约、行业规章、团体章程等社会规范在社会治理中的积极作用。立法工作是网络社会法治化建设的前提。具体来说，一是制定一部较为完整的网络空间基本法，规定网络各主体的权利和义务。二是坚持立法、修订和废除法律同时进行，构建具有中国特色的社会主义网络法律体系框架。从目前的法律体系来看，要先解决网络发展最基础领域的法律问题，比如网络安全、未成年人保护和个人数据保护等。要综合采用制定、修改、废止及解释网络法律法规的方式，确保网络法律法规的系统性、有效性和及时性。三是完善立法工作的方式,坚持民主立法、科学立法。要采用全球视角,借鉴国外的网络立法经验。同时,作为社会公共利益的代表,政府要拓宽渠道来听取网民意见和建议,加强网络立法工作的群众基础。

第二,在司法管理方面,可以从两个方面提升虚拟社会治理的司法水平。一是制定国家层面的大数据战略,为网络社会治理提供数据支撑。二是挖掘互联网大数据中的潜在价值,用法律为大数据的使用创造规则和制度,同时也要用大数据战略引领各项事业的发展,包括提升虚拟社会治理的司法水平。

第三,增强虚拟社会治理的执法能力。如果在网络执法过程中存在执法不严或执法有误的情况,就会有损法律的权威性,也难以实现依法治网。增强执法能力要注意以下几点:一是加大在网络案件上的执法力度,坚决查处利用互联网从事违法犯罪的行为,依法追究当事人的法律责任。同时,加大网络违法案件的曝光力度,并使网络违法行为曝光逐渐制度化、常态化,进而对网络违法犯罪行为产生一种高压态势。二是加强网络执法队伍建设,采用多种渠道对网络执法人员进行相关的业务培训。依照执法人员的专业需求,合理安排培训课程,让执法人员掌握相关的专业技能和法律知识,有效提高执法人员的执法能力及专业素质。三是完善网络执法合作机制。要坚决打破区域与区域之间、部门与部门之间的障碍,整合执法资源,完善信息共享、线索通报、要案联合督办、协同侦查、联动执法等机制,提高执法效率及执法协作能力。

第四,虚拟社会治理的普法守法宣传。我国虚拟社会法制化建设离不开全民普法和守法等工作,要有效引导网民遵守法律、使用法律。具体来说,一要增强网络法治化的宣传力度,积极开设网络法律的专门栏目,邀请专家学者对相关问题进行解读,深化网络法治的宣传。同时增加新媒体作为宣传渠道,使用一些网民容易接受的网络语言,使法律知识广泛传播,真正做到为民所用。二要积极进行法治文化建设活动。积极引导各种文化宣传机构、文化艺术团体进行网络法治相关的文化作品创作,提高网络法治文化的影响力及渗透力。三要注重公民道德建设。道德是人心中的法律,而法律则是明文的道德。在进行网络空间治理时需要充分发挥法律和道德的作用,使两者相互补充。引导网民自觉遵守法律,维护秩序,形成全社会积极参与"依法治网"的良好局面。

（三）加强政府对虚拟社会的治理能力

第一，政府需要转变对虚拟社会治理的思维模式。要做到这一点，首先是要对虚拟社会管理理念进行创新。根据我国宪法的规定，我国是人民民主专政的社会主义国家，我国的一切权力属于人民，人民是国家的主人。我国政府的宗旨是为人民服务，而网民是人民的另一种体现，它主要存在于虚拟社会中，所以网民也属于人民的范畴，拥有同样的权利，政府也需要为网民服务。在处理政府和网民的关系方面，要把"民本位"作为一切工作的出发点，从政府权力本位和网民义务本位逐渐转变为政府责任本位和网民权利本位。在网络责任方面，从强调网民责任逐渐转变为强调政府责任。

第二，政府需要将虚拟社会的治理模式向多元化转变。在治理中采用多元化的思维就需要打破原有的惯性思维和单向思维，以适应虚拟社会多元化的主体以及多样化的参与形式，并在网民和政府的交流互动中不断获得治理经验，进而提升治理水平。同时，采用开放的理念对虚拟社会进行治理，充分发挥政府在治理中的引导功能，促进虚拟社会健康发展，为网民营造一个开放、和谐的网络环境。例如，以往注重事前审查而忽视事中事后的监管，在政策上比较宽松，这些做法能对虚拟社会起到一定的监管作用，但是这种单一的模式难以对虚拟社会进行全面监管。为了适应虚拟社会的发展，政府部门要逐步制定并完善关于虚拟社会治理的流程和法规，从最初的审批制度逐渐发展成审批登记并行的多元化治理模式。

第三，对"三网"即对电信网、广播电视网和互联网进行融合，构建新的网络信息服务行政管理体制。三网融合将促进虚拟社会治理，有利于和谐虚拟社会的构建。从治理者的角度看，三网融合能使治理部门做到职责明确、权责一致，进而提高政府对社会的治理能力。从用户需求角度看，三网融合将为用户提供更丰富更便捷的信息化服务。从行业发展的角度看，三网融合的政策能激发出更多元化的服务，帮助各行业赢得更大的发展空间。从网络发展角度看，三网融合能优化网络建设，提高网络资源的利用率。目前，国家已经在积极推进这一政策的实施，但实施的效果并不理想。今后在此基础上还要通过电子信息技术的发展，使"三网"在技术、行业、设备等方面通过各种方式相互渗透与融合，进而推动政府对虚拟社会的治理更加明确化、具体化。

第四,加强虚拟社区与社会整体的和谐建构。虚拟社区的和谐与整个社会的和谐是相辅相成、相互影响的。和谐的虚拟社区建设要建立在社会整体和谐的基础之上,必须纳入社会大系统进行思考与把握。虚拟社区已经成为社会敏感人群的聚集地,能够反映出社会大众心理,在一定程度上为建立预警机制、及时化解矛盾提供了准备条件。大多数网民都会在虚拟社区中以发帖、评论的方式宣泄与排解对现实社会的不满,虚拟社区已经成为人们的减压阀与宣泄阀,同时也成为有效调节和控制矛盾的社会安全阀。虚拟社区成员间的相互关心与慰藉也对社会的和谐与稳定起到促进作用。在网络化的今天,虚拟社区在人们社会生活中占据越来越重要的地位,已经成为治理现实社会与虚拟社会的一个重要平台,构建和谐虚拟社区必然成为社会建设与发展中必不可少的环节。

第五,建立良性互动体系。一是在政府与其他参与方之间形成良性互动。虚拟社会的治理不能仅仅依靠政府。政府的治理对虚拟社会的发展起到了重要作用,但一味地把治理责任归于政府只会造成虚拟社会的僵化教条,阻碍虚拟社会发展。只有在政府指导、多方共同参与的状态下才可能顺利达成治理目标,促进虚拟社会的发展。二是在政府与网民间建立良性互动。虚拟社会治理最佳的状态就是形成政府与网民间的良性互动。通过网络,政府可以了解民意、倾听民声;通过网络,网民可以落实知政、参政、议政的权利。政府对网民的质疑、不满需要客观对待、认真分析、正确解决。网络的力量在于网民与政府的良性互动,如果政府不理会网民的需求,网络就只能成为公民进行网络参政的一种摆设。[①]

政府的网络治理多集中在线上,而较为忽视线下治理,然而网络上存在的一些问题的根源在线下,其治理的重点还是需要放在线下,如网络上一些违法的服务宣传及广告、在网络平台(电商)买卖线下制作的假货等。在面对这些线上线下相互重叠的网络问题时,如网络虚假信息、违法传播的影视作品以及网络暴力等,则需要线上线下综合治理。

---

① 孙晓光.全面依法治国背景下网络社会治理的问题与对策研究[D].成都:西南石油大学,2017:32.

（四）加强国际合作,构建网络空间命运共同体

第一,研发具有自主知识产权的核心技术。建立在引进他国先进技术基础之上的信息安全是不安全的。要彻底消除我国信息安全中存在的受他国威胁的隐患,当务之急就是加强信息技术的自主创新能力,研发出属于我国自己的互联网信息安全技术。加大对互联网信息安全技术的研发力度。要确保网络软件自身安全就必须有自己研发的软件系统,但目前在核心技术的掌握上,由我国完全自主研发的计算机中央处理器和操作系统基本没有,采用的产品基本都来自国外,这对我国信息安全构成巨大威胁。因此,我国应该加大对核心技术研发方面的投入,培养核心技术型人才,提高自主研发能力,争取在尽可能短的时间内研发生产出以我国自主知识产权技术为核心的技术产品,以取代外国的技术产品。对那些不得以而采用国外技术的产品,我们也应该走消化、吸收、创新的道路,加快该种类技术产品的本地化步伐,最终用国内研发改进的技术产品代替国外技术产品。①

第二,充分发挥网络的优势,促进世界互联网的健康发展。我国互联网虽然起步比较晚,但是发展速度快,到目前我国已然成为有全球影响力的互联网大国,例如由我国创立举办的世界互联网大会就为全世界各国的互联网交流合作搭建了非常好的平台。但我们也要清醒地认识到,我国作为一个网络大国,与世界先进的网络强国之间还存在差距,还存在包括地域发展不均衡、网络社会个人隐私和知识产权保护力度不足以及网络社会秩序不够完善等问题。因而,在追赶超越的过程中,除了发扬"自力更生、艰苦奋斗"的精神,我国还要加强和全球其他国家关于虚拟社会治理方面的合作,吸取它们在虚拟社会治理上的先进经验,少走弯路。

第三,通过世界互联网大会,加强互联网领域的合作,推动各国互联网在交流与合作中走向共赢。我国需要在世界交流合作的基础上抓住这一契机,构建我国互联网治理体系,推动我国网络经济创新发展。网络空间是没有国界的,

---

① 王晨.和谐社会视域下虚拟社会的治理研究[D].青岛:中国石油大学(华东),2015:11.

需要人类共同治理。只有世界各国对网络进行共同治理,共同构建网络空间命运共同体,才能真正有效地保障网络安全,促进网络发展。

章节习题

1. 如何理解虚拟社会的概念和特征?
2. 虚拟社会治理与社会治理的关系是什么?
3. 我国虚拟社会治理体系构建的目标和原则是什么?
4. 如何构建我国虚拟社会治理体系?

案例材料

天津开发区:运用大数据全面提升社会治理水平

天津开发区于1984年建立,30多年来一直严格遵循国务院确定的发展方针,坚持以实体经济发展为中心,在区域经济发展中发挥了突出的引领、示范和带动作用。区域经济的飞速发展,带来区域人口净流入、新市民数量不断上升。当前开发区以流动人口为主的"新市民"有13.7万人,占本区常住人口的67%,其中9.8万人分布在各类企业,居住于蓝白领公寓,4000余人分布在建筑工地(全年累计2万余人),3.4万人分散租住在各社区。目前开发区兴建的公寓达到32处,涵盖了高级人才、白领、蓝领和政府公屋等各种类型,面积达到220万平方米,可容纳20余万人;开发区现有成熟居民小区114个,房屋建筑总套数41 257套,出租房屋8303套,其中群租房535套,约占6.44%。面对这一现状,如何服务和管理好新市民和出租房屋,已成为开发区创新社会治理方式的重要内容。随着新市民数量不断上升、需求不断提高,开发区在新市民服务管理上逐渐面临一些新问题、新挑战,包括:各部门职能泾渭分明,分块管理,难以形成联动融合机制;新市民信息采集相对落后,采集方式单一、数据不够准确、难以做到动态化管理;政府公共服务资源比较分散,未能有效集约整合利用;缺乏与新市民这一服务管理对象的沟通互动,新市民的社会化参与程度不高;出租房屋数量庞大,特别是群租房现象突出,居住人员复杂、消防隐患突出、案件矛盾易发、疾控风险潜藏;等等。

针对上述问题,天津开发区以面临问题为导向,以群众需求为导向,以发展目标为导向,坚持"三个导向"有机结合,建成并启用以"三个平台、两个门户、一张网络"(三个平台指数据平台、管理平台、服务平台,两个门户指新市民网门户、掌上新市民门户,一张网络指免费无线网)为核心内容的"互联网+新市民综合服务平台",为开发区出租房屋和新市民服务管理工作的开展提供了重要的信息化支撑。从提高信息化水平、加强社会参与程度、强化精细服务等方面入手,全面提升新市民和出租房屋服务管理水平,提升社会治理能力。

凭借不断解放思想、创新理念,开发区成为社会治理能力现代化的引领者。过去的30多年里,开发区不断丰富发展功能、提升发展水平,始终站在中国经济腾飞的最前沿,成为改革开放的引领区和构建开放型经济新体制的排头兵。

开发区充分依靠信息化手段,走在社会治理创新工作前列。信息化无疑是这个时代的"宠儿",上至中央、国家层面,下至社区基层,都在探索信息化在各个领域的应用。"互联网+泰达新市民综合服务平台"充分依靠信息化和大数据手段,在信息采集方式、信息分析处理、信息互联共享等方面都发挥了巨大的潜力,实现了社会治理由"被动应对处置"向"主动预测预警"的转变,切实提高了开发区在动态条件下对各类社会问题的处置能力。

坚持社会化参与的开放共治方针,形成联动融合工作局面。泰达新市民综合服务平台整合了政府部门、社区物业、房屋中介、公寓宿管、社团组织、志愿者协会等多方面力量,不仅让新市民享受全方位的服务,更引导他们与各类社会组织一起积极参与社会治理,形成了人人关心、人人支持、人人参与社会治理的良好局面。

案例来源:天津开发区:运用大数据全面提升社会治理水平[N/OL].(2017-07-26)[2021-07-10].https://www.teda.gov.cn/contents/3952/49970.html.

思考: 天津开发区的社会治理中体现了哪些虚拟社会治理路径?

第三编

治理过程

第十章 公共参与和协商合作

【内容提要】

本章关注社会治理中的公共参与和协商合作。通过本章学习,应当掌握社会治理公共参与的基本概念与核心要素、协商合作的基本概念,重点学习我国社会治理公共参与的渠道,了解我国社会治理公共参与和协商合作发展态势,关注知识、理性等因素对公共参与和协商合作的作用,把握现代化情境下跨部门协商合作、网络治理等新趋势及其对我国社会治理的启示。

第一节 公共参与

党的二十大报告立足新的时代背景和历史阶段任务,作出了"发展全过程人民民主,保障人民当家作主"的重要部署。在国家治理现代化的宏观背景之下,我国社会治理也逐渐向现代化迈进。作为践行党的二十大精神、推进社会治理全过程人民民主的重要工具,公共参与在推动社会治理走向现代化的过程中发挥了不可替代的作用。

一、公共参与概况

(一)基本概念

公共参与是广泛应用于政治学、公共管理学、社会学等学科的术语,与政治参与、公众参与、民间参与等具有相近的内涵。西方公共参与多表述为 political participation、public involvement、public citizen engagement 等,包含了积极的公民资格、凝聚的公共精神、共识的公共利益、高度的参与能力等内涵,在一定程度上指出了民主治理的方向。① 20 世纪 70 年代以来,随着西方新公共管理运动的兴起和发展,公共参与再次成为国外学者聚焦的重点议题。我国学者对公共参与概念的界定与西方观点类似,比如陶东明等学者认为:公共参与主要指公民依据法律所赋予的权利和手段,采取一定方式和途径,自觉自愿地介入国家社会、政治生活,从而影响政府决策的政治行为。② 本书认为,社会治理中的公共参与是公民、社会组织等社会生活主体,通过各种有效途径参与社会治理活动,充分表达意见、形成合意,进而影响社会治理活动的过程。

(二) 核心要素

社会治理公共参与是由诸多要素构成的。一般而言,环境、主体和客体是三个核心要素。

第一,环境要素。社会治理公共参与的环境要素,是指对社会治理公共参与的运行和发展形成制约关系的各种条件的总和。社会治理公共参与的环境要素主要包括政治环境、社会环境和文化环境。政治环境包括政治体制、政府管理运行、政治历史传统等。政治环境对我国社会治理中公共参与的发展具有决定性作用。社会环境包括范围更广,如人文、地理、风俗习惯等,其中社会阶级和利益关系对社会治理公共参与影响最大,例如社会阶级分化差异程度、社会分配方式等会影响和改变社会治理公共参与的形态。文化环境熏陶和影响着社会治理公共参与的形成和发展,文化因素中影响较大的是政治文化。阿尔蒙德将政治文化分为地域型、依附型和参与型文化③,参与型政治文化影响下的社会治理公共参与往往是活跃和积极的。

第二,主体要素。社会治理公共参与的主体要素是指引起和推动社会治理

---

① 石路.政府公共决策与公民参与[M].北京:社会科学文献出版社,2009:14.
② 陶东明,陈明明.当代中国政治参与[M].杭州:浙江人民出版社,1998:104.
③ 加布里埃尔·A.阿尔蒙德,西德尼·维巴.公民文化:五国的政治态度和民主[M].马殿军,阎华江,郑孝华,等,译.杭州:浙江人民出版社,1989:19.

改变的能动性要素,主要包括组织主体和个体主体两类。组织主体以组织团体的形式参与社会治理,包括社会组织、专业或职业团体、企业、政党等。个体主体往往以个人形式参与社会治理。社会治理公共参与主体虽然多样,但也存在共同诉求和特征,比如关心社会事务、具有责任感和义务感、讲求政治效能等。

第三,客体要素。社会治理公共参与的客体要素是指社会治理公共参与主体试图影响的方向与活动,主要为社会治理的决策活动。比如社会治理公共参与主体可以参与的公共安全决策、社区事务决策、贫困治理决策等。但需要注意的是,有些社会治理事务涉及国家机密等特殊情况,应当把握公共参与深度与界限设定以保证决策安全。

二、社会治理公共参与的发展阶段

我国社会治理公共参与的发展可以分为三个阶段。第一是初级阶段,即社会治理的精英民主参与阶段。社会治理参与者多为官方或半官方的精英、政策专家等群体,他们主导社会治理参与话语权。这一阶段的公共参与是相对封闭的模式。第二是过渡阶段,即社会治理公共参与民主范式的转型期。精英民主参与开始解构,社会治理话语权拥有者范围扩大,在知识背景、社会地位、经验经历、观念意识、思维方式等方面占优势的非官方精英群体开始参与并影响社会治理。第三是高级阶段,即社会治理的大众民主阶段。该阶段中个人主义、平等观念等逐渐普及。

当前社会主义初级阶段的基本国情决定了我国社会治理公众参与范式仍处于精英民主向大众民主的过渡阶段。过渡性体现为社会治理公共参与发展模式的转变:第一,主导因素转变,由权威主导到理性推动。社会议题界定和决策越来越倚重科学知识和证据,而不是单纯依靠权威倡导。第二,发展方式转变,由政治推动到技术推动。尤其是在"互联网+"时代,网络作为有力的技术工具推动了社会问题治理权力去中心化,开启了社会治理公共参与之窗。第三,公众观念转变,由全盘接受到理性表达。民意表达是大众民主的基础,政治现代化和网络平台塑造了民意新出口,大众开始批判地看待社会问题和政府决策,试图通过意见表达影响社会治理。

在社会治理公众参与的过渡阶段,我们须怀有追求更高层次民主的理想,但不能脱离基本国情。社会治理现代化进程中真正的公共参与民主,强调民主发展速度与现阶段国情的协同性,不是简单的众意相加或多数人同意,而是以大众意志为基础的科学理性的公意表达和治理参与。社会治理现代化要求高质量的公共民主参与,但民主的推进不能是激进式的,必须依照国情,循序渐进。党的二十大提出的全过程人民民主就是符合当下中国国情的社会治理公众参与模式。

三、我国社会治理公共参与的主要途径

我国社会治理公共参与包括常态化公共参与和非常态化公共参与,涵盖政府渠道和非政府渠道。

(一)我国社会治理公共参与形态

社会治理公共参与形态,是社会治理公共参与的各种途径、形式、方法和手段的总称。社会治理公共参与形态从性质上来看,可以分为两类:常态化公共参与和非常态化公共参与。常态化公共参与形态是实现政治参与民主的常规手段,包括直接参与、显性参与、主动参与、合法参与,具有直接性、公开性、主动性、合法性等特征;与之对应的非常态化公共参与形态是指常态化参与手段失灵、失效之时,对公共参与的补充,包括间接参与、隐性参与、被动参与、非法参与,具有非直接性、隐蔽性、被动性、非合法性等特征。当今我国社会治理公共参与中,常态化参与形态发挥着主流影响,但是非常态化参与形态也正随着互联网等便利工具的兴起而发挥越来越重要的作用。

(二)我国社会治理公共参与渠道

我国社会治理公共参与渠道按照性质可以分为政府性渠道和非政府性渠道两类。政府性渠道是社会治理公共参与的主要渠道,指我国政治行政体制设定的制度化机制,比如信访机制、行政听证机制、政府调研机制、重大决策公示机制、专家咨询机制等;非政府性渠道是指现有政府性渠道之外,公共参与主体参与社会治理的方式,其中最重要的就是舆论机制。

政府性渠道主要包括如下渠道。第一,信访渠道。信访是指公民、社会组织等社会治理公共参与主体,通过书信、邮件、电话、上访等渠道,向与社会治理事务相关的组织及其管理者反映情况、请求处理的一种渠道。信访的内容既包括对社会治理中个体或组织利益受损的申诉,也包括对社会治理问题提出意见、建议等促进公共利益的内容。第二,听证渠道。听证渠道是指作为社会治理主导力量的政府部门,在做出与社会治理事务相关的决策之前,听取与该事务存在利益关系的其他社会成员、专家学者的意见,以促进社会治理科学化、规范化和程序化。公众通过行政听证渠道参与社会治理的核心流程,是在听证过程中与政府部门展开质证、辩论和充分的交流沟通,最终实现相互了解和意见融合。第三,政府调研渠道。社会治理公共参与的政府调研渠道,是指政府在社会事务治理和决策过程中,深入基层、问题发生地等进行调查了解、数据分析和统计研判,进而了解社会治理决策方向和成效的一种方式,公众等参与主体可以通过此渠道进行意见和问题反馈。第四,重大决策公示渠道。政府在做出与社会多数人利益相关的重大社会治理决策之时,向社会公开说明,允许社会成员参与讨论、表达意见,并听取他们意见的渠道。第五,专家咨询渠道。在当今社会治理过程中,专家学者发挥的作用越来越突出,专家咨询渠道是政府在进行社会治理决策时,听取专家学者意见、建议以促进决策科学化的过程。另外,社会治理公共参与的政府性渠道还有协商座谈会、问政会等。

非政府性渠道主要是公共舆论渠道,即社会治理公共参与主体对某一社会问题形成了共同倾向、看法,并将其通过电视、广播、报纸、互联网等媒介展示和表达出来,以影响社会治理的渠道。社会治理公共参与的公共舆论渠道可以依据媒体性质分为传统舆论渠道和新媒体舆论渠道。传统舆论渠道是通过报纸、图书、广播、电视等传统意义上的媒体,向政府表达诉求和建议的渠道。传统舆论渠道虽然时效性等不如网络新媒体,但是其信息发布更具权威性和影响力。新媒体舆论渠道是社会治理参与主体通过网站、微博、微信等新媒体平台表达意见、建议来影响社会治理的方式。互联网具有的公开性、包容性、及时性等优势,使其成为公众日渐倚重的社会治理参与渠道,但是非理性言论、虚假信息等负面因素也影响了新媒体舆论渠道的有效性。

第二节 协商合作

一、协商合作概况

在社会治理中,协商合作是政府、社会组织和公民等多元主体共同参与治理的重要途径,可有效整合社会治理资源,提升社会治理水平。

(一)基本概念

习近平总书记在党的二十大报告中强调,协商民主是实践全过程人民民主的重要形式。协商合作实际上包含了两个核心内涵:协商民主与合作治理。中国传统的"和"文化、民本思想、治道思想,西方的多元主义、民主政治等思想,都是协商民主的理论源泉。协商民主的核心要义是协商与共识。社会治理中的协商民主是促进社会治理有序化的一种有效探索。合作治理是治理理论的重要组成部分,是后工业社会重要的社会治理方式,"我们倾向于把后工业社会看作合作的社会,与这个合作的社会相适应的和能够满足社会治理要求的将是一种合作治理"[①]。社会治理中的合作治理是政府与社会通过在策略、技术、关系、模式、价值等方面的协调、配合与互补,最终完成可操作性社会治理行为的过程。合作治理具有治理主体多元化、合作关系伙伴化、信任关系契约化、行动目标一致化等基本特征。

(二)协商合作的本质与原则

1. 社会治理协商合作的本质

社会治理协商合作主体广泛,除了社会组织、公众、专家学者等公共参与主体之外,还包括政党、政府部门等政治力量。社会治理协商合作的本质,是社会治理主体之间形成的一种社会伙伴关系。我国社会伙伴关系强调在不改变社会主义国家性质和我国政治体制的前提下,协商合作各方就社会治理问题达成利益均衡,进而缓和社会矛盾、稳定社会秩序,营造社会治理的良好环境。社会伙伴关系的核心精神是相互合作与相互制衡。

---

① 张康之.在后工业化进程中构想合作治理[J].哈尔滨工业大学学报(社会科学版),2013(2):51-60.

2. 社会治理协商合作的原则

社会治理协商合作的原则是协商合作过程的基本规范和方向指南,代表了协商合作主体需要共同遵守的底线共识和行为导向。社会治理协商合作原则主要包括四方面。第一,权利平等原则。权利平等不同于权力平等,前者更加强调协商合作过程的理性平等。第二,主体自律原则,主要强调协商合作主体的行为符合公共道德和理性规范。第三,过程规范原则,即协商合作的有序性、法治性、合理性。第四,结果共享原则,即协商合作成果应当是各方共同接受、共同受益、共建共享的。

二、社会治理协商合作的动力、逻辑与价值

社会治理协商合作是加强和创新社会治理的必然要求。为进一步促进社会治理协商合作,我们需要厘清社会治理协商合作的动力、逻辑和价值。

(一) 社会治理协商合作的动力

社会治理协商合作的动力源自民主发展的双向运动。现代社会发展是受双向运动支配的,社会就是在扩张和反扩张的博弈中获得发展的,社会治理协商合作也遵循双向运动逻辑。市场经济开启了广泛的社会动员,催生了不断脱嵌的个体和公共领域。改革开放以来,我国社会治理过度注重经济而使社会政策阙如,导致放任的市场扩张一定程度上损害了社会公共利益,其背后是个人主义的无序扩张,不仅带来了民主暴力、议程超载、社会治理失序等问题,也使得在解决社会问题上无法实现有效合作。随着现代社会的发展,社会公共领域逐渐受到重视,协商合作开始成为社会治理的重要工具。通过强化公共理念对个人主义进行反向制约,社会治理协商合作便在这种博弈过程中逐渐成长起来。

(二) 社会治理协商合作的逻辑

社会治理协商合作的逻辑是精英主义和多元主义基于中国国情的融合。阿普特指出,政治现代化是从极权模式、精英主义向多元主义和自由模式依次

演进的过程①(见图 10-1),但福山认为这种演进也是情境化的,需要根据不同国家的实际情况进行判定。社会治理协商合作实际就是多元主义和精英主义基于中国的政治体制和现实国情,进行情境化融合的产物。

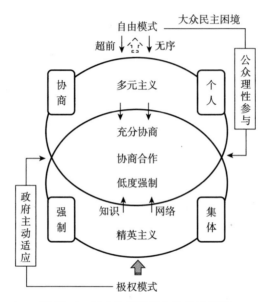

图 10-1　社会治理协商合作的逻辑图

我国的社会治理协商合作,以"政府主动适应"和"公民理性参与"的双向驱动为逻辑主线。一方面,我国是单一制国家,执政党和决策者等政治权威和精英群体在社会治理中具有主导性话语权和决定作用。互联网和知识社会推动了精英主义向前发展;作为社会治理决策和执行机构的政府主动适应民主参与的现代化趋势,成为社会治理协商合作的重要驱动力。另一方面,超前和无序扩张的公共参与触发了民主自我保护机制,大众民主需要适度"刹车"以避免脱离民主的真正意义,公民只有适度理性地参与,避免不当言论和极端行为,才能让公共参与摆脱无序化的困境,保证社会治理协商合作的科学有效。

---

① 极权模式强调个人是集体的衍生物,通过权威和强制方式解决问题;自由模式包含代议制政府运作的假设,如大众参与、个人主义等。精英主义和多元主义是二者的次模式:精英主义剔除了极权主义的专制性,吸收了自由模式价值观,但仍然保留了基于集体价值观的强制色彩;多元主义具备自由模式的基本价值理念,倡导协商和博弈,同时允许权威和精英基于集体和公共价值理念开展活动。

（三）社会治理协商合作的可能性与价值

多元主义和精英主义的互补及融合，决定了社会治理协商合作的可能性和价值。多元主义基于大众民主的基本价值观，强调通过公众影响社会治理，但面临着政治系统超载、不恰当问责和社会失序等风险。莫斯卡、帕累托、奥尔特加等人认为精英政治能克服大众民主的弊端，韦伯和熊彼特认为精英主义才符合民主国家的本质，但精英政治过度专注于集体行动、政党竞争和媒体竞争，带有强制色彩，存在偏离大众意志的可能性。多元主义与精英主义的融合也具有积极价值，多元主义的民主协商可以化解精英主义弊端，精英主义的相对集权能纾解议程超载等多元主义的困境。在社会治理决策者的主动适应和公众参与日趋理性的态势下，多元主义和精英主义产生碰撞，个人与集体、协商与强制不断调和，衍生出了充分协商和低度强制的社会治理协商合作模式，并成为现代社会治理比较理想的协作模式。同时，不管是精英主义、多元主义还是协商合作，平等、民主等内在价值都以某种形式或明显或隐蔽地存在着。

三、社会治理协商合作的实现方式

实现社会治理协商合作需要基于知识理性，着力解决协商合作中的信息不对称问题，以实现公意对众意的超越，进而开展多层次协商合作。

（一）以知识为引导

在当今知识社会背景下，社会治理协商合作是知识引导下的协商与合作，是在政府主动适应和公民理性参与的前提下，知识精英群体基于大众意见和自身学识、思想、经验、地位、智力、能力等形成一定影响力，通过正式和非正式途径，影响和引导公众推动社会治理的过程。区别于无序参与，知识引导下的协商合作体现出真正的民主性，能找出增进公共利益的方案并推动其进入政府议程，有利于推动理性参与和塑造真正的社会治理民主。

知识在社会治理协商合作中的作用越来越大，与当今世界从工业社会转向知识社会这一剧烈而深刻的变革背景相关。最早提出知识社会概念的是莱恩，他认为知识社会是社会成员的思想和行为由真理客观标准所引导的社会[①];贝尔强调知识是后工业社会的基本战略资源[②];斯特尔认为知识是社会主要驱动力[③];德鲁克、托夫勒等认为知识是力量最民主的源泉,未来的政治将越来越成为围绕"知识分配和获得知识机会"而展开的斗争……随着工业社会向知识社会的转型,知识逐渐成为塑造社会治理协商合作形态的核心资源之一。

知识精英是推动社会治理协商合作的重要力量。米尔斯较早提出了知识精英的说法,戴伊认为知识精英群体包括新闻制造者、大律师、基金负责人、思想库负责人、名校校董等;帕累托认为知识精英是开创了新知识或者掌握了既存顶尖知识的人群。[④] 以上狭义的"知识"概念多局限于自然或社会学识,但在包罗万象的网络时代,知识精英群体涵盖范围更广,既包括上述人群,也泛指学识背景、社会地位、经验经历、观念意识、思维方式等比普通大众占优的群体。互联网时代知识精英达成共识或协作的过程相对顺利,其影响力也很大。

(二) 解决协商合作信息不对称

信息不对称是社会治理协商合作的重要阻碍,实现社会治理协商合作必须解决信息不对称问题。媒体在一定程度上推动了信息不对称问题的解决,但李普曼却认为其作用是有缺陷的:媒体最上乘的表现就是成为制度的仆人和卫士,最差则会沦为少数人达到自身目的的手段。当制度运转失灵时,有些媒体人就会浑水摸鱼。[⑤] 在我国社会转型时期信息制度不够完善、解决信息不对称仍要依赖媒体的前提下,公众应当保持传播理性,鉴别信息的真伪。理性和知识是有机体的功能,而大众不是一种有机体,因此这个任务就要由作为理性和知识载体的知识精英群体完成。知识引导下的协商合作带给社会治理的,不仅是信息传播模式的转变,也是权力分配与获取模式的转变,知识将逐渐超越财富和暴力成为获取社会治理话语权的主要资源。[⑥]

---

① 吴永忠.知识社会的概念考辨与理论梳理[J].自然辩证法通讯,2008(3):38-42.
② 堺屋太一.知识价值革命[M].金泰相,译.沈阳:沈阳出版社,1999:4-6.
③ 尼科·斯特尔.知识社会[M].殷晓蓉,译.上海:上海译文出版社,1998:9.
④ 转引自杜鹏.精英结构视角下的村治逻辑与类型[J].探索,2016(5):181-190.
⑤ 沃尔特·李普曼.公众舆论[M].阎克文,江红,译.上海:上海人民出版社,2006:259.
⑥ 谢金林.网络空间草根政治运动及其公共治理[J].公共管理学报,2011(1):35-43.

（三）实现公意对众意的超越

社会治理协商合作的实现必须坚持公意导向。卢梭将公民政治意志分为公意和众意，并将表达质量作为区分二者的标准。"公意着眼于公共利益，而众意着眼于私人利益，众意只是个别意志的总和"[1]，二者的区别主要有三点。第一，公意存在意见的互动交流，任何一种意见都有机会得到有效回应；众意倾向于接受信息和意见，容易受特定力量控制。第二，公意诉诸合理的表达途径；众意表达所依赖的信息掌握在特定群体手中，信息壁垒和渠道不畅经常导致人们盲目泄愤。第三，公意形成的基础是知识和智力，相对客观，权威可渗透度低；众意依赖特定群体的信息传播，更容易被渗透和控制，独立性差。公意在实现科学有效互动、理性表达、客观独立思考等方面更契合民主的本质与协商合作的趋势。社会治理协商合作是基于知识和理性的对社会问题的高质量讨论，不是简单迎合众意，它代表了公意挑战并逐渐超越众意的态势。

（四）推动多层次协商合作

社会治理现代化的标准之一是参与。社会治理中的决策是通过公开讨论达成的，所有参与者能平等地发表意见，决策者理性地听取、考虑和采纳不同意见，就是协商性质的民主参与。[2] 社会治理协商合作是对各方观点与利益的考虑、协调和统合，更注重决策质量。信息传播是社会治理协商合作的重要内容。从信息传播角度切入，社会治理协商合作存在三种不同层次的操作方式。一是普通公众间的协商合作，即公众合作建构政策问题并进行信息传播，这种方式是多维度、开放性、散点式的"信息扩散"。二是普通公众与知识精英之间的协商合作。知识精英从公众那里获得信息并对其问题做出回答，公众多为被动地接受信息，这种传播方式是弱双向性、半开放、直线式的"信息传播"。三是知识精英间的协商合作。这种方式体现出基于合作需求的人际传播特征：知识资本转化为资源，形成以知识为基础的人际关系和社会网络，并孕育出政策议题的

---

[1] 卢梭.社会契约论[M].何兆武，译.北京：商务印书馆，2003：35.
[2] 毛里西奥·帕瑟林·登特里维斯.作为公共协商的民主：新的视角[M].王英津，等，译.北京：中央编译出版社，2006：139.

"知识库",成为最重要的资源。这种方式是双向性、封闭式、全面的"信息互换"。我国社会治理协商合作是一个渐进的过程,需要多层次协商合作的逐步建构、完善和升级。

第三节 社会治理公共参与和协商合作的发展

一、社会治理公共参与的新趋势

当前,社会治理公共参与的新趋势体现在知识引导公众舆论、理性规约公共参与、少数群体影响大众、积极结果取代负面结果四个方面。

(一) 知识引导公众舆论

知识引导公众舆论表现为具备知识的个体、组织和平台,在社会治理中的引导力和影响力日益增强。比如专家学者、在特定领域具有专长的知识型新媒体正在成为社会治理舆论的重要触发机制、发力点和平台,影响力日趋增强。

以知识型新媒体为例,知识型新媒体与门户网站、微博、微信、贴吧、论坛等相比有明显不同,成为微博、微信、贴吧之后,特立独行的舆论引导"第四极"。知识型新媒体的舆论引导力主要基于三个方面。(1)注册用户精英化。学历和收入较高的群体聚集,比如知乎通过"邀请+认证"制度汇集了各行业的精英群体,筛选出的用户多是某领域专家,他们是高权重用户,为高质量社会治理议题的产生和深化奠定了基础。(2)信息内容质量高。高质量的用户保证了信息生产水平。用户在持续生产高质量话题的同时,对话题的讨论也是专业的,形成了良性循环。(3)信息传播影响力强。首先,注册用户影响力大。知识型新媒体的意见领袖主要有两类:一是线下已经积累了知名度的用户,多是某领域专家或名人,通过名人效应吸引追随者;二是生产和分享高质量信息的草根群体,凭借认真的态度、高质量的分享和专业知识积累了较高人气。随着精品问答被转载到其他媒介,这些意见领袖也积累了社区外的高人气。其次,一级信息[①]聚集,具有强大的信息吸引力。在诸多社会治理议题中,重要信息的披露和关键

[①] 一级信息是来自信息源的未经处理的事实,被认为是最重要的信息。

性评论往往由知识型新媒体用户完成,然后再通过其他传统媒介或微信、微博、贴吧等网络媒体进行二次传播。由此可见,知识型新媒体具备了信息传播的高位优势。

(二)理性规约公共参与

理性主义认为理性养成需要客观独立、符合逻辑的思考,事实证据或实践经验,专业知识以及对非理性的排斥等。理性对社会治理公共参与的引导、规范和约束至关重要。第一,理性的公共参与依赖公正的判断,而做出公正判断的前提就是拥有独立的思考能力。第二,作为理性来源的事实证据和实践经验是对公共参与最好的规范。理性的公共参与者要么掌握最真实的信息,要么亲身经历过相关事件,抑或具有专业知识背景,这些都使其参与更具影响力。第三,良好的专业素养是理性的公共参与者获取一级信息和进行正确判断的重要资源。第四,对非理性的排斥是理性参与的保障。知识型新媒体会谴责该平台上非理性的言论,彰显正义和理性的力量,实现自我净化,减少非理性干扰,保证其参与行为符合理性规范。

(三)少数群体影响大众

精英主义、知识社会等理论中的精英都是小众概念,始终是与大众相对的少数群体。社会治理中,在专业知识、思想、经验、地位、能力等方面占优势的也是少数人。我国社会治理公共参与呈现出少数知识精英群体影响普通大众的特征。比如,社会治理过程中关键节点的推动者往往都是少数知识精英群体:事件深化过程中,具备知识、经验和亲身经历的少数群体,更有能力深化、引申和推广议题;社会治理议题进入决策议程后,如果有权威人士、专家学者等少数群体参与讨论,更容易产生重要影响。

(四)积极结果取代负面结果

以社会治理公共参与的舆论渠道为例,在追求个人主义、人人平等的大众民主范式下,搜索引擎、微博、微信、贴吧、论坛等是主要参与媒介,但这些媒介各有其弊端,比如:搜索引擎多局限于对事实的阐述,无法进行深入探究;微信、微博上的垃圾信息多,资本化和营销现象严重;论坛和贴吧经常被刷屏、吵架等无用信息充斥,信息质量不高……这些公共参与途径隐藏了很多非理性和不稳定因素,经常导致网络群体性暴力事件等负面结果。在社会治理公共参与中越来越重要的知识型新媒体,在民意过滤和升华过程中扮演了重要角色,它既有公意基础,也剥离了传统公共参与途径的非理性因素,因而更加有效、科学、理性,社会治理的结果也更为正面。

二、社会治理协商合作的新趋势

社会治理协商合作的新趋势主要体现在跨部门协商合作治理和网络治理两个方面。

(一)跨部门协商合作治理

跨部门协商合作治理是为应对社会治理日趋复杂的状况而产生的治理模式。弗雷尔等学者认为,跨部门协商合作是两个或两个以上的部门自愿进行的组织活动,包括信息、资源、活动、能力、风险和政策制定等方面的共享,并以达成一致的公共产出为目标,而这种产出在单一组织行动中是很难或不可能实现的。①

根据弗雷尔等人的定义,社会治理的跨部门协商合作主要有以下特征。第一,社会治理的跨部门协商合作包括但不限于政府部门之间的协商合作。政府部门间的协商合作十分重要,因为政府部门是社会治理的主导力量,但跨部门协商合作不仅存在于政府部门之间,还存在于公私部门之间。第二,社会治理的跨部门合作讲求自愿,被强迫的合作并不是真正意义上的协商合作。第三,除了涉及交付公共物品或服务的相关企业组织之外,其他企业组织不包含在跨部门合作范畴之内,因为其首要目标是私人利益,而非社会公共利益。

社会治理参与主体众多,而跨部门协商合作的主体主要指组织,包括公共部门、私人部门和非营利部门。第一,公共部门。公共部门主要指政府公共财政支持和监管的主体,比如国家和地方政府机构,学校、医院等事业单位,政府

---

① 约翰·弗雷尔,詹姆斯·埃德温·凯,埃里克·波伊尔.跨部门合作治理:跨部门合作中必备的四种关键领导技能[M].甄杰,译.北京:化学工业出版社,2018:13.

资助的团体、协会等组织。公共部门在参与社会治理过程中地位特殊,在参与社会治理过程中受到的约束也比较多。第二,私人部门。私人部门是以营利为目标而提供产品或服务的个体或组织,私人部门的目的虽然是获取利益,但在参与跨部门协商合作的社会治理过程中,它们也可以为公共利益做出贡献。第三,非营利部门。非营利部门是出于理性而非利益建立起来的非官方机构,比如各类协会。非营利部门在跨部门协商合作中扮演着十分重要的角色,因为在很多社会治理活动中,政府都更倾向于同非营利部门进行合作。

社会治理的跨部门协商合作具有多种实现形式,比如政府直接供给、签约外包、合作伙伴、网络、独立的非政府供给、特别协作等,其特征如表10-1。

表10-1 不同形式跨部门协商合作的特征

实现形式	政府供给	签约外包	合作伙伴	网络	独立的非政府供给
实现方法	政府雇员直接供给	政府雇用私人部门或非营利组织	共同生产,通常有明确的协议书	根据个体优势,由网络成员共同参与和推动	由具有重要裁量权的组织进行生产
与政府的关系	政府提供资金、界定流程,并雇用人员	政府提出明确要求并签订合同	政府是"合作伙伴",发挥投资、监控甚至合作生产的作用	政府可能是网络管理者或中心协调者,只提供资金,或只扮演补充角色	没有关系,或政府充当次要角色。政府可能只是投资者之一
与公众的关系	政府直接联系和供给	承包商直接联系和供给	合作者依赖一方或双方与公众交流	来自合伙者分散的多种联系	由独立的公共服务提供者提供
对相互信任的要求	低:传统制衡	低:合同监管	中等:在协议设定的法律条款下,合作者频繁互动	高:多点联系并共同工作;有限的政府监管	高:没有政府监管,进行多点联系并共同工作
关键要素	效率、能力	合同设计和监控	公众利益与合作伙伴利益的博弈	多种利益和成果聚合	影响成果和保护公共利益的能力

资料来源:约翰·弗雷尔,詹姆斯·埃德温·凯,埃里克·波伊尔.跨部门合作治理:跨部门合作中必备的四种关键领导技能[M].甄杰,译.北京:化学工业出版社,2018:21.

(二) 网络治理

网络治理是我国社会协商合作治理新的发展趋势。根据米尔沃德、普罗文等学者的研究,网络治理是协作的而非官僚的。自治组织的网络结构既需要积极回应非政府利益相关者的诉求,也要与政府展开合作。社会网络治理的关键是要认识到治理参与者是相互独立又相互协作的关系。社会网络治理实际上是一种松散的联盟关系,成员加入网络一起采取治理行动,分享共同利益。

社会网络治理应当处理的核心问题包括以下四个方面。第一,决策过程中的效率问题。大量的社会成员会参与网络治理的决策过程,这样就容易导致决策效率低下。决策过程主要通过讨价还价的方式推进,而讨价还价并不必然带来科学决策[①],需要引入超越各方利益的其他方式进行监督。第二,有效参与的实现问题。网络治理能够最大限度地吸纳社会成员参与,但是这种吸纳也需要社会成员的配合,即社会成员需要提升自身的组织能力和说服技巧。第三,协调组织的建构问题。在网络治理中,越来越多的社会自治组织参与决策,并且这些自治组织的领导者被赋予更多决策权力,这就需要更多的协调机构、制度和策略作为网络治理的保障。第四,行政问责机制问题。公共决策强调责任承担问题,所以公众参与的网络治理要通过行政问责机制,进行科学的职权划分,明晰责任承担主体。

三、公共参与和协商合作对我国社会治理的启示

公共参与和协商合作不仅是在社会治理的理论层面进行的探索,它更具有现实延展性,对社会治理现代化实践具有启示价值。

(一) 重视公共参与和协商合作的价值

公共参与和协商合作是实现社会治理现代化链条上的一环,是对我国政治体制和现实国情的回应,尤其是在社会治理日趋复杂的现实状况下,能避

---

① Fritz Scharpf. The Joint Decision Trap: Lessons from European Union Integration and German Federalism [J]. Public Administration, 1998(2): 239.

免社会治理成为复杂、充满矛盾、孕育着危险因素的过程。① 公共参与和协商合作纾解了社会治理无序参与的困境,使社会治理由参与数量导向转向质量导向、由感情支配转向知识引导、由盲目跟随转向理性参与,治理过程由闭门造车转向开放吸纳、由少数人主导转向多元化参与,对决策科学化和民主化起到了重要作用。

公共参与和协商合作对社会治理的价值主要体现在三方面。第一,政治价值。公共参与和协商合作能更好地保护社会治理中的个体,对维护民主本质和政治文明发展有着积极的意义。第二,政策价值。公共参与和协商合作提升了社会治理决策的质量。知识引导下的公共参与和协商合作能为科学的社会治理决策提供高水平的智力支持。社会治理决策的过程中知识精英群体不仅有能力运用互联网工具把握即时情境,也具备影响某种社会文化的知识积淀,更容易引导并影响公众塑造科学的社会治理决策。第三,社会价值。社会治理参与存在分层现象,不同层级的参与者之间相互影响、博弈,当某个层级的诉求渠道被其他层级侵犯时,就会产生不稳定的状况。知识引导下的公共参与和协商合作调和了各层级关系,使知识成为不同层级沟通的纽带和共享的资源,有利于社会稳定和发展。

(二)在法治框架下推行社会治理的分层民主

政治现代化是国家治理现代化的核心和显著特征,民主参与是政治现代化的基本前提。社会治理公共参与和协商合作本质上是趋向现代化的民主,应当是实质民主和程序民主的统一,程序民主只有服务于实质民主才能彰显价值。如何发展实质民主成为社会治理现代化的重点。面对当下社会治理中公共参与失序的现状,政府要把握和利用好知识精英的力量,以知识精英民主带动大众民主,提高公共参与和协商合作的质量。同时,处理好知识精英意志与大众意志的辩证统一关系:知识精英意志是大众意志的引领和升华,大众意志是知识精英意志的基础和制约,二者融合才能发挥最大优势。另外,民主的兴起和法治在历史上关系密切,越来越多的公民受到法律保护

---

① 郭为桂.公共空间与公民参与:大众民主的困境及其出路[J].重庆社会科学,2005(9):92-97.

是促成民主的关键,法治是社会治理民主的基础保障。应当在法治的保障和约束下,建立分层的社会治理公共参与和协商合作机制,实现真正的社会治理民主参与。

具体而言,在法治框架下推行社会治理公共参与和协商合作的分层民主,要根据社会治理事务的性质区分政治民主和政策民主①,对不同层次的民主参与主体分别进行规范。社会治理中与政治民主相关事务的意识形态色彩较浓,多涉及立法、行政和司法等领域的基本规则和共识,因此应更重视参与的广泛性和数量,不断完善大众参与的法律和制度保障,并通过优化制度规则,减少资本、权力和利益集团等对民意的束缚,实现最广泛的民主参与。社会治理中与政策民主相关事务多是具体的社会公共事务,背后是复杂的社会机制和实践形式,具体决策要求更加审慎,重视科学性和理性互动。因此,要重视知识精英的社会治理决策参与,加强知识精英的组织建设和表达机制的优化,发挥其知识和理性优势,进而帮助提高决策质量。法治是确保社会治理公共参与和协商合作合法、稳定、持久、有序运行的根本途径②,可以通过制定法律法规、加强司法监管、提高知识精英群体政治素养等措施进行规范。

(三)建立社会治理公共参与和协商合作主体之间的期望

社会治理公共参与和协商合作的基础是各主体之间的相互信任,而期望是建立信任的前提,因此要建立社会治理主体之间的相互期望和共同期望。一是建立社会治理参与者的相互期望。社会组织和公众要提高参与素质,以满足政府对公众理性参与的期望;更重要的是决策者要约束权力欲望,满足社会公众的诉求和对民主决策的期望。比如,社会治理中专家学者、基层公众等参与主体具有实际经验、独到见解或特定期望,决策者应当约束自己对决策话语权的占有欲,赋予上述群体真正的参与权,倾听他们的建议和期望,而不是一味地用行政权力推动问题解决。二是建立社会治理参与者的共同期望。公平、正义、相互信任的社会环境是社会治理参与者的共同期望。社

---

① 黄伯平.分层视野中的政策民主[J].中国行政管理,2013(10):113-118.
② 杨中艳.基层协商民主法治化的建设路径探析[J].云南社会科学,2016(2):120-124.

会治理共同期望的建立主要是通过文化宣传手段实现,具体可以通过传播社会主义核心价值观,树立典型,表彰先进,弘扬诚信事迹等方式,渲染人们对社会治理的共同期望。

(四)预防社会治理公共参与失序的出现

推动形成我国社会治理公共参与和协商合作的良好格局,还应当预防公共参与失序及其带来的潜在问题。改革开放带来了市场经济、社会结构和价值观念的巨大变革,网络社会进一步推动权力去中心化,社会治理议题构建权散布于网络可及的任意角落,这些都使社会治理公共参与更加便捷高效,开启了社会治理公共参与之窗。然而,网络社会中对大众民主的盲目热衷和过度推崇,催生了超前的民主意识和相对滞后的民主基础之间的矛盾,使我国社会治理民主参与可能陷入无序扩张的悖论,产生过度参与、无序参与等问题。基于近些年典型的社会治理失序事件,可以将我国社会治理公共参与和协商合作失序困境分为五类,即网络暴力、舆论审判、议程超载、破坏决策、群体事件。我国社会治理公共参与失序给社会有效治理甚至社会稳定带来了不良影响。首先,非理性言行不仅无助于社会问题进入决策视野,反而容易激化社会矛盾;其次,大众对某些社会问题缺乏科学的认知和理性的态度,容易导致盲目行动;最后,就影响而言,盲目参与受到诸多批判,导致了社会对公共参与的质疑。

我国当前社会治理公共参与失序的困境,主要源于公众群体属性的局限性和我国当下民主建设的不完善。第一,大众认知的局限性。群体中大多数成员可以掌握或达到的认知水平,最终演变成了群体共同特征,并导致部分个体智力水平和个性的削弱,因而群体并不能很好地完成对智力和逻辑要求较高的工作。网络社会瞬息万变,现代化的社会治理需要高智商和较强的逻辑判断力,而这正是大众认知的不足之处。第二,大众参与的非理性。韦伯认为感情因素在大众政治参与中起首要作用,大众总是处于现实的、纯粹感情的和非理性的影响之下。[①]"群体只知道简单而极端的感情,他们对各种意见或全盘接受,或

---

① 马克斯·韦伯.经济与社会:下卷[M].林荣远,译.北京:商务印书馆,1997:810.

一概拒绝,将其视为绝对真理或绝对谬误。"①尤其是在互联网公共空间中,大众容易被情境感染,缺乏理性的逻辑推理和实际判断。第三,大众自我意识不稳定。便捷的网络社会很容易将大众带入兴奋状态,感情和暗示通过传染很可能向与预期相反的方向转化。②传染的情绪所代表的不一定是真正的个人意志,而且人们很容易将线上线下相结合,然后将暗示付诸实践,引发不良后果。第四,理论导向误区和现实制度缺位。激进民主主义推崇直接民主和广泛动员,但极端平民化容易演变为民粹主义;民主至善论认为大众永远正确,这容易导致众意超越法律边界带来民主暴政。另外,目前我国大众民主的引导、规范和保障制度不够完善,民主发展容易滞后或超前,影响社会治理有效性和科学化,甚至带来社会不稳定。因此,预防我国社会治理公共参与和协商合作失序困境,应当从提高公众认知水平、增强公共参与理性、管理公众参与情绪、加强理论引导和制度规范等方面入手。

总之,公共参与和协商合作作为实现中国特色社会主义民主、推动有效社会治理的重要工具,能在一定程度上纾解当下我国社会治理困境,对社会治理和民主政治发展具有积极意义。社会治理现代化依赖公共参与和协商合作,科学的公共参与和协商合作体现出对知识和理性的推崇。知识精英引导下的公共参与和协商合作具备在实践中延续和发展的基础,应当对其进行积极建构和优化。从工业社会向知识社会的转变是一个不可逆的历史过程,而互联网增加了这一过程的不确定性,比如:知识和互联网可能带来社会非群体化,降低人际交往的真实性;知识资源很可能成为划分社会阶层的新标准,导致新的社会分化;斯特尔等认为知识社会自我毁灭的风险很大,公共参与和协商民主在政治输入和集体行动等方面也存在局限性。不过,即使存在以上风险和问题,公共参与和协商合作仍然是适合中国特色社会主义社会治理实际情况的重要工具,如何克服以上弊端以更好地实现社会治理现代化,也是需要继续深思的问题。

---

① 古斯塔夫·勒庞.乌合之众:群体时代的大众心理[M].杨献军,译.北京:台海出版社,2018:55.
② 古斯塔夫·勒庞.乌合之众:群体时代的大众心理[M].杨献军,译.北京:台海出版社,2018:38-39.

章节习题

1. 请简述什么是社会治理公共参与和协商合作。
2. 我国社会治理公共参与的渠道有哪些？请举例说明。
3. 怎样理解协商合作的四项原则？
4. 我国社会治理协商合作的实现方式有哪些？
5. 如何理解跨部门协商合作治理的内涵？
6. 结合自己的理解，说明为什么社会治理离不开公共参与和协商合作。

案例材料

中山市：全民参与社会治理"五字"模式

中山市地处珠江三角洲腹地，产业的发展吸引了大量的外来人员到中山工作和生活。据统计，到2014年年底，中山市常住人口达到319万，其中外来人口163万，常住人口尤其是外来人口的不断增长，使社会管理的难度随之加大。为解决上述治理难题，2015年年初中山市委、市政府在总结经验的基础上，提出积极转变政府职能，将参与式治理精髓融入社会治理实践，以满足群众需求和化解问题源头为导向，探索出具有中山特色的全民参与社会治理模式。

1. 问题导向，促全民"齐"参与。坚持从问题入手，以问题为导向，以解决问题为目的，调动群众了解问题、参与解决问题的热情。针对"富了口袋后如何富脑袋""即使破案也难补群众伤害""毒品不绝，长期危害社会""医闹事件多发，医生护士人人自危，医院不能正常运转""三小场所火灾隐患多，影响他人安全"等重大社会现实问题，通过媒体网络讨论、设置"城市论坛"对话、上门解释交流等多种形式展开宣传动员。

2. 激发活力，促全民"愿"参与。从群众的切身利益入手，打好"民生牌"和"民心牌"，以此推广共建共治共享的理念，提高公众参与的主动性和积极性。2014年中山市民生相关财政支出178.5亿元，占公共财政预算支出的比重达68.3%，高于全省0.7个百分点。"十件民生实事"全部由市民"票选"确定，环境优美的绿道网络、随处可见的健身广场等一批民生工程的实现和推进,让群众真切感受到发展带来的实惠,激发了大家的参与热情。

3. 畅通渠道,促全民"能"参与。畅通全民通过社会组织参与的渠道,出台社会组织"1+9"政策体系,设立总额900万元的社会组织培育发展专项资金。深化行政审批制度改革,在审批事项由原来的1404项减少到285项的同时,出台政府职能转移目录和具备资质条件承接政府职能转移的社会组织目录,加大政府委托授权或购买服务力度。充分发挥工青妇、工商联等人民团体对社会组织的引领作用,启动枢纽型组织认定工作,初步形成了"枢纽组织"带动"中小组织"的发展局面。

4. 强化保障,促全民"真"参与。用坦诚的互动促全民"真"参与。在全民除"三害"行动中,公开征集热心网友参与执法活动,当面"抓阄"确定明查暗访的场所。对群众的举报实行线索必核、属实必查、异地查处、顶格处理,全市文化娱乐场所基本实现无"三害"。发动全民禁毒"大收戒"活动,涌现了很多父亲举报儿子吸毒、妻子协助民警收戒丈夫等故事。

5. 健全机制,促全民"常"参与。中山市在全国地级市中率先出台了中长期社会建设规划纲要,其中围绕如何加强全民参与,明确了指导思想、基本目标、基本原则和保障措施。全民修身、全民治安等行动都制定了相应的三年、五年或十年规划,明确了具体工作目标、进度。

点评:全民参与增强了群众的决策参与感与实践能力,使得推动社会治理体制改革成为一种共识性改革。中山市的全民参与社会治理"五字"模式为其他城市创新提供了经验,为全省乃至全国创新社会治理、推进社会治理现代化做出了有益探索。具体来说,有如下四个方面的创新意义:一是促进了参与主体的多元化,推动社会治理走向合作治理;二是促进了参与渠道的法治化,推动社会治理走向依法治理;三是促进了参与方式的组织化,推动社会治理走向高效治理;四是促进了参与路径的科学化,推动社会治理走向系统治理。

思考:请结合上述案例说明社会治理中公共参与和协商合作应如何发展。

第十一章 正式制度与非正式制度

【内容提要】

本章从交易成本理论、制度路径依赖理论等制度经济学的基础理论出发，阐述了制度在经济社会发展中的重要作用以及对提高社会治理绩效的关键意义。进一步地，本章从正式制度、非正式制度两个基本的制度类型着手，一方面分析了我国社会治理领域正式制度的演变过程、主要类型、存在的问题等内容，并以陕西省商洛市为例，分析了正式制度在社会治理领域发挥的作用；另一方面，分析了社会治理领域的非正式制度的正向作用机制和负向作用机制，并以陕西省关中地区为例，分析了非正式制度在社会治理领域发挥的作用。

随着治理理论的发展，现代治理理念逐渐由"一元"治理向"多元"治理演变，社会治理主体格局也随之由一元向多元转变，这就不可避免地影响着正式制度与非正式制度之间的边界。如何理顺二者之间的关系，从而形成良性互动，使之共同作用于社会治理绩效的改进，是当前社会治理领域需要重点关注的问题。

第一节 制度经济学基础内容

在现代经济学体系中,微观经济学和宏观经济学始终占据主流。尽管如此,制度经济学还是获得了发展空间。以凡勃伦、康芒斯、米切尔等为代表的美国经济学家初创了制度经济学派,该学派重视制度在经济社会发展中的作用,研究制度等非市场因素发挥作用的机制。与主流经济学重点从供求均衡角度剖析经济现象不同,制度经济学主张运用制度范式研究社会;主流经济学关注资本、劳动、土地等"物",制度经济学关注"人",尤其是人与人之间的关系。这为后来的组织行为学、激励理论等学科和理论的发展提供了重要的研究基础。对于各项体制改革进入攻坚阶段的中国,制度经济学也有着重要的理论意义和实践意义。

制度经济学是一门研究人们如何选择制度,制度及其变迁如何影响人们的行为,进而如何影响资源配置和经济增长的学科。[①] 制度是制度经济学中的一个基本概念,制度经济学派的代表人物诺思对此做出了界定,即"制度是一个社会的游戏规则,或更正式地说是人类设计的、构成人们互相行为的约束条件。它们由正式规则(成文法、普通法、规章)、非正式制度(习俗、行为准则和自我约束的行为规范),以及两者执行的特征组成"[②]。社会学家吉登斯也对制度进行了界定,认为"制度可以被看作是实践在时空当中的深度沉积。也就是说,它们是一些在'横向'意义上具有持久性和包容性的实践,在共同体或者社会成员中具有广泛的散播"[③]。

一、制度经济学的一般理论

制度经济学的一般理论包括交易成本理论和制度路径依赖理论。

---

① 黄少安.制度经济学由来与现状解构[J].改革,2017(1):132-144.
② 道格拉斯·G.诺思.制度、制度变迁与经济绩效[M].杭行,译.上海:格致出版社,上海人民出版社,2014:2-5.
③ 安东尼·吉登斯.社会理论的核心问题:社会分析中的行动、结构与矛盾[M].郭忠华,徐法寅,译.上海:上海译文出版社,2015:88.

交易成本理论。该理论由科斯提出,主要讨论交易费用与产权制度安排之间的关系。市场机制的运行、制度的设计与实施、制度的变迁等都存在交易费用。如果交易费用为零,那么不管产权制度如何设计,都可以通过当事人之间的谈判使稀缺资源的配置达到最优;一旦交易费用不为零,不同的制度设计可能会导致不同的资源配置效率。在满足某些条件的情况下,经济领域的外部性可以通过当事人之间的谈判得到矫正,从而达到社会效益最大化,也就是说,市场这只"无形的手"能够化解负外部性,从而提供一种通过市场机制解决外部性问题的新思路和新方法。①

制度路径依赖理论。诺思对制度的路径依赖理论做出了首创贡献。"制度路径依赖"类似于物理学领域的"惯性"概念,用来指代制度的形成与变迁通常会受到历史因素的影响,一旦形成某种制度伦理或者总体安排思路,即使制度是低效率或者无效率的,也往往会一直按照初始状态延续下去,隐含着制度变革的困难。青木昌彦对制度路径依赖理论进行了完善,他指出,制度路径依赖是指制度重建时,旧制度往往会以新的形式继续实施,这主要取决于制度重建者的认知。制度路径依赖理论对无效和低效制度的存在做出了理论解释。

现代社会治理理论与实践的变迁,伴随着治理主体的变迁过程;传统的以政府为单一主体的管理模式逐渐发生变化,但是多元治理主体的参与模式并未真正形成。受制度路径依赖的影响,我国社会治理转型的过程中,政府、社会、市场、公民等不同主体之间的合作模式仍然存在行政化倾向,不同主体之间作用失衡、社会自治能力较弱、社会组织发展缓慢、公民参与能力有限、政社之间的关系被"锁定"在政府主导的模式中等,使不同主体之间合作的交易成本不断增加,社会治理绩效也不尽如人意。

二、制度经济学的基本演变

一般把制度经济学分为早期制度经济学与新制度经济学两个发展阶段。早期制度经济学的代表性人物是索尔斯坦·凡勃伦(Thorstein B. Veblen)、约

---

① 臧建文."五险一金"征缴的制度困境研究:基于交易成本理论视角[D].天津:天津财经大学,2017.

翰·罗杰斯·康芒斯(John Rogers Commons)和约翰·肯尼斯·加尔布雷斯(John Kenneth Galbraith)等人。凡勃伦的《有闲阶级论:关于制度的经济研究》(1899年),被认为是制度经济学的奠基之作,重点讨论了制度与不同经济现象之间的关系,并将制度界定为"是个人或社会对有关的某些关系或某些作用的一般思想习惯"①。凡勃伦对"有闲阶级"的产生与演变过程及其相应的消费行为变迁过程进行的分析,正是对制度演化过程的分析。也正是在分析有闲阶级消费行为的过程中,凡勃伦认为是制度重塑和影响了个体的行为、习惯和偏好,也就是说个体偏好被制度重构。凡勃伦对制度经济学的研究始于对"制度"的批评,他认为资本主义经济制度和自由市场经济制度已经不能适应当时的社会环境,必须进行制度改革。

二战后,制度经济学发展缓慢,直到20世纪70年代以后,制度经济学研究进入了新的发展阶段,新制度经济学被广泛关注并获得了长远的发展。新制度经济学质疑新古典经济学"交易成本为零"的假设,提出"交易成本大于零"的观点,因此学界通常认为新制度经济学侧重于交易成本的经济学分析。"交易成本"的系统论述始于科斯的《企业性质》(1937年)。科斯强调,如果要对经济现象、经济行为和经济关系等经济学核心问题进行科学合理的解释,就必须首先研究哪些制度安排对这些经济现象产生影响或产生支配、约束作用,以及如何施加这些影响和体现这些作用。正是从科斯之后,制度分析方法正式被系统地应用于经济学的分析框架中。科斯指出,稀缺资源的配置效率通常会受到交易费用的影响,如果制度不能有效地降低交易成本,那么就会降低资源配置效率,进而影响整体经济效率。这就为制度变迁和制度创新提供了有力的依据。科斯认为,产权制度、法律制度、管理制度等制度体系在人类社会经济增长和社会发展进程中发挥着决定性作用。

诺思作为新制度经济学的另一位代表人物,在制度变迁的研究方面做出了重要的贡献。诺思认为制度具有公共物品属性,为了避免制度供给不足,国家往往是基本制度的提供者,并且会基于交易成本和平衡各利益相关方利益的考

---

① 凡勃伦.有闲阶级论[M].蔡受白,译.北京:商务印书馆,1964:138-139.

虑，做出实施新的制度或者对旧的制度进行变革的决策，因此制度变迁的过程具有典型的边际特征，尤其是存在制度路径依赖的情况。在制度变迁的过程中，要实现制度变迁收益的最大化，就需要降低制度变迁成本，而非正式规则会发挥这一作用。可以说，诺思的一个重要观点就是正式规则在很大程度上是对非正式规则的认可和规范，而非正式规则是对正式规则的延伸、补充和修正。[①]也就是说，正式制度的良性运行需要有非正式制度的支持。

制度经济学得到了快速的发展，尤其是科斯（1991年）、诺思（2003年）、威廉姆森（2009年）、奥利弗·哈特（2016年）等诺贝尔经济学奖获得者的主要贡献都与制度研究密切相关，这也使得制度经济学受到了持续关注，在不同领域和不同学科都得到了广泛的发展。目前，新制度经济学在治理领域得到了广泛的应用，如共享单车治理[②]、社区治理[③]、农村集体经济组织治理[④]、教育治理[⑤]、政社合作[⑥]等领域。相关研究主要从治理领域面临的制度困境入手，既讨论正式制度在治理事务中的变迁与模式选择，也关注非正式制度对治理绩效的作用，进而从制度创新中寻求治理的优化路径。

第二节 正式制度

一、正式制度的内涵

正式制度，也称正式约束，是以某种明确的形式被确定下来，并且由行为人

[①] Douglass C. North. Institutions, Institutional Change and Economic Performance[M]. Cambridge: Cambridge University Press, 1990.

[②] 吴杭韦,郑伟浩,朱迪.新制度经济学视角下的共享单车探析:优势、问题与治理[J].生产力研究,2019(6):37-46.

[③] 孟祥林.我国社区治理的三个向度:制度创新、社会资本建构与社区共同体塑造[J].新疆财经,2019(4):47-60.

[④] 王留鑫,何炼成.农村集体经济组织的制度困境与治理之道——基于制度经济学分析视角[J].西北民族大学学报(哲学社会科学版),2017(3):59-63,82.

[⑤] 毛杰.新制度经济学视角下的第三方教育评估制度环境研究[J].中国大学教学,2016(7):73-79.

[⑥] 庄士成,刘平平.政社合作的路径依赖困局与路径创造:基于新制度经济学的分析视角[J].经济问题探索,2016(1):54-59.

所在的组织进行监督和用强制力保证实施的行为规范,如各种成文的法律、法规、政策、规章、契约等。[①]

在社会治理中,正式制度作为一种成文的组织方式,对社会治理主体、社会治理目标、社会治理对象、社会治理行为方式、社会治理执行手段等进行全面规范,并对治理过程中所需的人、财、物等各类资源的配置方式进行规定,进而形成行为人的执行准则,并且具有行政强制力,从而使治理的绩效得以保障。如《中华人民共和国社会保险法》(以下简称社会保险法)对参与主体、实施目标、实施对象、各主体的行为方式等进行了全面的规定。

第一,社会保险的治理主体,即哪些主体是社会保险事务的参与主体。社会保险法规定,用人单位、劳动者个人、县级以上人民政府、社会保险行政部门、社会保险经办机构、工会等都参与其中。

第二,社会保险的治理目标,即实施社会保险要解决的问题是什么。社会保险法是为了规范社会保险关系,维护公民参加社会保险和享受社会保险待遇的合法权益,使公民共享发展成果,促进社会和谐稳定而颁布的正式制度,以保障公民在年老、疾病、工伤、失业、生育等情况下依法从国家和社会获得物质帮助的权利。

第三,社会保险的治理对象,即要对哪些社会保险进行顶层设计和规范。社会保险法规定,我国社会保险主要由基本养老保险、基本医疗保险、工伤保险、失业保险、生育保险等构成。

第四,社会保险中各行为主体的行为方式,即各个主体在参与社会保险的过程中应该如何做。如社会保险法规定,用人单位和个人要依法缴纳社会保险费,同时有权查询缴费记录、个人权益记录,并要求社会保险经办机构提供社会保险咨询等相关服务。

总体来说,社会治理的正式制度为各个参与主体提供了行为准则和基本依据,使各个主体能够在规则范围内行事,进而使社会有序运转,让社会治理绩效最大化。

---

① 贾兆帅.基于新公共服务理论的政府非正式制度变迁研究[D].成都:西南交通大学,2007.

二、我国社会治理领域正式制度的变迁

（一）古代社会（秦汉时期至明清时期）：自上而下的社会控制

自上而下的社会控制模式是中国古代社会始终遵守并维系的准则。从根本上说，中国传统社会管理模式始终是集权与分权交替并以集权为主，而宗法制是集权的最佳代表，并在各个朝代都有所体现。

第一，秦汉时期。公元前221年，秦始皇建立了中国历史上第一个中央集权制的国家，始设"皇帝"，立百官之职。他把专制主义的决策方式和中央集权的政治制度有机地结合在一起，正式建立了专制主义中央集权的政治制度——三公九卿制度。在地方行政制度方面，设立了郡县制，以实现对社会的管理。各级政权的设立以维护皇权为首要任务，以维护统治阶级利益为目标，因此其对社会的治理多从"治安"的角度考虑。汉承秦制，两代制度基本相同。

第二，隋唐时期。隋唐是中国封建社会发展的繁荣时期，三省六部制确立于隋朝，仍然是皇帝下设三省，即中书省、门下省、尚书省。其中，中书省负责起草皇帝诏书；门下省负责审核奏章并兼顾谏言之责；尚书省则贯彻执行皇帝之令，下设吏部、户部、礼部、兵部、刑部、工部六部，用以分割尚书省的权力。吏部掌管官员选拔、考核、封爵晋级等；户部掌管财政、户籍、土地等；礼部负责祭祀、典礼等；兵部专管军事；刑部担任司法、审计之责；工部主管工程建设。六部下又各设四司。隋唐时期的三省六部提高了行政管理效率，各部门之间互相牵制，极大地加强了皇权。而真正与民生息息相关的社会管理则没有在中央一级机构设置上有所表现，这也从另一个侧面表明传统管理模式的特点。

第三，两宋时期。北宋建立后，宋太祖赵匡胤吸取唐末五代以来藩镇割据的教训，采取"杯酒释兵权"等举措，收回朝中大将和节度使兵权，将地方的行政、军事、财政权力收归中央，防止地方割据局面的出现，加强了中央集权，但也造成了一些不良后果，如北宋形成了庞大的官僚机构和军队，导致了后来严重的社会危机。宋代为加强对内控制，以掌管政务的中书门下（东府）和掌管军事的枢密院（西府）共同行使行政领导权，并称为二府。同时又置三司，三司使分

管盐铁、度支和户部,分取宰相财政大权。①

第四,元朝和明初。元朝统一之前采用一省六部制,即由尚书省总领全国行政,下设六部。元朝则在中央设中书省,领吏、户、礼、兵、刑、工六部,总理全国行政事务。明初仍然沿用了元朝的这一制度。此外,在地方设行中书省,掌管钱粮、兵甲、屯种、漕运及其他军国重事。这一制度奠定了中国省区的规模。元朝的基层机构基本仍沿袭宋金,另外设立"社",五十家为一社。"社"用来加强对民众的管理,既是治理农村的机构,也是征调赋役的工具,又是防范和压制人民的手段。②

第五,明清时期。明朝开始,朱元璋为恢复封建秩序,缓和社会矛盾,采取了一系列措施加强君主专制,包括:实行内阁六部制,中央废丞相,权分六部;地方废行省,设三司;设立特务机构;实行八股取士;建立僧官制度和驻藏大臣制度。清朝沿用明制,增设军机处,大兴文字狱,专制主义中央集权制度达到了顶峰。

(二) 现当代社会(新中国成立后至今)

1. 新中国成立至改革开放前:自上而下的社会管控

我国当代社会治理模式主要以管控为主,并集中体现在城乡二元管理制度上。新中国成立之初,我国面临着政治解体与社会解组相结合的"总体性危机"。尽快恢复社会秩序,使中国经济政治发展步入正常轨道,成为中国共产党执政的首要任务。面对如何将广大人民群众组织起来进行社会主义建设的问题,中国共产党借鉴了战争年代实行的供给制经验,在城市逐步建立了以"单位制为主、街居制为辅"的管理体制。③ 身份制(阶级身份、户籍身份、职级身份)作为改革开放前重要的社会管理制度之一,有着很强的先赋性,并限制着每个社会成员获取社会资源的数量和机会。每个人一出生即根据其出生地获得一定的户籍身份,城市户口与农村户口及其蕴含的市民待遇与农民待遇是最基本

---

① 吕克勤等.中国古代史[M].上海:华东师范大学出版社,2007:322.
② 陈智勇.中国古代社会治安管理史[M].郑州:郑州大学出版社,2003:215-216.
③ 鞠正江.我国社会管理体制的历史变迁与改革[J].攀登,2009(1):27-32.

的差别。① 以 1958 年颁布的《中华人民共和国户口登记条例》为标志,我国以严格限制农村人口向城市流动为核心的户口迁移制度形成,也奠定了我国二元户籍制度的基础。出于遏制城镇人口过度膨胀、保持城镇社会稳定以及快速恢复和发展国民经济的需要,我国最终形成了以将农民禁锢在土地之上、保证农业生产稳定、控制农村人口过快流入城镇为主要目的的户籍制度②,与此相伴相生的是几十年来城乡居民在教育、医疗、就业、住房、社会保障等方面的不平等。

2. 改革开放后至 2012 年:自上而下的社会管理

1998 年,《国务院机构改革方案》出台,对政府的职能进行了全面梳理,首次提出了"社会管理"的概念,并且将"宏观调控、社会管理和公共服务"作为政府基本职能,这是从顶层设计和正式制度的视角对社会管理功能的界定。经过长期的探索实践,我国逐步从传统的社会管控模式转向了社会管理模式,并构建了相对完善的社会管理正式制度体系,形成了相对完善的社会管理体制机制。

在这一过程中,各项制度体系不断优化,政府职能不断转变,以促进社会和谐稳定为出发点、以保障和改善民生为重点、以强化社会服务为依托,初步形成了"党委领导、政府负责、社会协同、公众参与、法治保障的社会管理体制"③。

3. 新常态时期(2013 年至今):共建共治共享的社会治理

2013 年党的十八届三中全会审议并通过的《中共中央关于全面深化改革若干重大问题的决定》中首次提出了"社会治理"的概念,并将推进"国家治理体系和治理能力现代化"作为全面深化改革的总目标之一。这是党的正式文件中第一次提出"社会治理"的概念,标志着执政理念的新变化。

2017 年党的十九大报告指出,要"加强社会治理制度建设,完善党委领导、

---

① 郑杭生.中国社会发展研究报告[M].北京:中国人民大学出版社,2010:188-189.
② 杜睿云,段伟宇.城镇化背景下的户籍制度改革:方向、重心与路径选择[J].当代经济管理,2011(3):30-33.
③ 高斌.共建共治共享的社会治理格局:演进轨迹、困境分析与路径选择[J].理论研究,2018(6):67-74.

政府负责、社会协同、公众参与、法治保障的社会治理体制""保证全体人民在共建共享发展中有更多获得感""打造共建共治共享的社会治理格局",党的二十大报告进一步提出,要"健全共建共治共享的社会治理制度,提升社会治理效能","依法严惩群众反映强烈的各类违法犯罪活动"。这些都为当前我国社会治理提供了最重要的指导原则和创新方向,是各级政府进行社会治理创新的未来目标和行动指南。

三、我国社会治理领域存在的问题

正式制度供给不足以及正式制度效率低下,是我国当前社会治理绩效总体仍然不高的重要原因之一。我国的社会治理模式仍然没有从传统管理模式中完全解脱出来。尽管自1982年以来,我国已经进行了八次政府机构改革,但是服务意识欠缺、职能定位尚不明确、管理体制尚不完善、科学化程度有待提高等问题仍然存在。

第一,中央政府出台的社会治理正式制度不足。目前在社会治理领域,国家层面的立法存在明显的"缺位"。地方政府社会治理行为的各种乱象,很大程度上是由于缺乏相应的法律规范。截至目前,我国还没有制定统一的"社会治理法"及与之配套的系列法律法规。地方政府主要依据中央下发的文件履行其社会治理职能。①

第二,具体社会治理领域的正式制度不足。一方面,有关我国社会治理的供给制度不足。社会治理绩效与公众社会需求的满足密切相关,而公众社会需求的满足与制度供给密切相关。我国社会保障制度仍然不健全、城乡社会保障制度差异显著,是导致城乡公共需求满足程度存在差异,农村人口的养老需求、医疗需求、教育需求等满足程度明显较低的重要原因。另一方面,有关我国社会治理的需求评估制度不足。供给是否能够与需求精准匹配,与是否具备科学准确的需求评估与识别制度密切相关。但是目前,我国在社会治理层面仍然侧重于供给方的制度设计与改革,对需求的评估较少,导致供需结构性失衡。

第三,社会治理体制改革进展较慢。当前以政府为主导、注重管控规制、治

---

① 范逢春.地方政府社会治理:正式制度与非正式制度[J].甘肃社会科学,2015(3):178-181.

理手段单一、侧重事后处置的社会治理方式,导致对社会需求的识别不足、法治对需求满足的保障能力有限、合作治理秩序建立缓慢、治标不治本的对策与实际问题的解决存在差距,这都表明公民对于高效社会治理方式的需求未能真正满足。

四、基于正式制度形成的社会治理代表模式——以陕南移民搬迁为例

有效的正式制度能够推动社会治理绩效的总体提升。陕南移民搬迁就是典型的正式制度发挥关键作用的案例。移民搬迁是我国生态环境恶劣地区贫困人口脱贫的重要模式。

始于2011年的陕南地区移民搬迁过程中的社会治理模式值得关注。2013年国土资源部发布的《关于支持陕西省陕南地区生态扶贫避灾移民搬迁有关政策措施的函》陕西省出台的《陕南地区移民搬迁安置总体规划(2011—2020)》《陕南地区移民搬迁安置工作实施办法(暂行)》《陕西省人民政府办公厅关于进一步加强和规范陕南地区移民搬迁工作的意见》《陕南移民搬迁土地综合利用实施管理办法(试行)》《陕西省移民搬迁安置税费优惠政策》等中央和地方政策,以及陕南各市制定的市级政策,都为推进陕南移民搬迁提供了有力的支持。截至2018年年底,商洛市累计移民70多万人,涉及1000多个村庄的近20万户农村居民家庭,主要集中在经济发展相对较弱、自然灾害与地理环境复杂多变的地区。

商洛市各县具体实践模式如下:

第一,商洛市商南县。商南县通过多种正式制度安排,改善移民搬迁社区的生活条件,结合扶贫整村推进连片开发项目和配备相关配套设施,具体包括建设安全饮水项目、高低压改线及电力整网、小区道路及场地硬化、村村通电视覆盖、建设标准化村民活动场所及村卫生室等,水电路视讯等基础设施配套到位,实现了硬化、亮化、绿化、净化、美化,发展养猪、养鸡、种植核桃和魔芋等优势产业,鼓励移民户自主创业,带动剩余劳动力就业,吸引周边村镇群众搬迁落户。

第二,商洛市丹凤县。丹凤县积极探索"五位一体、富裕搬迁"的移民安置模式,将各类社会政策、搬迁后管理政策、城乡一体化政策等融入其中,在移民示范新区配建保障房、行政中心、避灾广场、金融网点、医院等各项基础设施,以满足搬迁后农村居民的基本生活需求。同时,以正式制度保证移民搬迁的装修等相关事宜。如2019年,针对移民反映的砂石价格过高问题,县委、县政府立即发布了《关于稳定砂石市场秩序的通告》,对砂石销售统一定价,并在人流、物流集中的地方张贴通告,以保障县域砂石市场秩序平稳。

第三,商洛市镇安县。镇安县制定《移民搬迁安置点规范管理服务指导意见》,成立了社区服务中心,同时参照城市社区组建物业管理公司,探索移民搬迁社区的管理服务模式,主要通过基础设施、公共服务、社区管理三个层面有机结合的方式推进搬迁工作。与此同时,镇安县根据移民的数量,选择设立便民服务中心、物业化管理、社区化建制等不同类型的治理模式。增加水、电、路、堤等基础设施投资建设,同时按照"幼有所育、学有所教、劳有所得、病有所医"的公共服务理念,推动各项基本公共服务向移民安置点覆盖,并由政府投资,为100户以上的集中安置点配备物业管理员、垃圾桶、简易污水处理设施、垃圾填埋场并修建大型沼气厂等,保障搬迁户的生活质量。同时,编制《移民安置社区产业配套总体规划》,建设产业园区,带动搬迁群众务工和就业。

第四,商洛市柞水县。将移民搬迁同城镇化、产业化、社区化结合起来,以实现搬迁移民"搬得出、稳得住、能致富"。通过促进公共服务均等化,全面整合小城镇建设、新农村建设、扶贫重点村建设等项目资金用于新建的集中安置小区,进行水电路视讯等基础设施建设,同时不断完善周边的卫生室、农家书屋、文体娱乐场地等公共服务设施,使搬迁群众真正过上城里生活。同时,推动增收渠道多元化,结合"雨露计划""阳光工程"等项目,对搬迁群众开展了四期实用技能培训;依托小岭工业集中区、盘龙医药产业园等园区的用工需求,推动搬迁户就业创业分流;加大扶贫贴息贷款、产业直补等资金的扶持力度;积极发展养殖业、种植业、餐饮业及加工业等,使搬迁群众的增收渠道进一步拓宽。

第三节 非正式制度

一、非正式制度的内涵

非正式制度,又称非正式约束,是指人们在长期社会交往中无意识形成的或在社会生活过程中约定俗成、共同恪守的行为准则。非正式制度具有持久的生命力,在不断演化中构成代代相传的文化的一部分,主要包括价值观念、伦理规范、道德观念、风俗习惯、意识形态等。其中,意识形态和风俗习惯是核心构成要素,影响最为深远。[1] 著名制度经济学家诺思认为,正式制度只决定了人类行为选择总体约束的小部分,大部分人类行为的选择空间是由非正式制度来约束的。[2]

在正式制度出现之前,非正式制度就已经存在了。一般认为成文正式制度的出现是在国家产生之后。而在国家产生以前,人类社会秩序的维持主要依靠的是非正式约束,这类非正式约束往往以宗教教义、氏族伦理、风俗习惯等形式存在并发挥作用。即使在正式成文制度出现以后,非正式制度也仍然是约束人类生活的重要准则。

正式制度与非正式制度之间存在着相互联系、相互制约、相辅相成的关系。在正式制度的形成和变迁过程中,非正式制度也会相伴而生。正式制度与非正式制度的价值观、社会共识、社会文化等基本一致,或至少在二者之间不发生冲突的情况下,正式制度才可能实现预期的目标。著名社会学家马克斯·韦伯也指出,一项新的社会制度或者新的经济制度,必然有一种与之相契合的文化精神、文化价值观。他在著作《新教伦理与资本主义精神》中也重点论述了伴随资本主义制度产生和形成的文化精神。与正式制度相比,非正式制度的形成与演进过程通常是自发的,不具有强制性,也就是说不具有法律意义上的惩罚功能。但是非正式制度往往具有广泛性,一旦形成,通常在适用时间上具有持续性,并且会形成道德惩罚机制,以此约束人们的行为。

因此,新政策或者新制度在出台之前,往往要经过漫长的研究和试运行过程,以判断其是否能够与非正式制度相融。

---

[1] 道格拉斯·C.诺思.制度、制度变迁与经济绩效[M].杭行,译.上海:格致出版社,上海三联书店,2008.

[2] 道格拉斯·C.诺思.经济史中的结构与变迁[M].陈郁,罗华平,等,译.上海:上海三联书店,上海人民出版社,1994:94.

二、社会治理领域非正式制度的作用机制

在社会治理领域,非正式制度产生作用的机制有两类:一是正向作用机制,通过促进合作共识的达成,推动社会治理绩效的提升。也就是说,有效的社会治理与非正式制度发挥积极作用密切相关。二是负向作用机制,通过对社会信任的弱化,降低社会治理的总体绩效。低效的社会治理,往往与非正式约束的负面效应密不可分。

(一)非正式制度的正向作用机制

正如诺思指出的,在正式制度的变迁过程中,传统规范、习俗惯例等非正式制度的作用非常重要,它们既是对成文规范、法律条文等正式规则的延伸、补充和修正,又是其重要来源。凡勃伦也认为社会制度是由"为大多数人所普遍接受的固定的思想习惯"构成的,社会制度通过习惯和一般认可而变得具有公共理性和不可或缺。[1] 在社会治理领域,社会自发形成的村规民约、优秀传统价值观等行为规范,在长期的代际传递和去糙取精的过程中,逐渐成为公民自发遵守的行为准则。尽管它不具有强制性,但是能够以软约束和软惩罚的方式,促进合作共识的达成,从而将公民纳入社会治理的合作秩序,降低社会治理成本。

我国近年来推行的文化治理,其重要内涵就是充分发挥文化育人的基本功能,通过先进文化对公民进行教化和规约,并且与正式制度"表里"融嵌共构,以"刚柔并济"的方式,实现对国家和社会的高效治理。尤其是在新时代背景下,着力推进乡村振兴,就是要对城市文明与农村文明交汇过程中形成的多元价值进行合理引导,重构公民的社会认同感和共同体意识,逐渐将脱离优秀传统文化约束的行为重新嵌入非正式制度的约束中。如浙江德清县的农村自发设立了"孝敬父母奖""残疾学子励志奖""诚信市民奖"等民间道德奖,在"德行接力"的文化氛围下,公民的主人翁意识和群体间道德感染逐渐增强。[2]

---

[1] 丰雷,江丽,郑文博.认知、非正式约束与制度变迁:基于演化博弈视角[J].经济体制改革,2019(2):165-177.

[2] 陈春燕,于雯君.透视专家的影响力:农村基层文化治理中体制内治理精英的行动逻辑研究[J].青海社会科学,2019(4):70-77.

(二) 非正式制度的负向作用机制

非正式制度对正式制度的变迁进程也可能产生制约作用。如果非正式制度比较滞后,那么落后的价值观或者过于关注私利的价值观就会抑制正式制度的变迁进程。[①] 这种负向作用主要通过弱化合作共识等方式抑制社会治理的发展进程。大部分研究者在分析正式制度与非正式制度之间的关系时都指出,体制、机制改革过程中,不能忽略民间存在的非正式制度的作用。

公地悲剧就是一个典型的非正式制度负向作用机制的例子。经济学理论中的"公地悲剧"指出,在信奉公地即公共资源可以自由使用的社会里,每一个个体都试图增加自身可利用的资源,就会因资源总量有限而导致资源过度消耗,最终损害所有人的利益。如果公共资源的使用规则在社会中并未形成共识,就会增加社会治理成本。在公地悲剧中,缺乏使用共识即非正式约束的规范,是其形成的重要原因。正是因为每个个体都从追逐自身利益最大化的角度出发,而不是从长期利益和总体利益的最大化出发,所以无法将个体行为限定在有限利用的范围内。对于公地的管理主体来说,要解决这一困境,要么制定成文的使用制度并增加管理人员以确保制度得以实施,要么私有化。但是无论哪种方式,都表明非正式制度是无效的,并且增加了社会治理的成本。

此外,随着城镇化的推进,农村社会治理面临非正式制度约束逐渐式微的困境,农村优秀传统文化逐渐被消解,道德观、农村共同体观、互助共助观等非正式约束在与城市文明交汇的过程中被冲击,但是新的先进文明范式在农村并未形成。这在很大程度上能够解释我国农村地区当前存在的道德伦理滑坡问题,同时也是基层社会治理的巨大挑战。

三、基于非正式制度形成的社会治理代表模式——以陕西省关中地区家风文化建设为例

家风文化治理是非正式制度充分发挥社会治理功能的代表方式,它能够促进居民将家风文化作为共同的价值观,并以此为基础在社会治理进程中共建和

[①] 贾兆帅.基于新公共服务理论的政府非正式制度变迁研究[D].成都:西南交通大学,2007.

谐社会。

十八大以来,习近平总书记多次强调"要重视家庭建设,注重家庭、注意家教、注重家风"。陕西省关中地区作为传统家庭文化的践行者之一,积极尝试解决新型城镇化进程中存在的农村优秀传统文明逐渐消解的困境。以西安、咸阳、渭南等地为代表的陕西关中农村地区,在新型城镇化与乡村振兴的总体战略下,大力推进家风文化建设,推动村史馆、乡愁馆、雕塑馆等的建设,积极编撰文化志、口述史、图象集等,促进传统乡土文化和现代城市文明深度融合,把历史文脉与不同村庄的发展变迁历程、城镇化给农村带来的变化与影响结合起来,教育引导农村居民传承并弘扬优良民俗家风,推进乡风文明建设,以形成富有新时代关中特色的家风文化新形态,从而为农村社区治理提供重要的非正式制度基础。

2019年3月,《西安市乡村文化风貌塑造工程实施方案》正式印发,提出要在全市的涉农区县、西咸新区和涉农开发区实施"乡村文化风貌塑造工程",开展新时代乡村文明传习、加快乡村文化设施建设、推进乡村优秀传统文化传承、创新文化惠民供给方式、启动大美乡村文化推广等活动,努力打造乡村文化振兴的"西安样板"。该方案为进一步推进关中地区的家风建设提供了重要支持。

(一)西安市蓝田县

我国最早的一部成文乡约即《吕氏乡约》,由北宋时期的吕氏四兄弟创制,吕氏四兄弟正是西安市蓝田县人。《吕氏乡约》总计字数超过两千字,其中包括"德业相劝""过失相规""礼俗相交""患难相恤"等四个方面,正是我国传统儒家思想的精髓,主张坚守正义、和睦相处、修身内省、遵守礼教等,以此教化众人。2015年,蓝田县以社会主义核心价值观为主线制定了《蓝田新乡约》,主要内容涉及仁、义、礼、智、信等各个层面,既对不良的社会风气进行规范,也对优良社会风气进行大力倡导,将自我约束与自我治理的理念融入了乡村治理的各个环节。同时,为了更好地传播和践行这些倡导与倡议,蓝田县还开展了《蓝田县新乡约普及读本》进学校、进机关、进村组等活动。

(二)渭南市潼关县

2016年,潼关也启动了"万条家训进万家"的活动,通过"议家训、立家训、晒家训、比家训"等方式,推进农村家庭建设。2018年4月,潼关县筹办了"弘扬优秀家风,助力乡村振兴"文化论坛,深入探讨和挖掘潼关优秀家风代表人物杨震的清白家风所蕴含的思想观念、人文精神,借此弘扬主旋律和社会正气,以达到提高乡村文明程度、促进社会和谐进步的目标。

总体来说,在传统社会,家风文化的功利倾向明显,主要发挥的是稳定社会秩序的作用,进而稳固统治者的统治秩序。但是在当今社会,家风家训文化的功利性作用逐步弱化,其作用更多体现在构建公民之间的合作秩序上。重新建构新时代背景下的家风家训文化,可以使传统文化在城市文明与农村文明的融合中,重新焕发活力,引导和激发农村居民互帮互助,共建幸福美好生活。此外,农村居民以不同身份和角色积极参与家风文化构建,是"社区感""社会共同体"形成的重要过程,也是参与社会治理的基本方式与途径。在这个过程中,他们真正发挥了社会治理主体的作用,是农村社会治理的基本力量。

章节习题

1. 思考非正式制度在社会矛盾化解方面能发挥哪些作用。
2. 梳理我国社会治理某个具体领域的正式制度发展历程。

案例材料

新冠肺炎疫情防控中的正式制度与非正式制度

2019年年底到2020年年初,新冠疫情在世界各地暴发,成为国际关注的突发公共卫生事件,对于世界各国的公共卫生应急治理体系都提出了严峻的挑战。从我国疫情防控的实际来看,正式制度与非正式制度的有机结合是全国疫情防控阻击战取得重大战略成果的重要基础。换言之,它彰显了我国治理制度的重大优势。

从正式制度来看,在疫情防控过程中,各个关键领域都出台了相关制度,不断提高精细化管理水平。例如,为了有序推进复学复课,我国出台了《关于印发中小学校和托幼机构新冠肺炎疫情防控技术方案的通知》；为了降低医院内部感染风险，印发了《关于落实常态化疫情防控要求进一步加强医疗机构感染防控工作的通知》；为了守好疫情防控的第一道防线，制定并实施《新冠肺炎疫情社区防控与服务工作精准化精细化指导方案》；鉴于无症状感染者具有传染性，存在传播风险，发布了《关于印发新冠病毒无症状感染者管理规范的通知》；为了减轻新冠疫情对于公民心理健康的影响，制定了《关于印发新冠肺炎患者、隔离人员及家属心理疏导和社会工作服务方案的通知》等。

从非正式制度来看，城乡基层社区纷纷制定疫情防控村规民约，通过宣传栏、村民微信群、朋友圈等，号召相互不拜年、文明祭祀、田间劳作不聚集，以村民自治自律的形式广泛动员人民群众自发地参与政策宣传、信息搜集、监督保障等工作。这对有效控制疫情蔓延发挥了重要作用。

与此同时，也应该看到，我国公共卫生应急治理领域的正式制度和非正式制度都还有待进一步完善。例如，我国突发公共事件应急物资保障制度不完善，导致疫情初期各类物资紧缺；应急预案有待优化，可操作性不强；应急管理组织体系也有待健全。在非正式制度层面，公民的公共卫生责任意识欠缺、共同体意识不足，增加了疫情防控的难度。这些正是未来亟待改革之处。

思考：新冠肺炎疫情防控工作中体现了正式制度和非正式制度在社会治理中的哪些作用？

第十二章　资源依赖与交换

【内容提要】

本章首先对资源依赖与资源交换的基本内涵进行了界定,指出资源依赖理论的核心假设,以及影响资源依赖与交换关系的关键因素。其次,在对资源依赖与交换关系进行理论分析的基础上,将组织资源依赖与交换关系划分为非对称性资源依赖与交换关系和对称性资源依赖与交换关系两种基本模式。最后,针对当前我国政府与社会组织资源依赖与交换关系存在的问题,基于组织共生理论的视角,提出新时代我国政府与社会组织资源依赖与交换关系的基本模式与路径设计。

第一节　资源依赖与交换的内涵

"相互依赖是组织所具有的开放性系统性质的产物,事实上组织为了获得维持生存的必要的资源,就必须与环境中的其他因素进行交易。"[1]社会治理中涉及诸多主体要素之间的互动,其中政府和社会组织是最重要的治理主体。

---

[1] 杰弗里·菲佛,杰勒尔德·R.萨兰基克.组织的外部控制:对组织资源依赖的分析[M].闫蕊,译.北京:东方出版社,2006:47.

一、资源依赖理论的内涵

资源依赖理论是组织理论的一个重要分支,起源于20世纪30年代,但直到20世纪70年代,组织分析的重点才明确地转向组织间关系。美国著名学者杰弗里·菲佛和杰勒尔德·R.萨兰基克是资源依赖理论的集大成者。他们提出了资源依赖理论的四个重要的核心假设:一是组织发展的基础是生存。为了生存,组织需要资源,而组织自身无法生产或满足生存所需要的全部资源。二是为了生存,组织必须与它所依赖的环境中的因素互动,而这些因素通常包含其他组织。三是组织依赖它的环境中的因素来获得资源,即组织为了生存,必须不断地与同处某一生存环境中的其他组织进行交换或者是互动,从而获取自身生存所需要的资源。四是组织生存建立在其控制自身与其他组织关系的能力基础之上,即任何组织生存能力的核心都在于该组织如何改变、控制与其他组织之间的关系。组织能力影响着组织的生存和发展。①

资源依赖理论认为,组织是一个开放的系统,需要与外界进行能量与资源交换以维持其基本生存与发展,没有任何一个组织可以远离外部环境而独立生存,仅靠自给自足供给自身生存和发展的资源。组织虽然处于外部环境的影响中,但大部分组织不会被动服从环境,而是会通过自身积极的行动策略来进行资源互动,不断调整组织对环境的依赖程度,避免被动地受到外部资源的控制。

作为研究组织行为和组织关系的重要理论基础,资源依赖理论认为组织之间存在着资源相互依赖的关系。菲佛和萨兰基克认为在决定一个组织对其他组织的依赖性时,有三个因素比较关键。②

第一,资源的重要性,即组织运转和生存对其依赖的程度,也就是该项资源对组织生存所起到的作用。一个组织对组织外部环境的依赖程度在一定程度上取决于组织为了运转而依赖特定类型资源的程度。这种对特定类型资源的依赖程度是通过资源交换的重要性表现出来的。一方面是资源交换的相对数

---

① 马迎贤.资源依赖理论的发展和贡献评析[J].甘肃社会科学,2005(1):116-119,130.
② 杰弗里·菲佛,杰勒尔德·R.萨兰基克.组织的外部控制:对组织资源依赖的分析[M].闫蕊,译.北京:东方出版社,2006:51-57.

量,这是资源重要性的一个决定性因素,可以通过投入的比例或者由这一交换带来的成果在总产出中所占的比例进行衡量。生产单一产品或者提供单一服务的组织对顾客的依赖性要比产品多元化和市场渠道多样化的组织对顾客的依赖性更强。另一方面是资源的关键程度。关键性是衡量组织在缺乏这一资源的情况下继续发挥作用的能力,即使某种资源在总投入中只占较小的一部分,也有可能对组织非常关键。资源对组织的关键性可以随着环境和条件的变化而发生改变。

第二,资源的控制权,即相关利益主体对资源的分配和使用的决定权,也就是组织所能够获取到该资源的可能性或者是能够使用该资源的程度。资源的控制权表现为组织决定资源分配和使用的能力,资源越是稀缺这种权力就越重要。所有权是控制资源的基础之一,是对资源施加影响的基础,但它并不是纯粹的,而是取决于社会系统中其他参与者的态度。资源的使用权是控制的另一个基础。在没有资源所有权的情况下,某些主体也可以控制资源的使用权。影响资源分配的任何方法都在一定程度上对资源进行着控制。资源的使用者可以不是资源的拥有者。对于一些利益集团来说,控制资源使用的能力是它们影响力的主要来源。

第三,资源的可替代性,即替代资源存在的情况,也就是该项资源是否存在可替代资源,以及替代资源是否能够获取。一个组织对另外一个组织的依赖还取决于资源控制的集中程度。资源控制的集中是指一个组织是否掌握资源使用权的其他来源,也就是是否存在替代品。换言之,资源控制的集中直接反映一个组织用其他资源替代原有资源的能力。可利用的替代品的相对数量和这些替代品的规模或者重要性,对组织行为受到限制的范围和程度产生影响。

资源的重要性、对资源的控制权以及资源的可替代性共同决定了一个组织对任何特定的其他群体或者组织的依赖程度。不管对某种资源的集中控制程度如何,对组织来说,不重要的资源是不能够导致依赖产生的。同样,不管这一资源有多么重要,除非被相对较少的组织所控制,否则一个组织一般也不会对其他组织产生依赖。依赖性可以衡量某一组织所处环境中的外部组织或者群体力量的强弱。正是组织的这种资源依赖性质,导致了外部环境对组织行为的控制和限制无法避免,组织之间也不可避免地产生对资源的依赖和交换行为。

尽管这一理论最开始被用于解释市场经济中企业之间竞争的态势和策略,但在社会网络化连结特征日益明显的今天,资源依赖理论的理论假设、理论基点、解释力和影响超出企业类组织领域,拓展到政府组织、非政府组织等更加广泛的组织场域中。①

二、资源交换理论的内涵

组织间的资源交换,是指组织在无法生产出自己需要的资源时,就需要通过外部其他组织去获得所需资源,而这个组织就和提供其所需资源的组织有了资源上的交换关系。由于组织对资源控制程度不同,资源的交换也会表现出不对等性,表现为一个组织对另一个组织较强的外部控制,或者一个组织对另一个组织所掌握资源的过度依赖,接受资源输入的一方则在实践中表现出组织行为缺乏独立性和自主性。

资源交换理论可以追溯到以古典政治经济学家亚当·斯密为代表的功利主义学派,在他们看来,交换是人类一切历史阶段的一切社会中普遍存在的现象。交换理论是二战后在西方社会学界逐渐兴起的一种社会学理论。1958年,霍曼斯在批判功能主义的基础上创立了现代社会交换理论。霍曼斯把经济学中"经济人"的概念引入交换理论中,认为交换过程是为了获得最大利益,把追求报酬的交换看作人类生活中最基本的动机和社会得以形成的基础。另外一位著名的社会交换理论学家布劳认为,霍曼斯的交换理论主要是个人层面上的,没能认识到社会结构的整体性效应,只能解释非制度化的社会行为。布劳的交换理论的研究重点在于社会结构,考察基本交换过程对形成和发展社会结构的影响以及业已形成的社会结构对交换过程的制约。② 布劳的社会交换理论为我们分析组织之间的资源交换关系提供了理论基础。

---

① 乔运鸿,龚志文.资源依赖理论与乡村草根组织的健康发展:以山西永济蒲韩乡村社区实践为例[J].理论探索,2017(1):99-104.
② 戴丹.从功利主义到现代社会交换理论[J].兰州学刊,2005(2):197-199,114.

本书所讨论的资源交换,是指作为政府与社会组织资源依赖关系形成的重要途径的资源交换行为,是指组织在充分权衡自身的资源和对方的资源拥有情况后,进行平等选择,实现资源互换的过程。在组织与外部环境或其他组织的相互交往活动中,只要参与者不能够完全控制实现某一行动和从行动中获取所需资源的所有必要条件,组织间就必然存在着资源交换行为。组织不是完全独立和自给自足的,必须依靠外部环境或其他组织为其生存和发展提供资源支持。在资源交换过程中,由于交换资源的重要性、可替代性和组织对资源控制程度的不同,如果组织对外部环境或其他组织所掌握的资源形成高度依赖,则该组织的行为必然会受到来自组织外部的不同程度的控制或限制,依赖程度越高,在资源交换行为过程中则越缺乏独立性和自主性。

影响资源交换行为的因素主要包括资源重要程度、可替代性、迫使对方提供资源的能力以及拥有者偏好等方面。资源拥有者的偏好对资源的获得造成很大的影响,资源拥有者的意识和偏好都会影响组织的资源是否获取成功或获取的难易程度。[①]

第二节　资源依赖与交换关系模式

政府是国家的重要代表,一定意义上说,政府与社会组织的关系是国家与社会关系的一个缩影。杰弗里·菲佛和杰勒尔德·R.萨兰基克认为,当组织之间都需要相同的生存资源时,竞争性关系就会存在。在共生关系中,组织使用的是各自拥有的不同的资源。相互依赖关系并不必然是均衡的和平衡的。它们可以是不对称的。此外,两个组织之间的相互依赖并不一定是竞争性的,也不一定是共生性的,有可能同时包含两种形式的相互依赖关系。随着组织独立性的增加,它们之间的相互依赖就会减少。[②]

[①] 李婕.基于资源交换理论的社会救助协作机制探究[J].中国市场,2015(3):15-17,19.
[②] 杰弗里·菲佛,杰勒尔德·R.萨兰基克.组织的外部控制:对组织资源依赖的分析[M].闫蕊,译.北京:东方出版社,2006:45-47.

一、资源依赖与交换关系的理论分析

资源依赖和资源交换是两个密切相关的概念。没有资源交换的资源依赖关系是资源单向性流动的依附关系或者寄生性的依赖关系,并不能反映社会治理中组织之间的现实互动关系。在实践中的政府与社会组织之间的资源依赖关系应该是以资源交换为前提的资源依赖关系,只不过由于组织的独立性不同,表现出的资源依赖关系程度有所差异。因此,组织的资源依赖与资源交换是两个在内涵和外延上均相互重叠交叉的概念:资源交换是实现资源依赖的重要路径,也是资源依赖关系形成的基础;资源依赖则是资源交换的动力机制。

一个组织相对于另一个组织的依赖程度主要取决于组织双方拥有资源的差异性,特别是组织双方在对方所需的关键性资源的拥有上的差异性,这种资源拥有的差异性是实现组织间资源交换的必要条件,但也有可能造成组织间资源依赖关系的不对称。在组织间掌握的资源不对称的情况下,当组织为了满足自身生存和发展的需要时,就得通过资源交换行为从其他组织获取相关的资源,这个时候组织间的资源依赖和交换关系就形成了。但是在相互依赖与交换关系中,一个组织随着自身资源的扩张而形成对另一个组织的资源优势,并且会趋向于进一步扩大这一优势,进而使得组织之间的相互依赖关系更多地呈现出一种非对称的资源依赖关系。在资源交换过程中,组织通过对外部资源的获取而产生了相互依赖关系,而拥有资源的外部组织则会对需要获取资源的组织提出符合它们自身利益的要求,因此拥有资源的组织对获取资源的组织产生了外部控制[1],组织间的权力将会呈现出不平等状态。

在实际活动中,一个组织完全"单向依赖"另一个组织的现象比较少,这种现象类似于一方完全依附另一方的寄生性关系,与当前我国政府与社会组织关系的定位不相符。在社会治理中,政府与社会组织的关系更多时候呈现出"互动性依赖"的状态,资源交换是实现二者"互动性依赖"的途径。通过资源交换,

---

[1] 罗丹.非对称资源依赖视角下政府与民间环保组织的关系研究:以清镇市政府购买第三方环境监督为例[J].贵阳市委党校学报,2017(2):23-27.

社会组织承担了更多政府转移的公共服务职能,与此同时,社会组织获得了政府更多的资源输入,二者在资源交换中形成互惠共生状态。

二、资源依赖与交换关系的基本模式

菲佛和萨兰基克提出了组织间竞争性和共生性两种关系模式。但无论是竞争性关系,还是共生性关系,都不必然是对称性的和均衡的,非对称性应该是资源依赖与交换关系的一种常态形式。正是非对称性的存在,才使得组织间在资源交换过程中表现出对资源依赖性的强弱差异。资源的重要性、可替代性以及对资源的控制权这三个因素决定了一个组织依赖另一个组织的程度,也决定了一个组织在资源交换过程中相对于另一个组织的权力对等关系状态。根据组织间资源相互依赖程度和权力对等关系,可以将组织资源依赖与交换关系大致划分为两种模式:一是非对称性资源依赖与交换关系模式;二是对称性资源依赖与交换关系模式。

(一)非对称性资源依赖与交换关系模式

所谓政府与社会组织之间的非对称性依赖关系,是指政府与社会组织之间虽然都拥有对方所需要的资源,但由于资源的稀缺性、不确定性以及不可替代性的本质属性的存在,组织双方在资源的交换过程中变得不平等,进而产生了非对称性的依赖与交换关系。具体来说,一方面,政府与社会组织之间存在相互依赖的情况,各自拥有对方所需的资源,具备了资源交换的必要基础;另一方面,政府与社会组织之间的资源依赖也存在着一方过度依赖另一方的现象,资源交换存在着不平等性。简而言之,当社会组织对政府的依赖大于政府对社会组织的依赖或者政府对社会组织的依赖大于社会组织对政府的依赖时,权力就变得不平等了,就形成了非对称性依赖与交换关系。

政府与社会组织的非对称性依赖与交换关系有两种:一是社会组织过度依赖政府,这是当前国内社会组织与政府关系的最基本模式。在这种情况下,资源流动存在不均衡性,社会组织缺乏独立性和自主性,在资源依赖关系中依附政府,其中一种极端的形式就是社会组织与政府之间的资源交换呈现出单向性流动特征,即社会组织寄生于政府,完全受控于政府,基本失去了独立性和自主

性。但随着改革开放的深入,国家对社会组织建设的重视和社会组织自身的发展越来越规范化,特别是党的十八大以来,在国家治理体系和治理能力现代化建设的推进中,社会组织的功能角色越来越明确,已经上升为社会治理体系建设的重要主体之一,所以寄生性的极端依附现象也越来越少。二是政府过度依赖社会组织。这种情况在当前我国政府与社会组织之间的资源依赖与交换关系中还比较少见。①

(二) 对称性资源依赖与交换关系模式

政府与社会组织的非对称性依赖与交换关系虽然有其现实必然性,但并不是一种理想的状态,因为在这种状态下,政府与社会组织都不能有效地发挥作用。与非对称性依赖与交换关系相对应的是对称性资源依赖与交换关系。这里所说的对称性资源依赖与交换关系,不是完全对等的绝对对称性关系,而是指政府与社会组织能在比较平等的基础上进行协商与合作,以从对方手中获取自身生存和发展所必需的关键性资源。这种资源一定是对方所掌握的优势资源,也是自身无法完全控制的不可代替性资源,只有通过交换二者才能最大限度地实现各自功能。因此,所谓政府与社会组织之间的对称性资源依赖与交换关系,是指政府与社会组织的地位是平等的,资源依赖关系是相互的、基本对等的,即不存在社会组织过度依赖政府或政府过度依赖社会组织的情况,政府和社会组织各自掌握了对方所需要的资源,资源交换使二者的作用得以有效发挥。因此,在对称性资源依赖与交换关系模式下,政府与社会组织之间的资源交换是二者形成依赖关系的重要基础。

具体来说,对称性资源依赖与交换关系体现的主要是组织间资源的双边双向交换关系。和非对称性资源依赖与交换关系不同,在对称性资源依赖与交换关系模式下组织间的资源交换关系是建立在自主性的基础之上的,不存在一方受控于另一方的情况。对称性资源依赖与交换关系强调的是政府与社会组织之间的合作互动,通过合作与互动实现各自所掌握的资源效用最大化。可以

---

① 刘志辉.政府与社会组织关系:从非对称性共生到对称性互惠共生[J].湖北社会科学,2015(9):23-30.

说,通过有效的资源交换,政府与社会组织之间建立了互惠共赢的依赖关系。因此,对称性资源依赖与交换关系是组织间关系的理想状态。就目前我国社会治理的现实来看,有效发挥社会组织在社会治理中的重要作用,实现政府与社会组织在社会治理中的合理分工、相互协作,不仅是社会治理体系建设的重要内容,也是提升政府治理能力、推进国家治理能力现代化的重要路径。

第三节 新时代资源依赖与交换关系的治理路径

政府与社会组织之间的资源依赖与交换关系直接反映了二者在社会治理中角色关系的本质。党的十八大以后,我国社会经济形势和社会治理格局也发生了深刻变化,新时代的到来给社会治理提出了更高的目标定位。社会治理能力现代化是国家治理能力现代化的重要组成部分。政府和社会组织作为社会治理体系建设的两大重要责任主体,如何理顺和优化二者在社会治理中的角色定位直接关系到社会治理能力现代化目标的顺利实现。产生于生物学的组织共生理论为有效解决社会治理中政府与社会组织之间资源依赖与交换关系的非对称性问题提供了路径。

一、当前社会治理中资源依赖与交换关系存在的问题

由于政府与社会组织之间各自掌握着某些为对方所需要的重要资源,在理论上它们之间的资源依赖是相互的,资源交换也是必要的。社会组织对政府的资源依赖主要体现在合法性、制度和资金等几个方面,政府对社会组织的资源依赖则主要表现为对社会组织公共服务职能的依赖。[①] 政府与社会组织各自所掌握的优势资源的差异性也是二者资源交换关系形成的前提。但当前我国政府与社会组织资源依赖与交换关系的非对称性在实践中则直接带来了社会组织的地位不平等、自主性不足,以及行政化趋向等问题。

---

① 刘志辉.政府与社会组织关系:从非对称性共生到对称性互惠共生[J].湖北社会科学,2015(9):23-30.

(一)地位不平等

我国社会组织的地位不平等表现在两个方面。一是相对于政府的地位不平等,这在社会组织与政府的资源依赖与交换关系中表现为社会组织对政府的过度依赖,社会组织的独立性和自主性不足。二是因与政府关系的不同而表现出社会组织间地位的不平等。一些与政府关系密切的体制内社会组织(或称官办社会组织),在与政府的资源交换关系中对政府的资源依赖性较强,行政化比较明显,而另一些独立于政府的体制外社会组织(或称民间社会组织)的独立性和自主性比较强,但在资金和政策扶持以及向政府获取资源的能力方面明显弱于体制内社会组织。

社会组织与政府之间关系的不同使得社会组织与政府之间的资源依赖与交换行为也存在差异。体制内社会组织对政府有较强的资源依赖性,政府对这些社会组织的控制较强,社会组织与政府之间的资源交换主要取决于政府的单方面意志。体制外的社会组织虽然自主性较强,但由于与政府缺乏紧密的联系,向政府获取资源的能力较弱,在与体制内社会组织的竞争中往往处于劣势;而不公平的资源竞争状态,也使得体制外社会组织的发展得到政府支持的力度相对较小。社会组织之间地位的不平等,一方面影响了社会组织在承接政府公共服务项目中的公平竞争,受到不平等待遇的体制外社会组织将会产生对政府的不信任,进而影响政府的权威性和公信力;另一方面,竞争地位不平等导致的内生动力差异,使得体制内社会组织往往在提高公共服务质量方面缺乏内在动力,进而也间接影响了政府的社会公信力。此外,社会组织间的不平等地位和不公平竞争还有可能造成社会本身某种程度的分裂。

(二)自主性不足

体制内的社会组织一般不存在合法性和资源不足的问题,它们往往能够凭借与政府的依附关系获得政府更多的资源输入。在获得政府资源的同时,它们也能够承接政府的部分社会服务功能。这样,政府与社会组织在一定程度上实现了资源交换,进而形成了非对称性的资源依赖与交换关系。

从我国当前社会组织的发展现状来看,体制内社会组织或者与政府关系密切的社会组织在资金和服务能力等方面均具有相对优势,但因为隶属于政府或者较多地受控于政府,所以为了获取合法性地位和政府资金等方面的资源支持,它们的服务重心在于满足政府的需求,而忽视其自身建设和其作为公益性组织所应具有的独立性和代表性。除了体制内的社会组织以及一些通过合法程序注册成立的社会组织外,在现实中还有大量未登记注册的草根社会组织。这些社会组织看似拥有自主性,不直接受到外部行政力量的干预,但游离于监管的灰色地带也使得这些社会组织在发展中受到诸多限制。缺乏合法性的社会组织不仅难以享受政府各种政策的扶持(如免税、购买服务等),也因为害怕被取缔而陷入一种强烈的自我约束[①],实际上也在实践中表现为发展的自主性不足。因此,从本质上来看,政府与社会组织在资源依赖与交换关系中存在的诸多不规范问题,究其根源还是在于政府没有准确定位和把控好与社会组织间的职能分工和"权责利"关系。

近年来,政府的公共服务职能进一步增强,政府购买服务的力度也空前加大,这些新的变化为社会组织承接政府公共服务和获取政府资源支持提供了越来越多的机会。但就目前社会组织获取资源的渠道来看,很大程度上仍然依赖社会组织与相关政府主管部门的关系紧密程度,这种资源获取现状必然使得社会组织更进一步趋向于依附相关部门,其自主性也会进一步受到限制。因此,必须创建公平竞争的资源获取渠道,这样才能在制度上规避政府对社会组织自主性的约束。

(三)行政化趋向明显

当政府与社会组织的资源依赖与交换关系处于非对称性关系模式下,政府拥有对资源控制的优势,这使得社会组织为了获取生存资源而对政府过度依赖,甚至是依附,让社会组织本应承担的对社会的公共责任异化为对政府的责任,如此,行政化趋势也就不可避免。

我国的社会组织在成立之初就具有较强的官方色彩,时至今日很多社会组织仍然与政府保持着隶属关系或很强的业务指导关系,某些社会组织的发起人

---

① 李朔严,曹渝.策略式发展:中国社会组织与政府的共生关系[J].文化纵横,2018(6):96-103.

或负责人本身就是现任或曾任政府官员,这就使得这部分社会组织与政府的关系更加紧密,行政化趋向比较明显,在获得政府资源的时候也更具优势,进而形成了对政府较强的资源依赖关系,甚至是严重非对称性的资源依附关系。这种资源依附关系的形成,从短期来看,一定程度上解决了社会组织在自身发展中面临的资源不足问题,但长期来看使得社会组织忽视自身建设,不仅使其独立性和自主性弱化,而且功能发生了偏离。随着市场经济模式下政府与社会组织关系的重构,忽视自身建设的社会组织必然面临生存危机。同时,社会组织的行政化也使政府职能转变缺乏承载主体,社会治理能力受限。要激活这些社会组织潜在的社会服务功能,发挥其在社会治理中的作用,就必须彻底剥离这些官方社会组织与政府之间的"联姻关系",加快其去行政化改革,推进其按照市场经济模式下社会组织的内在运作规律转型发展,不断提升其积极参与社会治理的能力。[①]

二、新时代社会治理资源依赖与交换关系模式构建

"共生"是生物学的基本概念,是指两种不同生物之间所形成的紧密互利关系。经过百余年的发展,"共生"概念的使用已经逐步延伸到社会、经济等各种领域,成为结成共同体关系的重要形式。一般而言,共生不是简单的融合,而是协同进化和发展。共生关系的本质在于物种间、组织间的资源依赖与交换关系。共生理论同样适用于分析政府与社会组织间的资源依赖与交换关系。

要确定政府与社会组织在资源依赖与交换中的共生关系模式,就必须把握资源依赖和资源交换两个维度要素。通过前面的分析可知,资源交换是形成资源依赖关系的必要途径。根据美国著名学者菲佛和萨兰基克关于组织间资源依赖关系形成的三要素论,资源的重要性、不可替代性和对资源的控制权决定了组织间对彼此所掌握的稀缺资源的依赖程度,因此对彼此资源的依赖程度可以构成衡量组织间共生关系的一个维度。同时,从资源交换的过程来看,组织的自主性程度决定了该组织在资源交换中的地位对等程度,实际上决定了资源

[①] 刘志辉.政府与社会组织关系:从非对称性共生到对称性互惠共生[J].湖北社会科学,2015(9):23-30.

的流向是单向流动还是双向流动。在现实中,政府与社会组织间的资源流向不存在绝对的单向。如果这种绝对的单向流动存在,那么该种类型社会组织在功能上已经与政府组织几无差异,在组织关系上也已经形成了对政府的绝对依附。如果资源是双向流动的,则说明组织有较强的自主性,掌握了各自所需要的稀缺资源。资源越稀缺,则组织间的资源依赖性就越强。基于以上分析,可以认为组织的自主性构成了衡量组织间共生关系的另一个维度。①

据此,基于共生理论和组织间共生关系的维度分析,可以构建政府与社会组织资源依赖与交换关系的"资源依赖性—组织自主性"分析框架。(参见图12-1)

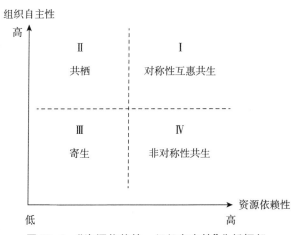

图 12-1 "资源依赖性—组织自主性"分析框架

根据"资源依赖性—组织自主性"分析框架,可以将政府与社会组织的资源依赖与交换关系划分为寄生、共栖、非对称性共生和对称性互惠共生四种共生关系模式。②

寄生关系模式下,社会组织的自主性和资源依赖性均很低,是非对称性共生关系的极端形式。在这种模式下,资源的流动是从政府向社会组织的单向流

---

① 刘志辉.政府与社会组织对称性互惠共生关系构建:基于国家治理能力现代化视角的分析[J].天津行政学院学报,2017(3):16-23.
② 刘志辉.政府与社会组织对称性互惠共生关系构建:基于国家治理能力现代化视角的分析[J].天津行政学院学报,2017(3):16-23.

动,社会组织的生存与发展是建立在对政府资源的索取基础之上的。我们所讨论的资源依赖关系不是单向性的依赖关系,而是以资源交换为必要途径实现互惠共生的资源依赖关系。如果不同主体之间不存在资源交换的必要,则失去了讨论的价值。如果组织之间缺乏资源交换的必要性和动力,则也失去了分析其资源依赖关系的现实意义。具有共栖关系的组织之间的相互依赖程度较低,组织之间具有较高的独立性和自主性,进行资源交换的必要性和动力不足,因此,组织之间的联系不紧密,处于各自相对独立的状态。

共栖关系模式下的组织虽然各自掌握资源,也可能是稀缺资源,但并不是对方所需要的关键性资源,二者在资源交换关系中存在可替代性,因此资源交换的必要性不强。所以,用这种模式分析当前我国政府与社会组织的资源依赖与交换关系也不符合实际情况。

非对称性共生关系中政府与社会组织间存在双向的资源交换,形成相互依存程度较高的依赖关系,但这种资源依赖关系并不是完全对等的关系,而是存在依赖程度的差异。在当前我国政府与社会组织的资源依赖关系中,政府对社会组织的资源依赖较弱,社会组织对政府的资源依赖则较强,在资源交换中政府明显处于优势地位。可以说,在组织间非对称性共生关系中,如果一个组织相对于另一组织的资源依赖性更强,则依赖性较强的组织在资源交换中的自主性必然受到依赖性弱的组织的限制,也就是说资源依赖性弱的组织对资源依赖性强的组织将表现出控制倾向。组织自主性受限制的程度和一个组织对另一个组织控制倾向的强弱,主要取决于组织间资源优势的差距。

对称性互惠共生关系模式是一种共生主体之间以彼此的生存和发展互为前提和基础的关系模式,该模式具有如下特点:一是共生主体的自主性较强。对称性首先体现在共生主体的自主性上,具有较强的自主性是对称性互惠共生的前提和基础。共生主体的自主性强,各共生主体之间的地位平等,双方或多方根据自己的组织功能优势在共生过程中确立自己的地位。二是资源依赖的依存性较强。共生关系不只局限于二维的共生系统,还可以是多维共生关系。共生主体之间存在资源的多边交流,且资源相互依赖的程度较高,通过彼此间资源的交流与整合共生主体均将从中获益,而且在一定程度上这种受益是对等的。另外,对称性还体现在共生主体功能发挥的充分性上,共生关系的形成使得共生主体的整体功能远远超越单个个体的功能,也就是共生的结果会形成共赢的局面,而不是一方或部分主体受益。

对称性互惠共生是共生关系演化的高级形态。政府与社会组织间对称性互惠共生关系模式下的资源依赖与交换关系表现为两个方面的特征:一是政府和社会组织间的关系是平等关系,一方并不依附另一方而获取生存的关键资源,各自在资源交换中保持着较高的自主性和独立性;二是通过平等的资源交换,相互之间可以获取对方所掌握的稀缺资源,并且通过资源交换获得的稀缺资源对组织双方的生存和发展来说都起着关键作用,组织间资源交换的不可替代性较强。简而言之,也就是政府与社会组织在资源交换中的自主性较强,并且二者的资源相互依赖程度高。

在政府与社会组织对称性互惠共生关系模式下,社会组织在与政府进行资源交换的过程中享有充分的自主性,不仅拥有参与社会治理的独立身份地位,并且拥有参与社会治理的权力和能力,进而形成政府与社会组织各自独立、权责对等、相互依赖的对称性互惠共生关系。政府与社会组织之间的对称性互惠共生关系模式的构建,不仅有助于社会组织功能优势的发挥,而且有助于政府社会治理能力的提升,与国家治理体系和治理能力现代化具有内在的一致性。[①]从对政府与社会组织共生关系的分析来看,很显然对称性互惠共生模式代表着未来政府与社会组织资源依赖与交换关系发展的理想方向。

三、新时代社会治理资源依赖与交换关系的路径设计

对称性互惠共生关系模式是新时代社会治理资源依赖与交换关系的基本模式。那么如何实现由当前的非对称性共生关系模式向对称性互惠共生关系模式转变呢?这就需要对模式转变的实现路径进行有效设计。新时代社会治理必须充分调动各方面主体的积极性。政府与社会组织是社会治理的两大关键主体,新时代社会治理路径设计的目的,就是要优化政府与社会组织资源依

---

① 刘志辉.政府与社会组织对称性互惠共生关系构建:基于国家治理能力现代化视角的分析[J].天津行政学院学报,2017(3):16-23.

赖与交换关系,充分发挥政府负责和社会组织协同的功能作用,特别是避免社会组织陷入对政府单方面资源依赖的困境,提升社会组织参与社会治理的能力。联系当前我国政府与社会组织资源依赖与交换关系的现状和面临的突出问题,政府与社会组织资源依赖与交换关系的优化路径必须从以下几方面着手。

（一）从观念上转变资源获取意识,增强资源交换意识

第一,转变社会组织资源获取意识。资源依赖必须以资源交换为前提,无法实现资源交换的资源依赖,往往会让依赖主体对客体缺乏独立性。只有当依赖双方均掌握对方所需要的资源,能够实现互利交换时,政府与社会组织之间的资源依赖与交换关系才能实现正常化和可持续发展。而当前我国社会组织对于政府资源的单向依赖使得二者之间的依赖关系处于不平衡状态,社会组织在与政府互动过程中表现出行政化、公共责任和主体地位"缺失"等一系列问题。我国政府与社会组织间长期以来形成的非对称性的资源依赖关系,使得体制内的社会组织形成"等、靠、要"的资源索取思维,不仅没有资源交换的意识,也忽视了自身能力建设,从而在新型社会治理结构下表现出明显的能力不足。因此,必须转变社会组织传统的资源索取意识。

第二,增强社会组织资源交换意识。在现有的资源依赖与交换关系中,传统的资源依赖惯性使得社会组织的资源索取意愿较强,而忽视了自身专业化能力建设,导致其对外提供公共产品和服务的意愿和能力的双重不足。即使社会组织与政府之间存在着资源交换行为,也会表现为社会组织对政府资源的短期利益追逐,而没有把资源交换行为建立在组织间互惠共赢的长期合作发展的目标追求上。因此,优化政府与社会组织之间资源依赖与交换关系,必须强化社会组织资源获取的市场交换意识,转变社会组织对政府的资源路径依赖,剥离社会组织对政府的依附关系,增加其提供社会公共服务的意愿和能力,在社会服务中寻求自身发展。①

（二）优化社会组织的资源依赖与交换体制机制

第一,进一步推进社会组织管理体制改革。长期以来,我国社会组织采用

---

① 朱喆.科技社团资源依赖行为研究[D].武汉:华中科技大学,2016:154-155.

双重管理体制,即社会组织的成立和运行必须接受业务主管单位和登记管理机关的双重领导。在双重管理体制下,不仅社会组织的准入门槛过高,而且业务主管单位对社会组织拥有广泛的管理权,对社会组织的行政干预程度较深。近年来,国家对社会组织的改革体现出了分类管理和分步调整改革双重管理体制的思路。目前,国家已选取部分社会组织作为双重管理体制改革试点,探索直接登记制,但这与国际上社会组织登记注册普遍采用的"一元模式"还有一定的差距。因此,应该进一步拓展社会组织管理体制改革的内容。一方面,可以进一步降低社会组织登记注册的条件门槛。如对在城乡社区开展为民服务,养老照护,公益慈善,促进和谐、文体娱乐和农村生产技术发展的服务等活动的社区社会组织,采取降低准入门槛的办法,支持、鼓励其发展。另一方面,不应以登记注册作为社会组织获得合法性的唯一途径,应该根据社会组织性质的差异,实行包括备案、登记、公益认定在内的多层次的登记管理制度和分级分类监管制度,并在条件成熟的情况下,在社会组织领域引入竞争机制,打破社会组织垄断。[①]

第二,建立平等互惠的资源依赖与交换机制。平等关系的建立是政府与社会组织在社会治理中协同合作的重要前提,也是社会组织自主性和独立性的基础。通过平等的资源交换,双方互相获取对方掌握的稀缺资源,进而建立起稳定的资源依赖与交换关系。政府与社会组织间平等互惠的资源依赖与交换机制的建立,必须厘清政府与社会组织的目标定位和职能分工关系,推动具有政府背景的社会组织面向市场进行转型,提升社会组织参与市场竞争和独立自主发展的意识和能力,剥离社会组织对政府资源的单向依赖,营造各种类型社会组织公平竞争的环境。同时,政府还应发挥好社会元治理主体作用,对社会组织在资源依赖与交换过程中所产生的行为偏离和行为异化现象进行动态监控和实时矫正,共同推进以"资源互补、利益共享"为核心的平等互惠的资源依赖与交换机制的建立。

---

① 刘志辉.政府与社会组织对称性互惠共生关系构建:基于国家治理能力现代化视角的分析[J].天津行政学院学报,2017(3):16-23.

(三)完善社会组织资源依赖与交换行为的法律政策保障

第一,为社会组织的资源依赖与交换行为提供法律支持。为了有效规范社会组织的资源依赖和交换行为,必须以法律形式明确政府与社会组织之间的职能分工,划定各自的职能领域,营造平等协商、公平竞争的资源分配与交换环境,使二者所掌握的稀缺资源在组织间得到有效配置,进而实现二者功能优势的有效发挥。对社会组织资源获取的原则、范围、对象以及边界进行规范,促使社会组织资源依赖与交换行为依法运行。政府扶持社会组织发展的同时,必须加强对社会组织资源依赖行为的过程监管,加强其资源获取过程的合法性和规范性,规范其资源依赖行为。社会组织合法的资源依赖与交换行为必须得到法律支持,处于"灰色地带"的资源依赖与交换行为也必须予以取缔和查处,确保社会组织的资源获取行为在市场竞争条件下"阳光运行"。

第二,完善社会组织资源扶持政策。长期以来,由于体制因素的影响,我国社会组织的独立自主发展程度不高,加之社会组织自身能力建设受到资金和人才等瓶颈因素的制约,社会组织承担公共产品与公共服务供给的能力不足。为了充分发挥社会组织的功能作用和在提供公共产品与服务中的优势,政府应该加强对社会组织的资源扶持。一是在政策设计上必须转变对社会组织的传统扶持方式。政府及相关部门应积极推进与政府密切相关的社会组织的市场化转型,进一步减少对社会组织的直接性资源扶持政策,优化政府及其他社会主体对于社会组织资源扶持的方式,推动社会组织参与市场化竞争获取生存发展资源,激发社会组织的资源依赖行为由"被动获取"转向"主动竞争",从而提升社会组织的组织活力,改变社会组织制度性依赖,降低社会组织对政府资源的依赖惯性。二是在政策执行中,要对具有独立生存意愿和社会服务能力较强的社会组织给予政策倾斜,包括给予财政资助和税收政策优惠,允许其在市场竞争中优先获得资源,从而帮助这些社会组织独立自主发展,并通过这些社会组织的示范效应,带动更多的社会组织走上独立自主发展之路,在市场竞争中逐步形成与政府对称性互惠共生的资源依赖与交换关系。

综上所述,政府与社会组织资源依赖与交换关系向对称性互惠共生关系模式转变的优化路径设计必须从观念转变、体制机制优化和法律法规保障三个方面入手,其中观念的转变是先导,体制机制的优化是关键,法律法规和政策的完善是保障。

章节习题

1. 如何理解资源依赖理论与资源交换理论的内涵?
2. 影响社会治理中组织间资源依赖与交换关系的因素有哪些?
3. 请说明社会治理中应该如何定位政府与社会组织的关系?
4. 谈谈你对新时代社会治理资源依赖与交换关系模式的设想,并说明理由。

案例材料

资源依赖视角下居家养老社工机构发展现状

Y居家养老服务社工机构是T市首家注册的该类机构,在该市知名度较高,规模较大。Y社工机构的成立依托T市民政局,在政府的支持下,该机构有着较高的公信力,获得了较多社会支持和认可。在该机构进入社区时,社区居民委员会给予很大支持,使其在推广时更加便利,对政府和居委会比较信赖的老人对其接受度较高。该机构的资金来源主要有政府支持及政府购买服务、社会个人及团体捐赠、企业赞助和部分项目服务收费。政府购买服务和政策性资金是维持Y机构运行和发展最重要的资金来源。该机构的部分服务也收取一定的费用,但整体来看,社会资助、公益筹款、企业捐赠、有偿服务都不过是对政府资金的补充,起到的作用微乎其微。

该机构的服务对象主要是T市几个社区内缺乏自理能力或者子女难以照料的老年人。机构依托社区开展服务,经社区居委会获得社区内老人的基本信息,通过筛选为相应老人提供无偿或低价服务,如政府支持的"让老人不再跌倒"居家改造项目;同时,在社区内开展有针对性的宣传,使社区内其他有需求的老人获知机构与相关服务。但整体来看,主动求助的老人较少,信息资源的获取极大地依赖社区居委会和政府的支持,获取渠道过于狭窄。

该机构现有工作人员6名,在两个固定工作站开展工作,同时承担机构的财务、人事等职责。工作人员中,有社工专业毕业人员1人。除去固定的工作人员,该机构人员力量的另一个主要支撑是社会志愿者、义工。该机构和政府公开向社会招募志愿者,搭建志愿者线上线下互动平台,在对志愿者进行必要的培训后,将其有效地、合理地分配到需要的项目或活动中。同时,Y机构与高校合作签订实习和实践基地,每年吸收高校相关专业学生进机构。但是不论专职社工、志愿者还是实习学生都面临着数量偏少、稳定性较差、服务水平难以保证的问题。

案例来源:韩廷梁.资源依赖视角下居家养老社工机构发展现状:以唐山Y社区居家养老社工机构为例[J].现代营销,2019(4):195.

思考:

1. 试运用资源依赖与交换理论分析该市Y社工机构发展面临的问题。

2. 从与政府的资源依赖与交换关系来看,该市Y社工机构发展属于何种类型的运行模式?为什么?

3. 对于该市Y社工机构的发展,你有什么对策和建议?

第十三章 互联网与大数据背景下的社会治理

【内容提要】

本章重点关注互联网与大数据背景下的社会治理。互联网与社会治理创新一节分析了互联网技术对于社会治理产生影响的过程,并基于对互联网特性的介绍,分析了互联网治理的必要性。大数据与社会治理创新一节阐明了大数据的背景与内涵,梳理了大数据对于社会治理场域与情境、社会治理主体及行为、社会治理对象、社会治理过程、社会治理依据、社会治理成效及评价、社会治理思路与能力带来的影响和挑战,最后介绍了大数据环境下的社会治理创新的推进路径。

第一节 互联网与社会治理创新

一、源于互联网的治理变革

互联网自 20 世纪 90 年代在全球范围内大规模应用以来,已经成为驱动社会各个领域创新的重要引擎。互联网也改变了传统公共行政方式,成为推动社会治理现代化的重要因素。从社会治理的角度,有两种对互联网作用的理解:一种是将互联网视为工具,强调其信息化取向和信息技术的作用,用以改造传统政务流程;一种是将互联网视为虚拟场域,强调其社会性取向,可以作为现实社会的补充。①

关于互联网作用的第一种理解重视工具理性,但主要停留在工程技术层面,缺少人文思想的指引。② 早期的电子政务就是在这种"将互联网视为工具"的思想指导下开展的。电子政务可以被视为互联网信息技术作用于公共行政与社会治理的先声。电子政务是紧随互联网发展而兴起的,其在发展初期的主要思路就是政府利用现代信息技术为社会公众、企业和其他部门提供服务③,政府网站作为连接政府和社会的虚拟接口,是实现电子政务最重要的工具之一,也是电子政务绩效评估的核心内容。④

在这种发展思路的影响下,一些政府部门乃至社会大众在电子政务推广初期,大都简单地将电子政务理解为"政府上网""政府在线"或单纯"将政府服务搬到网上"。但是这种思路低估了互联网作为一种"高维媒介"所具有的潜力⑤,同时也忽视了网络环境下用户的具体场景与需求,仅仅将互联网作为一种辅助性的工具。⑥ 这种由政府主导的单一电子政务服务模式也忽视了网络环境下社会服务多元供给主体的存在,让在线政务成为政府部门的"独角戏",社会公众及其他社会主体只能作为服务的被动接受者⑦,进而抑制了多元主体参与

---

① 曾润喜,蒋欣欣.虚拟社会风险、网络治理制度变革与虚拟社会善治[J].电子政务,2016(6):16-18.

② 黄璜.互联网+、国家治理与公共政策[J].电子政务,2015(7):54-65.

③ Shailendra C. Jain Paliva, Sushil S. Sharma. E-Government and E-Governance: Definition/Domain Framework and Status around the World[C]. International Conference on E-Governance, 2017.

④ NDESA.United Nations E-government Survey 2014: E-government for the Future We Want[R/OL]. (2015-06-15)[2019-04-15]. http://www.unpan.org/e-government.

⑤ 保罗·莱文森.数字麦克卢汉:信息化新纪元指南[M].何道宽,译.北京:社会科学文献出版社,2001.

⑥ 田先红,张庆贺.新时代的互联网与基层社区治理:机遇、挑战与超越[J].湖北社会科学,2018(1):36-44.

⑦ 陈涛,董艳哲,马亮,等.专题报告互联网+政务服务:推进"互联网+政务服务"提升政府服务与社会治理能力;以平台化思维推进"互联网+政务服务"建设[J].电子政务,2016(8):2-22.

社会服务的创新动机与能量潜力。

因此,早期一些电子政务项目发展情况并不理想,主要表现为很多政府网站(包括后期的政务 App 等)利用率不高,或是长期停留在"有形无实""信息孤岛""数据烟囱"或停止更新的状态。

进入 21 世纪以来,随着互联网的进一步发展以及电子政务理论与实践的同步推进,人们意识到电子政务(及其背后起到支撑作用的互联网信息技术)不仅是对于政府传统职能从"线下"到"线上"的简单"复制"或"放大",而且是对政府工作的结构重组和流程再造①,同时这种重组与再造不仅发生在政府内部,也发生在更广泛的社会范围内。

电子政务的发展历程体现了上述这种转变:早期的电子政务主要表现为政府通过互联网平台提供和发布权威信息,公众只能被动地单向度接收内容;而到第二代电子政务系统时,公众可以进行检索、查询、下载、反馈等操作,但是这种民众与政府之间的沟通与交互仍然不是同步的,具有时滞性;在第三代电子政务服务体系中,依托移动互联网技术应用,政府与民众之间的互动性大大增强。通过政务微博、微信、App 等社会化媒体工具,政府可以在第一时间全面、系统、精准地推送信息,同时公众也可以即时进行咨询、反馈和讨论。

这些新技术、新模式、新渠道实际上正在悄然改变着公共行政和社会治理方式。当前,在"电子政务"这一概念中,"政务"的内涵和意蕴已经得到了极大扩展,不仅涉及政府主体利用数字化技术手段开展行政工作,还包括多元主体数字化的参与、讨论、决策、服务、规制等活动,真正实现了推动政府从"善政"走向"善治"。有关活动的实施主体不仅是政府部门,而且纳入了企业等市场主体、公益组织等社会主体,乃至经过互联网"赋能"与"赋权"的每一个社会个体。

由此可见,互联网触发并加速了从单一维度的政府行政向多元参与的社会治理的转变。电子政务作为互联网在公共领域产生作用的典型产物,其发展过程实际也是人们对于互联网作用与价值的认识不断加深的过程。

---

① E. Fraga.Trends in E-Government: How to Plan, Design, and Measure E-Government[C]. Government Management Information Sciences(GMIS) Conference, 2012.

当前人们对于互联网的认识已经从将其视为"一种工具"进化为将其视为"一种环境"。这种环境并非单纯的虚拟数字环境,而是与实体环境的深度互动、交织与交融,是实体世界的映射。如果把社会比喻为一个"大房间",每个人都安居其中,那么互联网的出现并不只是意味着为房间添置了新的家具,而是改变了房间的架构与配置本身,进一步完善了人们赖以生存的基础设施。人们对于互联网从"工具"到"环境"的认识转变,催生了从"管理"到"治理"的实践方式转变。如果说管理的目的是更加高效地配置和使用工具,那么治理的目的则是更好地协调网络时代多元的互联网利用者与受用者。

总之,这种"源于"互联网的治理变革包含以下层次:首先,它包含了对互联网工具、载体、内容、技术本身的管理,此时互联网仍被视为一种"媒介工具",可以称之为"对于"互联网的治理;其次,它还包含了在互联网技术深刻影响下对于各类社会活动的协调与安排,以及对于互联网利用和管理活动中信息、组织、资源、人员等要素的配置,此时互联网已被视作一种"治理工具"①,可以称之为"基于"互联网的治理。

二、对于互联网的治理实践

(一) 互联网的特性

如上文所述,互联网带来的变革首先源于互联网本身的特性,及其与社会生态的紧密结合。互联网的显著特征包括开放性和平等性、虚拟化、泛在性。

开放性和平等性是互联网最大的特征。互联网法学家劳伦斯·莱斯格将互联网系统划分为三个层次:底层的"物理层",中间层的"代码层"以及最顶层的"内容层"。② 在互联网的设计初衷中,这三个层次都是充分开放的,它确保了所有用户普遍地接入互联网并能充分地享用互联网带宽,拥有开源环境开展创新活动,同时均等地获取互联网信息。区别于传统媒介,互联网的媒体价值还在于它让每一个社会个体都成为内容的生产者,在一定程度上消解了传统媒

---

① 黄璜.互联网+、国家治理与公共政策[J].电子政务,2015(7):54-65.
② 劳伦斯·莱斯格.思想的未来:网络时代公共知识领域的警世喻言[M].李旭,译.北京:中信出版社,2004.

体环境下发声权、话语权的不平等。互联网的这种"开放性""去中心化"特质不仅解构了传统的社会信息交流与传播方式、舆论运行规律,而且对传统自上而下的、单向的权力运行方式提出了挑战,并重塑了社会各个领域的生态。①

互联网的虚拟化特征在现阶段已不仅是指互联网内容呈现形式的数字化,还在于许多以往存在于实体世界的交流方式、生产方式、生活方式、交易方式等各类社会关系开始发生在(甚至主要依托于)网络世界。这其中一个典型的案例是互联网用户通过在线学习平台、数字图书馆、网络搜索引擎进行信息的获取,而不用再像以前为了查找重要资料必须进入大型图书馆的实体空间。另一个更加显著的案例就是电子购物、移动支付日渐成为主流,人们日常出门携带现金进行支付的行为越来越少。除此之外,理财、旅游、出行等很多日常行为都开始依托虚拟平台或互联网中介进行。因此,互联网的虚拟化态势已不再局限在网络内容资源本身,而是向社会生活的各个领域全面渗透。

互联网的泛在性特征在移动互联网技术的推动下得到强化。现今,智能手机几乎成为每一个现代人的标配。除此之外,还有平板电脑、笔记本电脑、智能手环等设备也在时时刻刻帮助我们接入互联网世界。在从 Web2.0 到 Web3.0 再到"物联网"(Internet of Thing,简称 IoT)乃至"万物联网"(Internet of Everything,简称 IoE)的演进过程中,不仅仅是人类社会中的你、我、他,万事万物都有可能成为平坦世界上的一个节点,并且实现互联互通。

(二) 互联网的局限与隐忧

互联网的上述显著特征极大地颠覆了原有世界的既定秩序与规则,带来了革命性的影响,使得互联网在早期被认为是建立人类社会"理想新世界"的契机。但是随着近几十年来互联网的深入发展,人们发现互联网是一把双刃剑,既可以带来价值,也有可能产生各种问题和负效应,对于互联网的治理议题也由此产生。互联网治理议题源于人们对于互联网特性认识的加深,尤其是对互联网"神话"标签与"乌托邦"色彩的祛魅。② 从治理源头出发,之所以要进行互

---

① 陈潭,杨孟著."互联网+"与"大数据×"驱动下国家治理的权力嬗变[J].新疆师范大学学报(汉文哲学社会科学版),2016(5):105-111.

② 王铮. 西北地区互联网治理:命题、理论与实践[J].图书馆论坛,2017(3):67-73.

联网治理是因为存在以下几类矛盾。

第一,关于"去中心化"的矛盾。理想中的互联网世界是典型的网络组织形态,呈现出去中心化的态势,即不存在任何绝对性的支配力量。① 但在现实中,一些发达国家或商业势力凭借技术、标准、语言等方面的先发优势,在互联网世界的权力格局和话语体系中始终处于中心地位。互联网最早由西方发达国家发明和应用,并以西方国家为中心向全球辐射和扩张,发达国家具有互联网建设和发展的明显优势。截至目前,全球大部分互联网资源和关键基础设施都由美国等发达国家所掌控。② 这种现实世界资源配置的不平衡与网络世界的"去中心化"愿景形成了鲜明的对比。

第二,关于"边界"的矛盾。理想中的互联网世界中,人与人、地区与地区之间的有形距离被拉近,有形边界被溶解,国家间的领土疆界乃至主权认定被淡化。但在现实中,各个国家已经逐步意识到,网络空间也同样存在主权问题,围绕网络疆域同样存在着争夺、渗透与攻防。近年来网络跨国攻击愈演愈烈,各国纷纷组建网络战部队,并将网络防务上升到国防战略和国家安全的高度。这些都说明,互联网空间并不是消除了边界与隔阂的净土一方,而是遍布防火墙和隔离网,并不时闪现着来自网络黑客明枪暗箭的领域。

第三,关于"开放"的矛盾。理想中的互联网世界,从底层的网络通信标准,到中层的网络代码,再到上层的互联网内容,都应符合网络组织开放互联的要求,互联网应该是一种公共资源和中立平台。但是,诸多力量正通过法律和技术手段,将原本开放的公共资源割裂成一个个私有地。例如当用户通过互联网来使用开放源代码、开放数据、开放课件等开放内容时,经常受到传统的知识产权保护框架的制约。这种"开放"与"专有"之间的博弈还将长期在互联网世界持续下去。

第四,关于"鸿沟"的矛盾。理想中的互联网世界,正如托马斯·弗里德曼所描述的——"世界是平坦的"③。而且互联网本身就是"抹平"世界的重要因

---

① 郑益奋.网络治理:公共管理的新框架[J].公共管理学报,2007(1):89-96.
② 许开轶.网络边疆的治理:维护国家政治安全的新场域[J].马克思主义研究,2015(7):128-136.
③ 托马斯·弗里德曼.世界是平的[M].何帆,肖莹莹,郝正非,译.长沙:湖南科学技术出版社,2006.

素之一。通过互联网,资金、知识、工具和人员能够在全球范围内自由流动和整合。但是在现实世界中,互联网在抹平世界旧有阻隔的同时,却也制造了新的数字沟壑。由于网络技术和信息产业的差距,不同国家、地区和社群在信息获取、财富占有、技术能力和创新能力上产生了差异和分隔。① 数字鸿沟的实质是不同国家和地区间在经济、科技、文化教育等方面存在的差距。② "鸿沟"的矛盾还表现在多层次和复杂性上。人们发现仅仅解决互联网接入问题并不能彻底消弭数字鸿沟,因为在"接入鸿沟"的背后,还有第二道"使用鸿沟"、第三道"知识鸿沟"……③有学者综述了数字鸿沟的表现维度,归纳出了接入鸿沟、素养鸿沟、心理鸿沟、使用鸿沟、不同人口特征层面的鸿沟等一系列鸿沟形态。④ 在其实并不平坦的互联网世界,消除数字鸿沟的工作还任重道远。

第五,关于"公共领域"的悖论。理想中的互联网世界被视为新生的公共领域。⑤ 在哈贝马斯所提出的"公共领域"中,人们可以就公共问题进行自由讨论。但是在现实中,网络意见的过度分散、无序竞争和网络舆论质量控制机制的缺失使得网络语言暴力、网络不良信息等破坏性因素层出不穷。⑥ 理想中的网络公共领域在现实中成为网络犯罪、网络攻击、网络谣言、网络暴力的温床。由此可见,将互联网世界培育成为真正的有序公共领域还有待时日。

上述诸多互联网世界的矛盾催生了对于互联网的治理实践。基于这些治理活动的对象,可以将其划分为对于"互联网渠道"的治理和对于"互联网内容"的治理两大类。⑦ 由于当前互联网业态中互联网渠道商大多都在进行内容生产或运营工作,这两种治理对象正在日益融合。

---

① 何精华.网络空间的政府治理:电子治理前沿问题研究[M].上海:上海社会科学院出版社,2006;胡延平.跨越数字鸿沟:面对第二次现代化的危机与挑战[M].北京:社会科学文献出版社,2002.
② 曹荣湘.解读数字鸿沟:技术殖民与社会分化[M].上海:上海三联书店,2003.
③ 韦路,张明新.第三道数字鸿沟:互联网上的知识沟[J].新闻与传播研究,2006(4):43-53,95.
④ 闫慧,孙立立.1989年以来国内外数字鸿沟研究回顾:内涵、表现维度及影响因素综述[J].中国图书馆学报,2012(5):82-94.
⑤ Dhavan V. Shah, Jaeho Cho, William P. Eveland, Nojin Kwak. Information and Expression in a Digital Age: Modeling Internet Effects on Civic Participation[J]. Communication Research, 2005(5): 531-565.
⑥ 曾润喜,徐晓林.社会变迁中的互联网治理研究[J].政治学研究,2010(4):75-82.
⑦ 黄璜.互联网+、国家治理与公共政策[J].电子政务,2015(7):54-65.

为了区别于互联网信息内容,本书将互联网服务也视作一种渠道。例如对于打车软件的治理就是典型的对互联网渠道的治理案例。打车软件如今是一种常见的移动互联网应用,由于渠道的安全性漏洞,在过往出现了网约车乘客或司机受到伤害的案例。因此,网约车治理的一项重要内容就是从技术和制度两个方面确保乘客与司机的安全。网约车渠道带来的另一矛盾就是网约车与其他交通服务渠道(如出租车行业)的市场竞争,这需要有关部门乃至乘客等不同主体共同参与协调,以确保社会公共利益的最大化,而这种治理早已超越了对互联网内容本身的治理,具有社会治理的性质。

对于互联网内容治理的典型事例涉及对于网络反动、歧视、诋毁、藐视、攻击、侮辱、涉黄、涉黑、谣言信息的治理,例如近年来有关部门对有关平台发布歪曲、丑化、亵渎、否定英雄烈士等事迹行为的整治,以及在新冠肺炎疫情等社会公共事件期间对网络谣言、虚假信息的治理。对于内容的治理离不开渠道的监管、介入和配合。当前,在渠道与内容融合的背景下,基于微博等社交媒体的网络舆情治理已经成为互联网治理的典型研究与实践领域。

按照目的划分,对于互联网的治理活动还可以分为面向安全的治理与面向发展的治理,二者相辅相成、互为保障。面向安全的治理实践主要采取约束和规制手段,国家将网络安全纳入总体国家安全观,严格制定网络安全标准,落实网络安全责任制,明确保护对象、保护层级和保护措施,而面向发展的治理实践主要采取引导手段。

第二节　大数据与社会治理创新

一、大数据概述

(一)大数据的背景

人类进入信息社会以来,信息内容形态的每一次变迁、信息交流与传播方式的每一轮进步、信息技术的每一波升级、信息产品与服务的每一批更迭,都日益影响到社会生活的方方面面。而当前影响最大也最为深远的信息领域革命就是大数据的应用和推广。

第十三章　互联网与大数据背景下的社会治理

大数据不仅改变了人类的思维观念、生活习惯、生产方式、管理实践,而且引发了社会各个领域的深刻变革①,社会治理领域也不例外。2012 年以来,大数据所引领的全球性变革浪潮与我国社会发展转型期相互叠加,更加凸显了在大数据背景下创新社会治理的重大意义。

当前我国正处在全面推进深化改革和实现现代化的战略机遇期,也处在向后工业社会转型的关键时期。随着改革进入深水区,各种潜藏的社会矛盾冲突与不和谐因素不时显现。一段时期以来,"经济快速发展"与"社会培育相对滞后"之间的矛盾日益凸显。由于国内与国外主客观因素相互影响,结构性与周期性因素相互交织,我国面临的社会风险不断积聚,社会治理的压力和难度也持续增加。② 此外,从长远来看,随着我国区域协调发展战略推进、人口老龄化等趋势的综合作用,未来我国社会在人口年龄层次、教育文化程度、社会家庭结构、地域空间分布等方面都可能呈现新的面貌与图景,并由此产生新的治理挑战和议题。

面对社会发展的复杂局面,推进社会治理体系和治理能力现代化成为当务之急。大数据既是社会变革的产物、时代变迁的表征,又是在这一背景下推进社会治理创新的驱动因素与解决之道。大数据在社会治理中的重要作用已经得到了国家政策与发展战略层面的高度肯定。中共十九大会议提出要加强社会治理制度建设,提高社会治理社会化、法治化、智能化、专业化水平,打造共建共治共享的社会治理格局。其中,实现社会治理智能化离不开大数据的保障支撑。2015 年国务院印发的《促进大数据发展行动纲要》中明确提出,通过大数据打造精准治理、多方协作的社会治理新模式。"用数据说话、用数据管理、用数据决策、用数据创新"可以作为大数据驱动社会治理创新的发展思路。

(二) 大数据的内涵

在大数据驱动的社会治理变革实践中,首先需要进一步明确大数据在当前

---

① 宋立楠,王岳龙.大数据时代社会治理的路径:基于社会冲突视角[J].中国党政干部论坛,2016(8):62-65.
② 王振兴,韩伊静,李云新.大数据背景下社会治理现代化:解读、困境与路径[J].电子政务,2019(4):84-92.

环境中的内涵与引申意义。大数据是典型的"先有实,后有名"的概念,在大数据概念出现之前,已经存在着大数据的事实。① 2012 年以来大数据概念被系统阐释和频繁解读,其内涵和外延至今仍在不断丰富和扩展。

早期对于大数据的典型描述来自麦肯锡全球研究院在 2011 年发布的研究报告《大数据:创新、竞争和生产力的下一个前沿》,它将大数据的价值上升到引发新一轮产业革命的高度,并与蒸汽机、电力、互联网相提并论。报告认为,大数据将成为未来竞争力的关键性基础,是生产力提升的重要支撑要素。② 2012 年美国政府发布《大数据研究与发展倡议》,其中指出大数据堪比"未来的石油",关系国家核心利益③,发展大数据成为美国国家战略。这被视为美国政府继 20 世纪 90 年代提出"信息高速公路计划"后,又一次通过国家投入占领科技发展制高点的战略。④ 2013 年由迈尔-舍恩伯格等人所著的《大数据时代:生活、工作与思维的大变革》成为当年的畅销图书,也被认为是大数据研究的先河之作。书中前瞻性地指出大数据正在重塑人类长期以来惯有的思维方式,即放弃对因果关系的渴求,而是关注相关关系;大数据对人类认知、交流方式、商业模式、管理实践都将产生革命性的影响。⑤

随着社会实践的发展,大数据的概念内涵、表现形态、作用范围不断拓展,大致经历了从传统 IT 领域向科研领域、商业领域、工农业领域、行政领域、社会生活领域的逐步扩散,并衍生出科学大数据、商业大数据、工业大数据、农业大数据、政务大数据、社会大数据等多种样式和模态。有学者将大数据概念划分成互相支撑的四个维度,如表 13-1 所示。⑥

---

① 张海波.大数据驱动社会治理[J].经济社会体制比较,2017(3):64-73.
② The McKinsey Global Institute. Big Data: The Next Frontier for Innovation [EB/OL]. (2011-05-01)[2021-07-10]. https://www.mckinsey.com/business-functions/digital-mckinsey/our-insights/big-data-the-next-frontier-for-innovation.
③ Big Data Research and Development Initiative [EB/OL]. (2012-03-29)[2021-09-11]. https://obamawhitehouse.archives.gov/blog/2012/03/29/big-data-big-deal.
④ 孙涛."大数据"嵌入:社会治理现代化的重要引擎[J].求索,2018(3):61-69.
⑤ 维克托·迈尔-舍恩伯格,肯尼思·库克耶.大数据时代:生活、工作与思维的大变革[M].盛杨燕,周涛,译.杭州:浙江人民出版社,2013.
⑥ 张海波.大数据驱动社会治理[J].经济社会体制比较,2017(3):64-73;邬贺铨.大数据思维[J].科学与社会,2014(1):1-12.

表 13-1 大数据的典型表现

维度	表现	说明
科技维度	大数据技术	收集、发现和分析多种类型的大规模数据,并从中提取价值的方法,包括数据存储、合并压缩、清洗过滤、格式转换、统计分析、知识发现、可视呈现、关联规则、分类聚类、序列路径、决策支持等
经济维度	大数据产业	与数据相关的服务器、存储器、联网设备、软件与服务。可分为数据存储服务、数据软件的开发工具平台服务、数据分析软件平台服务和提供数据分析解决方案的服务等
政治维度	大数据战略	政府对大数据的政治认知和政策规划
社会维度	大数据思维	大数据在社会生活各个领域的应用,及其对于人们认识和解释事物方式的影响

大数据发展到当前已经成为一个涵盖多元的复杂概念,并且与云计算、人工智能、移动互联网、物联网等技术深度融合,其内涵和表现形态处在动态演进过程中。尽管迄今为止对于大数据的定义不下百余种,且不同细分领域或语境下对于大数据会有不同的解读,但是这些不同认识在一些层面上具有共识。这些层面可以依次归纳为"内容与对象层面""方法与技术层面""管理与配置层面""治理与制度层面"和"思维与观念层面"(如图 13-1 所示)。

这几个层面是依次递进且相互联系的。大数据最早来源于信息生产、组织、利用领域的内容形态的变化,与此相适应的内容处理技术与方法应运而生;而对于一系列方法技术的集成则形成了系统的管理配置模式;在接触、理解、管理和利用大数据的过程中,人们发现大数据不仅是技术问题,也不仅是单纯对于内容的管理,而且涉及管理活动中组织、机构、个人的协调、激励、规制,由此产生了围绕大数据的一系列治理层面的制度建设与制度安排;最后,外在客观世界的一系列变化最终会影响到人们的主观世界,形成围绕大数据的一系列观念、思维、感知与体验。而主观层面对于大数据的认知又能够显著影响到以上各个层面,例如对大数据内容的识别、对大数据技术的采纳、对大数据制度的选择。下面具体对大数据的几个典型表现层面加以介绍。

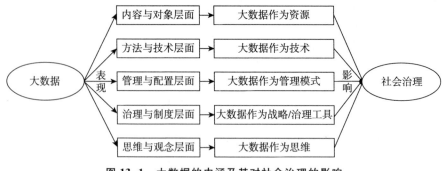

图 13-1　大数据的内涵及其对社会治理的影响

1. 大数据作为一种内容资源

大数据的特征最早体现在内容与对象层面。其公认特征有规模性（Volume）、多样性（Varity）、高速性（Velocity）、价值性（Value），以及复杂性（Complexity）。① 简而言之，从资源角度看，大数据可以被视为大规模、大容量的数据集合。这种规模和容量已经远远超出了过往的认识与掌控范围。在新技术环境下，衡量数据的尺度从 TB 级发展到 PB 级，未来将迈向 EB 和 ZB 级。除了上述规模与容量特性，大数据还具有"多源"（数据来源多样）、"异构"（数据格式多样，数据标准不统一，结构化数据、半结构化数据与非结构化数据并存）等特征。随着采集技术的完善，大到天文望远镜等大型科研观测设备所采集的海量科学大数据，小到个人日常穿戴设备所采集的身体生理数据，各种各样的数据正源源不断汇入大数据资源池。此外，数据的产生越来越具有即时性，这就需要数据采集、整合、分析、输出必须在瞬间完成，以支持实时监测、即时决策。② 这都对大数据处理技术提出了更高的要求。

2. 大数据作为一种技术

如上文所述，作为内容资源的大数据是一座"富矿"，但是矿藏的价值需要通过一定的"开采"手段才能够被挖掘。如果把大数据比作"石油"，那么未经技术处理的大数据只能作为"原油"，要成为可以驱动引擎、产生动力的"成品

---

① 陶希东.大数据时代中国社会治理创新的路径与战略选择[J].南京社会科学,2016(6):85-90.
② 陈潭.大数据驱动社会治理的创新转向[J].行政论坛,2016(6):1-5.

油",必须经过"过滤""提纯"等加工环节。① 按照信息资源管理领域经典的"数据—信息—知识—智慧"金字塔模型,从数据向更高层次的知识、智慧迈进,需要经过一系列的加工处理工序,每一步的增值递进都会产生新的处理成本。大数据的"海量、复杂、多源、异构、实时"特征早已超出了传统的信息获取、采集、搜索、保存、组织、加工的能力范围。如果没有与大数据内容资源特征相匹配的技术方法,就只能空守数据原料,面临"数据爆炸,但知识贫瘠"(data rich, knowledge poor)的处境。总之,"内容对象"与"处理技术"可被视为大数据最为重要的一体两面,二者无法分割。可以认为,大数据处理技术方法以及相配套的工具、软硬件、基础设施和专业人才等都是宏观大数据资源不可或缺的组成部分。从当前的技术进展看,大数据主要涉及数据感知与采集技术、数据标引与描述技术、数据组织与揭示技术、数据运算与处理技术、数据保存技术、数据传输技术、数据呈现与展示技术、数据保密与安全技术等。

3. 大数据作为一种业务模式

大数据经过深度挖掘、安全储存、深度分析等一系列技术处理②,与具体的业务场景(如市政、交通、医疗、教育、商业、就业、救助、应急以及其他各类公共服务等)结合,形成了基于"大数据+"的新型业务模式。这些业务模式的本质是通过大数据技术,释放数据红利,降低业务运营成本,提高运营效率。近年来,商业领域越来越关注大数据驱动的商业模式创新,行政领域也开始尝试利用大数据实现传统业务流程的再造。

4. 大数据作为一种产业

随着大数据价值(特别是商业价值)的显现,大数据已经快速进入产业化轨道,并引领了新一轮的"产业革命"。由于发展大数据需要充分的技术支持与资金投入,世界主要国家相继推出面向大数据的产业扶持政策。我国北京、上海、江苏、贵州等省市明确了针对大数据的产业发展目标。③ 在大数据产业发展的背后是一系列市场要素的支撑。源源不断产生的大数据内容资源表现了大数

---

① 刘佳.大数据时代的社会治理困境与创新发展路径[J].学术探索,2015(4):77-84.
② 陶希东.大数据时代中国社会治理创新的路径与战略选择[J].南京社会科学,2016(6):85-90.
③ 孙涛."大数据"嵌入:社会治理现代化的重要引擎[J].求索,2018(3):61-69.

据市场供给侧的繁荣,而市场需求侧对于大数据服务与产品也越来越重视。大数据交易平台、交易规则的建立进一步完善了大数据资源的配置手段。这些都巩固了大数据生态中市场主体的地位。

5. 大数据作为一种战略

未来一个国家的核心竞争力将在很大程度上依赖将数据转化为知识和信息的速度和能力。① 大数据在理想状态下是一种公共资源,由全体人类社会共创、共建、共享、共用。但是在具体实践进程中,由于大数据日益成为当前和未来国家间科技竞争乃至综合国力比拼的关键要素,大数据的开发利用越来越多地被政治力量介入,大数据也日益成为一个国家或区域的战略资源。而在一个国家乃至一个组织内部,由于大数据内容资源本身的特征,及其在生成、采集、加工、处理、利用全过程中需要多元主体共同参与,大数据的开发使用不仅需要微观层面的具体技术、方法、策略,也需要宏观层面的统筹规划和顶层设计。因此,大数据价值的开发利用离不开战略上的指引。

6. 大数据作为一种治理工具

在当前时代,大数据不仅是一种产品和消费品,也是一种生产要素,更是一种治理要素。② 这主要源于大数据对于传统决策方式的改变。以"基于数据的决策"取代或补充"基于经验的决策"正在成为大数据环境下各国政府、企业乃至公共机构进行决策时的趋势。传统的决策过程主要是单一主体依靠主观或过往经验做出判断,即使是依靠数据决策,也是基于抽样获得的"小样本",受到抽样技术和条件限制,具有较大局限性。科学的决策需要基于充分的资料信息,而大数据在内容资源层面追求以"全样本"作为分析对象,在技术方法层面追求数据采集的"全方位、全时段、多元化"③,在数据分析时关注"关联"关系,在数据开发利用时注重"精准施用",这些都符合科学决策的要求。此外,大数据技术中的多源采集、自动采集、智能采集有助于发现和呈现过往民意收集过

---

① 张军,姚飞.大数据时代的国家创新系统构建问题研究[J].中国科技论坛,2013(12):5-11.
② 孟天广,赵娟.大数据驱动的智能化社会治理:理论建构与治理体系[J].电子政务,2018(8):2-11.
③ 陈潭.大数据驱动社会治理的创新转向[J].行政论坛,2016(6):1-5.

程中"被忽视的声音"和"沉默的声音",有助于巩固社会治理中多元参与共治的基础。近年来,大数据作为一种治理工具和治理手段已经越来越多地应用于政府在公共服务、公共安全、应急管理职能中的科学决策、趋势研判、战略分析和协同共享。[1]

7. 大数据作为一种思维

大数据作为一种思维是大数据内涵的高级层面,因为思维决定了人们认识和改造客观世界的方式。如前文所述,大数据思维的核心涉及全样本、相关性等,追求驾驭所有数据,而不是仅仅抽取小样本;关注"是什么"的相关关系,而不是单纯关注"为什么"的因果关系。[2] 这些都给人们分析问题的惯有思维模式带来了极大冲击。大数据思维在看待精确性的问题上也有着不同于以往的认识:面对高度复杂的全样本数据,我们不再需要像过去一样为了保障小样本的代表性而苛求数据的精确性[3];与此同时在全样本数据背景下,我们又能够针对任何个体进行精准刻画。大数据思维运用到治理领域,可以改变过往基于一般经验、主观判断、局部数据来预判更大范围状况的传统做法,以及改变基于过去预测未来、基于局地试点经验推断更广区域成效的固有做法。

二、大数据影响下的社会治理变革

如上文所述,大数据的内涵早已不局限于作为一种内容资源。当涉及大数据与治理的相关议题时,大数据不仅仅是被治理的对象,它已经从内容与对象、方法与技术、管理与配置、治理与制度、思维与观念等诸多层面全方位地作用于社会治理实践。大数据影响下的社会治理变革可以总结归纳为以下几个方面。

(一) 治理场域与治理情境的变革

从全局视角看,大数据正在重新塑造治理的整体情境与整体格局,推动传

---

[1] 姜佳将,江于夫,王天骏.社会治理应善用大数据[N].浙江日报,2018-04-09(10).
[2] 维克托·迈尔-舍恩伯格,肯尼思·库克耶.大数据时代:生活、工作与思维的大变革[M].盛杨燕,周涛,译.杭州:浙江人民出版社,2013.
[3] 戴香智,马俊达.大数据时代下的社会治理创新:概念、关系与路径[J].中国科技论坛,2016(10):39-44.

统官僚科层制的治理结构向多元主体协同参与的新型社会治理结构转变。新型社会治理结构的重要特征就是"整体性"。"整体性"首先是针对过往的"碎片化"结构而言的。在传统治理结构和治理思维中,政府是相对单一的治理主体,具有垄断地位,同时在政府体系内部形成以官僚科层为主体结构的各个职能部门。而各个部门又因自身狭隘的视野、权力的封闭性、部门间的竞争,加之部门间缺乏协同合作,导致权力运行、信息流通处在"碎片化"的状态,决策"黑箱"随处可见。大数据提供了便捷的参与技术和多样的参与渠道,突破了实体场域的限制,拓展了虚拟空间的对话平台,增加了不同主体参与互动的可能性[①],也在一定程度上弥合了政府、市场、社会等之间的割裂,更加符合当前社会治理对"整体性"的要求。在"整体性"的社会治理场域中,各个参与主体(如政府、企业、社会组织)是身份平等、沟通对等、资源分享、互补配合的伙伴关系,各主体在权利分散的网状结构上相互开放、整合,共同解决社会问题。

"整体性"还表现在大数据环境下虚拟世界和现实世界的整合。网络世界是大数据内容资源的重要来源。随着网络技术的深化发展,当前线上与线下、镜像与实体、比特世界与原子世界的共振越来越频繁,交织越来越紧密。网络世界的一些微小苗头有时会引起现实世界的巨大动荡,这就要求社会治理的视野兼顾和整合虚拟与现实,即在"整体性"的治理情境中综合施用各类治理手段。

(二)对于治理主体与治理行为的变革

如上文所述,在大数据重塑的社会治理场域之中,社会治理的参与者数量大大增加,参与主体的关系从各自为政走向协同治理,参与主体的职能边界也向彼此开放和渗透。作为社会治理场域中的传统主体,政府在社会治理中的角色从单纯"管控"走向"协调合作"[②],其治理行为也从原先主要依靠行政命令转变为提供高质量的公共服务。有学者将这种治理行为转变归纳为三个阶段:第

---

① 戴香智,马俊达.大数据时代下的社会治理创新:概念、关系与路径[J].中国科技论坛,2016(10):39-44.
② 宋立楠,王岳龙.大数据时代社会治理的路径:基于社会冲突视角[J].中国党政干部论坛,2016(8):62-65.

一阶段是"统治型"社会治理模式,与官僚制组织相对应。第二阶段是"管理型"社会治理模式。政府在一定程度上借鉴了企业管理方法,社会治理模式主要依赖预算规划、管理制度、市场竞争等措施。第三阶段是"服务型"社会治理模式。在多元参与的社会治理合作框架中,政府的功能是提供服务和进行引导。[1]

在大数据环境下,传统的"运动式""被动式""一刀切式"政府治理行为面对新的治理挑战表现出局限性。较之传统治理行为,大数据作用下的治理行为更加追求"精准化",体现为规范化、标准化、数字化、细节化、智能化,依靠数据做支撑[2],注重事前预防、早期预警、全程监测、实时反馈。这对于政府治理能力也提出了更高的要求。

（三）对于治理对象的变革

传统的社会治理对象主要存在于现实世界中,因此理论上是可以直接感知和体察的。但是在具体实践中,由于科层阻隔、职能分割、信息传播距离及其他碎片化因素的影响,治理主体(特别是处于科层等级体系中的政府行政主体)对于治理对象的把握有时候是抽象甚至是失真的。大数据拓展了治理对象的范围,也改变了我们认识治理对象的方式。大数据融合了物联网、云计算、移动互联网等技术应用,能够有效描摹和反映现实世界中各种真实的社会生存状态、社会交往方式,从而形成映射真实世界的镜像世界。因此,大数据在一定程度上能够把高度模糊的社会事实清晰化[3],使我们获得对社会现象及其内在机理的"全局""全景""全境""全貌"性认识。

（四）对于治理过程的变革

大数据对治理过程的变革可以从横向过程和纵向过程两个方向来理解。从横向上看,传统的治理过程注重"事后处置",往往在矛盾和危机爆发后才进行管控和弥补,缺乏事前预判的意识与方法。这种"发生—解决"式的治理过程

---

[1] 郑志来.基于大数据视角的社会治理模式创新[J].电子政务,2016(9):55-60.
[2] 罗志强,李才平.大数据时代的社会治理创新:挑战与变革[J].理论月刊,2017(3):172-176.
[3] 王振兴,韩伊静,李云新.大数据背景下社会治理现代化:解读、困境与路径[J].电子政务,2019(4):84-92.

虽然在一定程度上缓解了显性的社会问题,但是却无法触及隐性的潜在风险与问题根源,更多的是被动应对和应激反应。当前时代,随着社会越来越具有复杂性、异质性、流动性、风险性、脆弱性,这种传统的处置过程表现出极大的局限性。而大数据有助于构建社会风险预警机制,在危机爆发之前,就基于数据分析预测冲突爆发的征兆与苗头,在事件爆发初期识别事件走向,进行实时预警、风险管控,将危机遏制在苗头状态。尤其是针对网络媒体和社交媒体内容,大数据技术可以进行有效的舆情识别,通过对海量网络信息的动态采集、分类检测、智能分析,掌握舆情热点和网民情感倾向,对可能发生的问题进行预警预防、早期干预和正面引导。这种大数据重塑下的治理过程不仅能够为危机事件处置争取更多时间和资源,更能形成常态化监控机制,有效化解矛盾冲突。

此外,从横向上看,传统治理过程主要是依靠政府主体自上而下的单向度管理,如下达行政命令,但是缺乏不同主体间及主体内部的有效信息传递与互动。而大数据塑造的社会治理场域健全了信息上传下达的信息回路,畅通了治理主体之间的信息通路,通过充分的信息共享与协作互动,让治理过程更具有灵活性。

（五）对于治理依据的变革

在传统治理实践中,治理依据主要为理论、经验及决策者的价值取向。① 在决策前的调查研究也以定性研究为主,例如进行座谈、访谈、走访、问卷等,这一系列方法有助于深入了解和掌握特定环境和场景,具有重要的价值。但是,定性调研方法所取得的成果在一定程度上是孤立、离散、非结构化的。② 在进行大范围的迁移复制推广时可能面临一系列问题。例如,我国在长期的治理实践中所推行的"试点—推广"模式在相对稳定和相对简单的工业社会发展前期发挥过重要作用,但是在高度复杂与高度不确定的后工业社会则面临局限。③ 即使是大数据时代之前的定量研究也仅仅是基于局部样本和片面数据,有可能忽视

---

① 宋立楠,王岳龙.大数据时代社会治理的路径:基于社会冲突视角[J].中国党政干部论坛,2016(8):62-65.
② 鲍宗豪,宋贵伦.重视大数据时代的社会治理创新[J].红旗文稿,2014(11):30-32.
③ 陈潭.大数据驱动社会治理的创新转向[J].行政论坛,2016(6):1-5.

区域发展中的不平衡问题,忽视阶层、群体间的差异,以及忽视不同时空范围的情景化影响因素[①],从而造成实践中的偏差。而大数据为全体样本分析提供了可能:通过对不同地区、不同群体、不同类别数据的全方位采集,形成数据整体,进而通过全集计算、关联分析、精准预测,在一定程度上提升决策依据的准确性和可靠性。

(六) 对于治理成效评价的变革

传统上对于治理效果的评价侧重于定性评价和事后评价,具有模糊性、主观性、静态性。但是当代社会发展的不确定性与风险性骤然增多,脆弱性加剧,许多新情况、新问题前所未有、难以预知;而且社会事务的发展是连续的,治理过程也是动态的,这也决定了治理结果的随机性、暂时性和变动性[②],以及治理结果的不稳定性。在这种情况下,传统的治理结果认定方式与评价标准已经无法有效衡量治理成效。通过大数据,我们能够有效实施数据化评价、实时评价,以及对治理成效进行实时检测与反馈,从而适应治理过程的连续性和动态性。

(七) 对于治理思路与治理能力的变革

治理思路与治理能力的变革是大数据给社会治理带来的核心影响。围绕治理能力与治理思路的变革,制度设计、方法技术、资源配置、实施路径都会做出相应的调整。对于政府主体而言,大数据影响下的治理思路调整包括"从基于局部片段样本的分析走向基于全数据的分析""从管制走向服务""从刚性治理走向柔性治理""从静态治理走向动态治理"等。大数据对于政府治理能力也提出了新的要求,按照治理过程可以分为对于大数据的采集能力、对于大数据的融汇能力、对于大数据的组织能力、对于大数据的关联解读能力、基于大数据的分析预测能力,以及基于大数据分析结果的行动能力、响应能力、干预能力、风险防控能力等。党的二十大报告指出要完善网格化管理、精细化服务、信息化支撑的基层治理平台。而大数据则是网格化、精细化、信息化等要求的重要支撑手段,对于大数据的运用能力和驾驭能力是新时代社会治理能力的重要组成部分。

---

① 戴香智,马俊达.大数据时代下的社会治理创新:概念、关系与路径[J].中国科技论坛,2016(10):39-44;潘华.大数据时代社会治理创新对策[J].宏观经济管理,2014(11):34-36.
② 王振兴,韩伊静,李云新.大数据背景下社会治理现代化:解读、困境与路径[J].电子政务,2019(4):84-92.

三、大数据环境下社会治理创新的挑战

大数据对传统社会治理模式带来的冲击和变革,能够突破原有社会治理模式的局限。但是由于观念层面的思维定式、技术层面的路径依赖、体制层面的历史顽疾等诸多因素,大数据驱动的社会治理创新还面临诸多挑战和制约。此外,在看到数据所带来的积极影响的同时,也要充分认识到大数据的潜在风险。

(一)体制制约

体制制约可以从狭义的政府行政视角和广义的社会参与视角进行理解。从狭义视角来看,受长期以来的科层等级结构影响,政府体系中行政部门条块分割严重,决策是基于本部门所占有的有限信息和本部门的立场及价值取向,治理行为局限在本部门范围之内,数据和信息资源被封闭在部门内部平台上。部门间的行政专业分工、利益冲突、比较竞争压力,加之缺乏顶层设计和统筹协调,很可能抵消或弱化大数据的积极影响,甚至带来新的问题。在技术领先但制度建设滞后的情况下,很可能出现不同机构和部门各自搭建数据平台和数据仓储、彼此缺乏有效关联和整合的现象,进而造成"数据孤岛"和"信息打架"。大数据只有经过融汇、关联、整合,并形成数据全集,才能发挥最大价值,但是受制于原有行政体制制约,碎片化、割裂化的数据分布让大数据难以名副其实。

从广义视角来看,体制制约还表现在受长期以来以政府为单一主体的治理结构的影响,多元主体的参与感不强。面向多元参与主体的制度建设同样滞后,具体表现为缺乏将市场主体、社会组织主体纳入社会治理的制度设计和实施过程,各个参与主体之间缺乏信任基础、共享渠道、合作平台、协作契约和良性互动。[1] 这些局限的不利影响在大数据环境下将被放大。由于大数据的产生、流转、组织、利用都纳入了不同的参与主体,缺乏制度的有效规制和引导很可能引发数据权益冲突和行为失范。

(二)观念制约

大数据与过往信息技术的一个重大区别就是其对人们观念世界的巨大冲

---

[1] 罗志强,李才平.大数据时代的社会治理创新:挑战与变革[J].理论月刊,2017(3):172-176.

击。对于大数据的深层次推动因素或阻碍因素都可以归因于观念世界。而在大数据驱动社会治理创新的过程中,对于观念世界的改造也是最为艰巨和影响深远的。引入和推广大数据的过程还面临着一系列旧有观念的制约。在政府层面,一些部门和人员仍然长期存在着"重管理、轻服务,重局部、轻全局,重政府、轻社会"的传统治理观念。[①]

此外,政府开放数据是培育大数据生态、促进社会治理创新的关键步骤,但是很多政府部门除了面临开放技术瓶颈和相关开放制度缺失的问题以外,还受制于保守的观念和观望的心态。在社会层面,受到历史文化和思维方式的影响,人们长久以来缺乏对数据的敏感度,注重思辨而忽视实证。在学习、研究、决策的过程中,数据训练、数据意识、循证传统仍然欠缺。这些会对数据供给、数据需求、数据开发利用带来不利影响。因此,培养全社会的数据素养任重道远。

(三)技术制约

内容对象与相匹配的技术是大数据的一体两面,技术是解锁大数据价值的钥匙。当前大数据的价值开发仍然面临着一系列技术瓶颈,还有层层技术难关有待攻克。大数据的相关技术包括了数据感知与采集技术、数据标引与描述技术、数据组织与揭示技术、数据运算与处理技术、数据保存技术、数据传输技术、数据呈现与展示技术、数据保密与安全技术等。其中首要的技术难关是对于海量、多源、异构数据的整合。

突破技术制约并不是一个单纯的"技术"问题,而是需要综合考虑多重因素。首先,发展大数据技术既需要国际合作,也离不开自主创新。尤其是当大数据成为国家战略和国家竞争力的重要组成部分时,关键核心技术应用需要掌握在自己手中,避免遭遇技术垄断和受制于人。其次,要防止"唯技术论"。在引入和发展技术的同时,需要跟进配套的基础设施、人才队伍、制度规范;在技术论证和技术选择时,需要有前瞻性,避免一哄而上、盲目发展。最后,在进行技术应用之前需要充分理解和把握大数据的内涵,否则很可能导致花费大量资源却引入了偏离大数据内涵的"伪大数据"应用。

---

① 潘华.大数据时代社会治理创新对策[J].宏观经济管理,2014(11):34-36.

(四) 安全制约

任何新技术的大规模应用都是"双刃剑"。处在大数据热潮之中,我们也要清醒地看到大数据可能带来的安全风险与隐患。在这些安全问题得到妥善处理前,引入大数据必须谨慎并做好相应的保障措施。大数据所带来的最为重要的安全威胁之一就是隐私保护问题。大数据导致公共领域的公共性与私人领域的隐私性产生冲突,并逐渐演化为社会风险。① 在大数据时代,每个人都有可能处在全方位的数据"采集""扫描""描摹"之中,都有可能成为"透明人"。② 例如电商网站、社交媒体通过使用者的日常使用行为,生成其"数据画像",精准了解其喜好、个性乃至更多个人信息,它们对于使用者的了解程度甚至高过使用者本人。这些系统中记录的公民个人信息需要得到有效保护。对于大数据时代的个人隐私保护,不仅要靠信息安全、信息加密等技术,也要靠制度法规层面的保障。例如2018年欧盟出台的《通用数据保护条例》(General Data Protection Regulation)就涉及对个人数据的采集、利用行为的规范。

在更大范围内,大数据深深嵌入国家运转体系和国计民生领域(如能源、交通、金融、重大工程建设与运营),而数据安全更是关系到国家安全。在现实中,已经发生了黑客攻击导致一国能源设施瘫痪的实例,而商业领域的数据大规模泄露事件更是层出不穷。因此,在大数据驱动社会治理创新的过程中,数据安全应该是"底线"与"红线"。此外,具体到社会治理领域,由于数字鸿沟的存在,在引入新型信息技术时可能引发的新一轮数字不平等或社会分层等风险也需要加以防范。

四、大数据环境下社会治理创新的路径

面对大数据驱动社会治理创新过程中的挑战,为了更好地引导和释放大数据的潜力,可以从以下几个方面重点发力。

(一) 开放政府数据

大数据内容资源的一个重要特征就是其规模性。技术层面的进步促进了

---

① 李霞.依托大数据,实现社会治理精细化[J].人民论坛,2018(9):70-71.
② 呼连焦,刘彤.大数据视域下社会治理:机遇、挑战与创新[J].湘湘论坛,2018(4):63-70.

潜在大数据资源的大量产生,但是体制层面的制约却导致数据分散且保留在不同机构和部门手中。大数据只有通过开放关联、形成全集,才能更好地进行计算和处理,也才能更加准确地反映事实。因此,数据开放成为大数据开发利用的首要环节。在大数据驱动社会治理创新的进程中,数据开放的成效在很大程度上取决于政府数据开放的程度。在全社会产生的数据量中,政府数据占到了很大比重。而且政府数据在一定程度上具有公共信息资源的属性,具有公开的法理基础和本质要求。近十年来,各国政府已经充分认识到政府开放数据在提高治理效率、推动社会创新、改善社会福祉方面的价值[1],政府数据开放已经成为世界性的趋势,美国、欧盟都发布了针对政府数据开放的战略或章程,其核心思想是"默认开放"原则,即除了个别领域的数据内容由于安全等因素不能开放之外,其他数据默认向全社会开放。开放政府数据主要包括政府部门间的数据共享和政府数据向社会开放。

(二) 大数据基础设施和平台建设

政府需要加强与大数据有关的智能化设施建设,而大数据背景下的社会治理也离不开智能设施终端的普及。[2] 此外,大数据平台作为集成性的基础设施,是大数据驱动社会治理创新的重要支撑。近年来,"平台战略"被用于社会各个领域,平台的核心作用在于"资源集聚与整合""资源配置与分发"及"赋能"。针对当前数据资源分散、碎片化的现状,大数据平台能够在一定程度上整合社会治理多元参与主体的资源和服务力量。政府可以通过数据聚合的方式,将分散的数据编制在一个统一、集中的开放平台上,并提供可检索、可机读的功能,保障公众获取政府数据的权利。[3]

(三) 制度法规建设

规则体系为社会治理提供可供遵循的规范和秩序,通过降低交易成本、提升合法性来提高治理绩效,同时减少技术创新的阻力,为技术应用提供合法性

---

[1] 陶希东.大数据时代中国社会治理创新的路径与战略选择[J].南京社会科学,2016(6):85-90.
[2] 郑志来.基于大数据视角的社会治理模式创新[J].电子政务,2016(9):55-60.
[3] 胡穗,胡南.政府数据开放:中美比较与路径优化[J].湖湘论坛,2017(4):118-123.

支持和良性激励,进而持续推动大数据技术研发应用的创新升级。① 因此,规则体系也是大数据应用于社会治理的深层次保障。规则体系包括顶层的国家战略方针、法律法规、政策和行业性/区域性规范等。在政府数据开放领域,我国相关制度的系统性、层次性与欧美等国还存在差距。我国已于2007年通过《政府信息公开条例》,但政府信息公开和政府开放数据在内涵和实践方式上还存在差异,且《政府信息公开条例》属于行政法规范畴,在我国立法体制的法律位阶中层级较低。因此,我国也需要加紧研究和设计符合我国实际的国家层面的政府数据开放制度。

(四)大数据配套保障措施

大数据驱动的社会治理创新是一个长期性、系统性、复杂性的工程,需要多层次、全方位的保障。除了制度供给、资金投入、技术研发等显性因素之外,一些隐性因素也不容忽视。大数据驱动社会治理创新面临观念制约,而对于观念制约的破除需要教育、宣传等方面的长期投入。这不仅需要强化政府、企业、社会组织等社会治理主体中专职从业者的大数据技能,而且需要培育全社会的数据素养。从长远来看,需要从人才培养模式、人才供给模式、学科专业设置等方面着手,为未来社会培养兼具大数据与社会治理专业背景、兼具技术与人文视野的复合式人才。

章节习题

1. 如何看待"互联网""大数据"等信息技术应用是一把"双刃剑"?
2. 如何理解电子政府的发展阶段与发展趋势?
3. 有人认为大数据就是"数量庞大的数据",这种理解准确吗?如何理解大数据的内涵?

---

① 王振兴,韩伊静,李云新.大数据背景下社会治理现代化:解读、困境与路径[J].电子政务,2019(4):84-92.

第十三章 互联网与大数据背景下的社会治理

案例材料

开放政府数据应用实例

食品安全在世界各国都是备受人们关注的公共问题。在美国,食品安全部门会对餐馆的卫生状况进行定期检查,并将历次检查结果在政府网站上公布,但是有多少人会在去餐馆前登录政府网站查询这些信息呢?在纽约的一次开放政府数据创新大赛上,有开发者设计了一款名为"别在这里吃"的手机应用程序,当用户走进一家存在不良卫生记录的餐厅时,系统就会自动向其发送短信提醒,这样既主动为民众选择餐厅提供了信息,又强化了政府的执法效果。这款应用程序使用的正是政府开放的餐馆卫生检查数据。

除了食品安全,政府开放数据在消防安全领域也有深入的应用。在美国,消防栓两侧15英尺之内的路沿是不允许停放车辆的,违规者会收到一张几百美元的罚单。纽约政府数据开放平台开放了全市所有消防栓停车罚款的数据。之后,一位名为本·威灵顿(Ben Willington)的教师对这些数据进行了分析。他发现每年纽约市民因在消防栓旁停车共收到了高达5500万美元的罚单。接着他又统计出了罚款额居于前十位的消防栓,发现其中最"火"的一个消防栓每年带来的罚款额保守估计为33 118美元。然而,经过实地考察后,威灵顿发现因为这个消防栓而被罚的车辆实际上是被误罚了,因为路面上并没有划出禁止停车的标识。发现这个现象之后,威灵顿在自己的博客上反映了这个问题,纽约市政府得知后立即就对停车标识进行了修正。随后,纽约市警察局还对威灵顿表示了感谢,并表示警察局已采取行动对这类罚单数据进行监测分析,并将对警员进行相关培训以避免类似事件再次发生。

威灵顿随后在他的博客上表示:"这正是未来政府该有的样子和开放政府数据的意义所在,外界一般认为纽约市警察局对于增加透明度是反感的,但这却是他迄今为止从纽约政府部门收到过的最开放和最诚实的答复。期待这个城市的每一个政府部门都能欢迎这样的数据分析,而不是躲避或者遮盖问题。"

案例来源:郑磊.开放的数林:政府数据开放的中国故事[M].上海:上海人民出版社,2018.

思考:上述案例如何体现数据在社会治理中的应用?

后 记

面对莫衷一是的"社会治理"学术观照和现实情境,要清晰描绘已被逐渐泛化的"社会治理"内涵外延和现实运行规律实属不易。本书立足新时代的中国情境,梳理社会治理理论的发展脉络,界定社会治理的概念,描述社会治理的内容,分析社会治理的过程,洞察社会治理的问题,回应新时代社会治理的挑战。

本书是集体分工协作的成果,各章撰写人员如下:

第一章:雷晓康、刘冰(西北大学);

第二章:马子博(西北大学);

第三章:雷晓康、廉姝洁(西北大学);

第四章:李尧远(西北大学);

第五章:白龙、任行(西北大学);

第六章:李娱佳、李东方(西北大学);

第七章:任都甜、封超(西北大学);

第八章:任都甜(西北大学);

第九章:封超(西北大学);

第十章:孙峰(西北大学);

第十一章:朱松梅[中共陕西省委党校(陕西行政学院)];

第十二章:司林波(西北大学)、周雨(燕山大学);

第十三章:王铮、付熙雯(西北大学)。

此外,马子博负责了全书的初校工作,雷晓康负责全书最后的编撰,西北大学公共管理学院博士生汪静、雷杨、陈泽鹏进行了最后的校对。

本书定位于为广大公共管理、社会管理等专业本科生、研究生以及实务工作者描绘一个社会治理的理论和实践图景。虽力求做到前后逻辑统一、概念界定准确、资料完备充实、理论现实融合、语言简洁通俗,但囿于作者学识和经验所限,书中难免有疏漏和不妥之处。本书作者文责自负,恳请得到专家学者和广大读者的批评指正。最后,感谢书中所有参考和引用的文献作者,他们的真知灼见让我们站在巨人的肩膀上洞察着社会治理之真谛。

为方便读者使用本教材,我们与上海哲寻信息科技有限公司合作,搭建了本课程的TPL智慧课堂平台,详细内容请登录:http://www.findsoft.com.cn,电话:400-188-2010。

雷晓康　马子博

2021年9月于西北大学

教师反馈及教辅申请表

北京大学出版社本着"教材优先、学术为本"的出版宗旨,竭诚为广大高等院校师生服务。为更有针对性地提供服务,请您认真填写完整以下表格后,拍照发到 ss@pup.pku.edu.cn,我们将免费为您提供相应的课件,以及在本书内容更新后及时与您联系邮寄样书等事宜。

书名		书号	978-7-301-	作者	
您的姓名				职称、职务	
校/院/系					
您所讲授的课程名称					
每学期学生人数	_____人 _____年级			学时	
您准备何时用此书授课					
您的联系地址					
联系电话(必填)				邮编	
E-mail(必填)				QQ	

您对本书的建议:

我们的联系方式:

北京大学出版社社会科学编辑室

北京市海淀区成府路 205 号,100871

联系人:梁　路

电话:010-62753121 / 62765016

微信公众号:ss_book

新浪微博:@未名社科-北大图书

网址:http://www.pup.cn

更多资源请关注"北大博雅教研"